价值可转债投资策略

唐　斌◎著

中国铁道出版社有限公司

CHINA RAILWAY PUBLISHING HOUSE CO., LTD.

内 容 简 介

本书从探讨"炒股盈利为什么这么难？"这个问题展开，介绍了穿越牛熊的利器——可转债。

投资新手可以从第一章初识可转债开始，逐步了解可转债基本概念、可转债生命周期，再阅读后面投资可转债的九重境界、价值可转债投资策略等。

略懂可转债的读者可以从第五章投资可转债的九重境界开始，逐步了解可转债的各种投资方法；再结合自己的投资实践，理解价值可转债投资策略，构建自己的可转债投资框架。

对可转债较熟悉的读者可以从第六章价值可转债投资策略开始，仔细对照自己可转债投资体系的差异，修改和完善自己的可转债投资框架。

股票和基金投资者可以从本书学到低风险稳健价值可转债投资策略，构建弹性资产配置，打造财富的第二增长曲线。

最后，本书还结合新近的财务数据，精选部分行业的可转债做价值分析，以供读者参考。

图书在版编目（CIP）数据

价值可转债投资策略/唐斌著. —北京：中国铁道出版社
有限公司，2022.11
　ISBN 978-7-113-29171-6

　Ⅰ.①价… Ⅱ.①唐… Ⅲ.①可转换债券-债券投资-研究
Ⅳ.①F830.59

中国版本图书馆CIP数据核字（2022）第090125号

书　　名：	价值可转债投资策略
	JIAZHI KEZHUANZHAI TOUZI CELÜE
作　　者：	唐　斌

策　　划：	马真真	编辑部电话：（010）51873035	邮箱：lampard@vip.163.com
责任编辑：	张亚慧		
封面设计：	宿　萌		
责任校对：	苗　丹		
责任印制：	赵星辰		

出版发行：	中国铁道出版社有限公司（100054，北京市西城区右安门西街8号）
印　　刷：	北京联兴盛业印刷股份有限公司
版　　次：	2022年11月第1版　2022年11月第1次印刷
开　　本：	700 mm×1 000 mm　1/16　印张：19.75　字数：321千
书　　号：	ISBN 978-7-113-29171-6
定　　价：	88.00元

一提到投资，很多人想到的是投资股票或股票型基金。经过 30 多年的高速发展，A 股市场成为全球第二大资本市场，截至 2022 年 2 月，A 股股民正式突破 2 亿整数关口，资本市场的涨涨跌跌，无一不牵动他们及家人的心绪；加之移动互联网的普及，各种财经资讯得到迅速而广泛的传播，资本市场的暴涨暴跌，投资者的暴赚暴亏，是各类媒体乐于报道的故事，这些故事也成了人们茶余饭后津津乐道的谈资。

然而，热热闹闹的资本市场中，股票并非唯一的投资标的，在某些时候，即使"不起眼"的国债也是很好的投资标的。

2004 年，我开始思考如何为家庭资产保值增值，看到媒体对熊市的宣传，听到周围老股民对市场的抱怨，不敢贸然踏入股市投资。

2004 年 5 月底，我选择在银行柜台买入新发行的记账式国债"04 国债 04"做稳健理财，这只国债面值收益率高达 4.89%。持有到 2005 年 2 月底，我在它上涨到 103 元附近卖出，算上持有期间利息，年化收益率超过 8%，而同期上证指数下跌 15.67%，由此可见这笔投资很成功。

初次成功投资，让我尝到了稳健投资的甜头，对债券市场产生了浓厚的兴趣。于是，我研究了债券市场，发现市场中竟然有可以转换为股票的债券。如果能低价买入持有到股价上涨，岂不是可以稳定获取收益，而且还不承担熊市风险？

事实上，可转债在熊市中的扛跌和牛市中的高收益令人叹为观止。

2005 年，我基于稳健低风险投资思路，重点加仓了山鹰转债、招行转债、晨鸣转债等可转债，甚至还冒险抢权配售了钢联转债。这一年，在可转债的保护下，我的投资经受住了股市大跌破千点的考验，获取 2.95% 的正收益，再一次跑赢了下跌 8.33% 的上证指数。

2005 年 6 月，A 股市场千点大底之后，A 股市场启动了上市公司股权分置改革，简称"股改"。由于在股改中，非流通股不向可转债投资者持有人支付对价，可转债投资者只能通过转股享受股改红利，导致可转债市场逐渐萎缩。

我也不例外把招行转债转股为招商银行股票，享受到了股改红利，并继续持有到 2008 年初清仓，获益不菲。

2008 年初至 2014 年底，A 股市场经历了 2 次熊市 2 次牛市，其间发行了 54 只可转债。

值得一提的是，艰难的熊市把 AAA 评级的中行转债打压至 90 元以下。为了促进转股，中行转债迫不得已大幅下修了转股价，随后迎来了 2014 年第四季度展开的蓝筹股行情，最高上涨到 194 元。在稳健的中行转债上，投资者实现了翻倍涨幅，远超同期 41% 涨幅的上证指数，令人啧啧称奇。

这段时间，我也借用大盘可转债取代部分股票仓位，安稳度过了熊市，取得了令人满意的投资回报。

2015 年初至 2017 年 7 月，A 股市场经历了 2 次牛市和 1 次大幅下跌的熊市，仅发行了 20 只可转债。而可转债依然只有资金申购方法，这让 5 倍杠杆机构投资者，具有远超普通投资者的低成本申购优势，普通投资者难以参与，而稀缺的可转债上市首日定价普遍较高，可转债市场缺乏投资机会，逐渐小众化。

2017 年 9 月，可转债信用申购制度改革落地，终于开启了可转债市场大发展的闸门。2017 年第四季度就迎来了 34 只可转债发行，超过了前三年的总和。随后的 2018 年、2019 年、2020 年分别发行了 67 只、126 只、195 只，爆发之势跃然纸上。

2018 年股市小熊，上证指数下跌 24.59%，但在同样的熊市面前，中证转债指数仅下跌 1.16%，表现出优秀的抗跌性。同年，我加仓的可转债小幅盈利 7.45%，让我的整体投资收益率仅下跌 9.67%，跑赢了市场。

2020 年受客观环境影响，相关医药股大涨。英科医疗暴涨 14.28 倍，英科转债暴涨 17.89 倍，惊人的涨幅超过正股。"股王"贵州茅台 7 年才能走完的路，它 1 年就走完了。

这一年，我按照价值可转债投资策略，也持有英科转债，在它的带动下，可转债整体投资收益率达到 29.20%。

2019 年、2021 年，我的可转债投资分别实现了 32.85%、37.58% 的高收益，4 年累计收益率高达 153.73%，年化收益率高达 26.21%。

虽然我的投资从国债、可转债开始，但是我还采用价值投资方法投资股票，甚至我的绝大部分盈利来源于股票，也正因为如此，才让我深深体会到可转债的难能可贵之处。

很多人以为只要读懂公司财报就能投资股票，殊不知股票的涨跌受公司经营措施、行业波动、宏观经济变化、国际政治、市场估值高低等多方面因素影响，普通投资者是很难把握的；有些人又另辟蹊径，抛开公司财报，只看行业发展趋势，打着主题投资旗号，以透支 N 年业绩为代价，追捧热门赛道股，但遭遇市场调整，又成一地鸡毛。

这些现象都说明投资股票是极难的事情。正如牛顿所言："我能计算出天体运行的轨迹，却难以预料到人们的疯狂。"

可转债的出现，极大地降低了投资难度。甚至不懂公司财报和可转债的投资者，只需要关注申购、上市、强赎等简单消息，也能轻松高价卖出中签的可转债完成投资。

对于略懂公司财报，相信可转债核心逻辑的投资者，只需要降低投资预期，以稍高的转股溢价率为代价，买入低于保本价的可转债，上市公司自然会促进可转债强赎，投资者获利只是早晚的问题。

可转债存续期看起来长达 6 年，但在实际投资中，短则一个月，长则数年即可实现高收益。

这样的盈利概率和周期，对投资者非常友好。投资者需要做的只是：安心学习价值可转债投资策略；耐心持有价值可转债，做到"泰山崩于前而色不变，麋鹿兴于左而目不瞬"；等到获利机会卖出，获取穿越牛熊的长期复利收益。

可能有读者会问，为什么不利用可转债 T+0 的交易优势做更高收益的投机？我想最好的回答是"如果投机是成功之路，那么世界首富换人则指日可待"。

而长期复利的威力有多厉害？有人曾打过一个比方：一个年轻人从现在开始，

每月存 1 200 元，并通过投资获得每年平均 20% 的投资回报率，40 年后就是亿万富翁。

让我们开始阅读这本书，学习价值可转债投资策略，建立自己的可转债投资框架，抛弃多数人喜欢的"快速致富"幻想，让长期复利自然发威。

本书的写作过程中，得到了爱人张玉珊女士的大力支持，以及朋友张满明先生、同事和许多热心网友的协助，在此一并表示感谢！

唐　斌

CCTV2 投资者说专访投资达人

2022 年 5 月 4 日

目 录

第一章

初识可转债

　　投资者在完成证券市场开户后，首先想到的是什么呢？财富增值？买房？周游世界？

　　然而，现实往往很残酷，在股市中沉浮几年后，大部分投资者不但没有赚钱，反而亏钱，有的甚至赔光了。少部分投资者，既没有赚钱，也没有亏损，白白忙碌一场。极少部分投资者，赚钱了，不但实现了最初的梦想，甚至实现了财务自由。

　　这就是股市中"七亏二平一赚"的真实状况。

第一节　穿越牛熊的利器

东方财富网《2017 年股民盈利问卷调查》显示：

2017 年，有 54.4% 的股民亏损在 20% 以上，15.6% 的股民亏损在 20% 以内，合计约 7 成；14.9% 的股民盈利在 20% 以内，其余仅 15.1% 的股民盈利 20% 以上，见图 1-1。与之对应的是，2017 年上证指数上涨 6.46%。

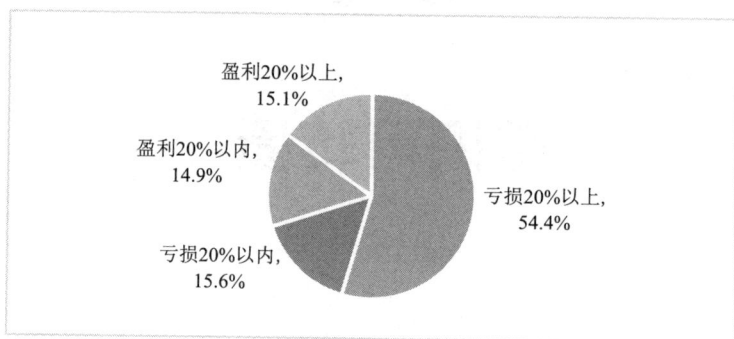

图 1-1　2017 年股民盈亏情况调查

2018 年上证指数下跌 24.59%，可以预料，股民的盈利状况更差。

东方财富网《2018 年股民大调查》显示：约 7 成的股民亏损，亏损在 20% 及以上的投资者最多，达到了 50%，亏损在 20% 以内的股民有 19%；近 2 成的股民表示自己不亏不赚；盈利的投资者仅占约 1 成，其中有 5.6% 的股民盈利在 20% 以内，有 5.7% 的股民盈利在 20% 以上。

再一次验证了股市"七亏二平一赚"的规律，也就是说，大部分股民难以在股市中盈利。炒股盈利为何如此之难？具体来说包括短期波动炒股的错觉、信息获取与处理难和交易层面的买卖时机把握、仓位管理等方面。

信息获取和处理的难点决定了普通投资者选择股票的难点，交易层面的难点决定了普通投资者选择时间的难点。

目前 A 股市场投资工具比较丰富，投资者可以通过投资基金回避选择股票的难点，但基金经理的投资风格是否契合未来市场走势，以及何时投资基金，这些构成了基金持有人选择风格和时间的难点。

如果投资者得到一种工具，能契合不同市场风格，也不需要投资者特别选择投资时机，那么是不是可以喜笑颜开呢？

一、穿越牛熊的神收益

众所周知，股票是权益类资产，在牛市涨幅很大，但在熊市跌幅也很大；而债券类资产，包括国债、企业债、债券型基金、货币式基金等，无论市场牛熊，长期持有，收益比较稳定，但收益率较低。

所以，股票资产适合在牛市中博取高收益，资产大幅增值；债券资产适合在熊市中防范资产受损，资产小幅增值。

在股市熊转牛期间，把债券置换成股票，希望股票越多越好，股价越上涨获利越多；在股市牛转熊期间，把股票置换成债券，希望手中的债券越多越好，锁定牛市中的利润，无论股价如何下跌也不影响资产。

如果每次都能精准预测股市牛熊转换，踩着转换的节奏变换股票和债券投资，那么收益能有多高呢？

如果在 2005 年 6 月 3 日至 2020 年 6 月 3 日，共计 15 年时间，以上证指数作为交易标的，则股票和债券交替使用模式见图 1-2。

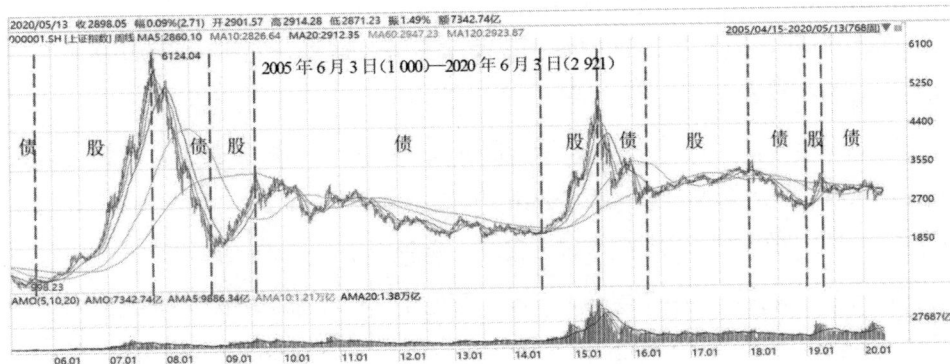

图 1-2 上证指数 2005—2020 年股票债券交替仓位配置示例

其中在 5 次牛市期间采用股票配置，粗略计算收益率如下：

2005 年 6 月 3 日至 2007 年 10 月 16 日，2.37 年，1000~6000，收益率：500.00%；

2008 年 10 月 28 日至 2009 年 8 月 4 日，0.77 年，1700~3400，收益率：100.00%；

2013 年 6 月 25 日至 2015 年 6 月 12 日，1.96 年，1900~5000，收益率：163.16%；

2016 年 1 月 27 日至 2018 年 1 月 29 日，2.01 年，2650~3500，收益率：32.08%；

2019 年 1 月 9 日至 2019 年 4 月 8 日，0.24 年，2450~3200，收益率：30.61%。

把以上 5 次收益率累计起来，股票投资收益率为 5347.58%。

15 年期间，还有 7.65 年配置债券，以年收益率 3% 计算，累计债券投资收益率为 25.37%。

综上，在 15 年期间，股票、债券累计收益率为 6729.12%，即 67.29 倍，年化收益率高达惊人的 32.52%。

或许有读者觉得 32.52% 的年化收益率不高，这其实是错觉。真实世界中，沃伦·巴菲特在其 60 余年的投资生涯里，总投资回报为 62 739 倍，年化收益率仅为 20.2%。上例中年化收益率 32.52% 是现实中巴菲特的 1.6 倍。

似乎年化 32.52% 的收益率与 20.2% 的收益率仅相差 12.32 个百分点，但长期复利下来，累计收益就相当巨大。

同样 60 年，32.52% 年化收益可以使财富增长到 2 172 万倍，远超沃伦·巴菲特同期的 6 万倍。

如前文所述，2018 年底，沃伦·巴菲特的财富为 838 亿美元，折算为人民币约 5 800 亿元。如果上例中，最初投资额仅需 26 701 元，经过 60 年 32.52% 的复利增长，其财富可以达到 5 800 亿元，媲美沃伦·巴菲特的财富。

所以对于能够踏准牛熊转换的节奏，穿越牛熊，收益率堪称"神收益"。

二、穿越牛熊的利器——可转债

穿越牛熊的股债仓位管理策略，收益很"神"，为什么大多数投资者不采用？

不是投资者不想采用，原因是很难采用。市场走势复杂多变，投资者很难准确判断股市的牛熊转换，往往看出牛市时，或许牛市就结束了；看出熊市时，或许牛市来临了。所谓"牛市是走出来的"就是这个道理。

那么，有没有一种投资工具，能够解决股债仓位管理的难题，穿越牛熊获取稳定收益呢？

值得庆幸的是，有！它就是一种股票衍生债券——可转换公司债券，简称可转债或转债。

可转债是可以转化为公司股票的债券。其收益媲美股票，风险低于股票，是能够穿越牛熊的投资利器。

（一）可转债投资主要的操作方法

可转债投资主要的操作方法如下：

① 投资者通过申购中签、优先配售、买入等操作，持有面值附近的可转债。

②如果市场进入牛市，正股价格上涨，上涨超过转股价时，转股价值提升，可转债随着股票上涨；在这个过程中，投资者不需要做买入操作，即可进入牛市中的进攻状态。

③ 如果市场进入熊市，持有的可转债因为正股的下跌，价格也下跌，直至进入偏债区间，就不会下跌太多，投资者当作债券持有，无须操作，就可进入熊市的防守状态；等到市场好转引发正股上涨，当超过转股价时，可转债逐步产生股性，投资者同样无须操作，自然进入牛市中的进攻状态。

④ 在当作债券持有可转债期间，如果上市公司下修转股价，就会提升转股价值，此时市场稍有好转，正股上涨，可转债就更早进入牛市中的进攻状态。

在上述的操作模型中，投资者不需要在牛熊转换期间主动做出买入或卖出操作，既可进入牛市中的进攻状态，享受牛市带来的丰厚收益；也可进入熊市的防御状态，避免和减少熊市带来的损失。

由此可见，可转债投资者持有可转债不动，就可以穿越牛熊，获取稳健的收益。因此，可转债就是穿越牛熊的投资利器。

那么可转债穿越牛熊的核心逻辑是什么呢？

（二）可转债穿越牛熊的核心逻辑

一般来说，可转债本质就是上市公司发行和承诺支付利息、到期还本的，随时可以兑现成股票的债券。根据可转债的本质和历史可转债收益统计数据，可以分析和总结出可转债能够穿越牛熊依赖的三大核心逻辑:"上市公司股权融资""上不封顶,下有保底""历史退市可转债高收益"。

1. 上市公司股权融资

表面上看,上市公司发行可转债是债券融资,但上市公司更希望的是促进可转债转股,变成股权融资,增加上市公司资本金,做大、做强上市公司。

而要促进可转债转股,按照可转债赎回条款,上市公司必须让正股价超过转股价的130%,才能达到提前赎回条件,俗称强赎。

强赎实施后,投资者面临100元加少许利息的赎回价和130元的转债价。显然卖出或转股更为有利,从而达到了促进转股的目的。

强赎时,投资者已经盈利30%以上,促进转股后,上市公司实现股权融资,投资者和上市公司实现双赢。

所以,"上市公司股权融资"是可转债能够穿越牛熊的核心逻辑之一。

2. 上不封顶,下有保底

投资者在可转债持有期间,如果正股暴涨,可转债同步上涨,只要可转债未赎回,正股上涨多高,可转债就能上涨多高,如在2020年,1年内英科医疗上涨14.68倍,对应的英科转债上涨17.88倍至2 011元,充分体现上不封顶特性。

如果正股暴跌,可转债有纯债价值支撑,最多下跌到纯债价值附近。大多数可转债的纯债价值在90元左右,也就是说下跌到90元附近就不再下跌了,这就是下有保底。如果继续持有,只要上市公司不破产,下跌到纯债价值的可转债依然能还本付息,体现出保本特性。

所以,"上不封顶,下有保底"是可转债穿越牛熊的核心逻辑之二。

3. 历史退市可转债高收益

从1992年第一只宝安转债发行至2015年12月31日,时间跨度长达23年,其间经历了股票市场多次牛熊的转换。其中有112只可转债发行,并成功实现到期或强赎,无一只可转债违约。

我们把这112只可转债的投资当作时间顺序相连的独立投资事件,累计收益率高达8.20×10^{21}倍,累计存续年限为266.65年,换算成年化收益率为20.83%。

年化收益率近21%,超过了巴菲特年化20%的收益率,其实是相当不错的。

取得这个好业绩的根源在于，绝大多数可转债都实现了提前赎回，促进了转股，上市公司实现了股权融资。

在统计中，这 112 只可转债有 100 只实现了提前赎回，占比高达 90%，绝大多数的说辞一点都不夸张。

所以，"历史退市可转债高收益"是可转债穿越牛熊的核心逻辑之三。

除此之外，可转债投资还有交易优势。

三、可转债的交易优势

可转债的交易优势有以下三点：

（一）超越股票的收益

按目前的发行规则，可转债的初始转股价要求不低于募集说明书公告日前二十个交易日公司股票交易均价，和前一个交易日公司股票交易均价之间较高者。实际上，上市公司和承销商为确保发行成功，一般定在刚好满足上述条件的较近处，即转股价与正股价相差不多。所以，可转债发行时，正股与转股价相近。

可转债上市后，正股涨跌和可转债涨跌都有相同的起点。可转债投资者在以下 4 种情况获得收益。

（1）如果正股价持续上涨，可转债转股后的股票价值上涨，带动可转债价格上涨，并且上涨幅度与正股相近，转债投资者获得的收益与股票投资者相近。

（2）如果正股股价持续下跌，并且远低于转股价，转债投资者自然不愿意转股。为促使转债投资者转股，上市公司必然会提出转股价下修方案，在转股价下修成功后，按新的转股价转股，同样面值的可转债可转股数更多。如果正股再继续上涨，同样转股后的股票价值上涨，可转债价格上涨，上涨幅度大于正股，转债投资者获得的收益大于股票投资者的收益。

（3）如果正股股价下跌，并低于转股价，未达到转股价下修条件，或者上市公司无意促进转股，则在可转债到期后，上市公司按高于面值的赎回价兑付可转债本金和利息。尽管投资者获得的收益较低，但大于股票投资者收益。

（4）在可转债持有期间，如果正股分红、送转股，可转债按照公式调整转股价，保证可转债转股权益不受损失。甚至正股公开或非公开增发后，正股投资者股权被摊薄，而可转债按照公式调整转股价，转股权益不受损。

另外，可转债持有期间的利息，仅可转债投资者享有，转股价调整方式和利息收益导致可转债收益大于正股收益。

所以，总的来说，可转债投资有超越股票的收益。

（二）简单的高低判断

股票投资者都知道盈利的本质规律是"低买高卖"，但这个规律并没有告诉投资者，什么是低？什么是高？

贵州茅台股价100元，高不高？很高，但它在2020年12月31日股价1998元，逼近2000元，投资者赚得盆满钵满；

海润光伏股价1元，低不低？很低，但它以0.15元收盘，并最终退市了，投资者血本无归。

所以在不同的股票之间，单纯依靠股票价格的高低来选股和交易，必然会导致放跑大牛股、套牢大熊股的结局。

而可转债投资者就不同了，可转债是债券，始终对应的是100元面值可转债，有单纯的债券价值，即纯债价值。平均起来，纯债价值在90元附近，因此接近于90元的可转债，价格就比较低了。

另外，可转债发行时有提前赎回条款，一般为正股大于转股价的130%时，即正股上涨超过转股价30%，上市公司将启动赎回，此时可转债市场价格在130元以上，所以130元以上的可转债，价格就比较高了。

这样简单的高低判断，非常有利于投资者自主选择投资标的，也很容易获利。

（三）持有的心理优势

正如炒股盈利为什么这么难中提到，纯粹的股票投机策略难以盈利。真正"大师级"的投资者如沃伦·巴菲特、彼得·林奇都是采用价值投资策略，以投资的思路交易股票。

考虑到上市公司的业绩需要1个季度、1年、甚至几年的时间才能体现到报表中，并且多数投资者还需要时间来分析、理解报表，才能认可这家上市公司，所以投资大师们都在股票投资中采用长期持有的方法。因此，在股票投资中，并不只是"买入"和"卖出"，还有相当长时间的"持有"操作，"持有"的目的可能是观察，也可能是等待上市公司业绩展现。

"持有"也是最考验投资者的认知、信心和耐心的。大多数股票投资者往往在持有阶段患得患失。股票上涨了，可能担心下跌，导致过早卖出，也可能后悔买少了，导致追高买入；股票下跌后，又担心长期套利，更担心退市血本无归，极容易导致底部赔本割肉，持有心态极其不稳。

相比较而言，持有可转债有巨大的心理优势。正股上涨，带动可转债上涨获取收益，并可在可转债保本价以内，追加买入可转债，安全地扩大未来收益；正股下跌，有可转债的债性托底，浮亏不会太多；最差的情况是上市公司破产，无法退还本金，但可转债历史上还没有出现过，是小概率事件；即便遇到这种小概率事件，可转债投资者可能拿回破产后的清算价值，也好于正股投资者颗粒无收。

投资者可以在上市公司没有提前赎回可转债之前，看淡股市波动，长期持有，期待正股上涨获益，并享受持有期间的利息收益。如果在持有期间，上市公司下修转股价，投资者还能享受额外的收益。

可转债的这些特性，就构成了投资者持有期间巨大的心理优势。

第二节　可转债投资的历史性机遇

可转债最早起源于美国。自可转债诞生以来，上市公司能借助它有效地低成本融资，投资者能在它上面取得低风险高收益，投资者和融资者能愉快地实现双赢，因此赢得了双方的青睐，全球可转债市场也得到了快速发展，就连沃伦·巴菲特也钟情于可转债投资，且战绩斐然。

自2017年底可转债信用申购改革以来，中国的可转债市场从以前的不温不火状态进入高速发展状态，吸引了500多家上市公司，1 000多万普通投资者，70多只公募基金参与。

一、沃伦·巴菲特的可转债投资

2008年9月15日雷曼兄弟宣布破产，美国和有关金融市场进入流动性恐慌，次贷危机引发的金融危机进入高潮。

国际领先的投资银行——高盛集团（Goldman Sachs）也陷入危机之中，股价暴跌、贷款成本激增，不得已高盛转向沃伦·巴菲特求援，以便获得资金并重拾市场信心。

2008 年 9 月 23 日，沃伦·巴菲特旗下公司伯克希尔·哈撒韦同意以优先股的形式，借 50 亿美元给高盛，年利率为 10%，同时取得高盛股票认购权证，该权证让沃伦·巴菲特未来 5 年有权以 115 美元每股的价格认购总计 50 亿美元的高盛股票。

2011 年 4 月 21 日，高盛正式从伯克希尔·哈撒韦手中赎回所有优先股，除已经支付的 10 亿美元股息之外，高盛向沃伦·巴菲特一次性支付 55 亿美元，其中 5 亿美元为额外支付的溢价。

2013 年 3 月 26 日，沃伦·巴菲特同意修改上述认购权证。高盛将根据 10 月 1 日之前十个交易日的平均收盘价与 115 美元的行权价之间的差价乘以 4 350 万股，然后赠送伯克希尔·哈撒韦同样价值的股票。

2013 年 9 月底，高盛股价约 142 美元，以此计算，这部分股票市值约为 11.7 亿美元。

至此，沃伦·巴菲特在不到两年半的时间，收回了 50 亿美元投资，获得 10 亿美元优先股股息、5 亿美元额外支付的溢价以及市值 11.7 亿美元的高盛股票，总获利 26.7 亿美元，投资收益率为 53.4%，远高于同期道琼斯指数的 36.8% 的涨幅，以及同期高盛集团的 20.2% 涨幅，见图 1-3。

沃伦·巴菲特对于这笔投资颇为得意，在 2010 年股东大会上，沃伦·巴菲特当着 4 万名股东算了一笔账。"高盛每秒钟给我们支付 15 美元，"沃伦·巴菲特说："滴答滴答的手表声音变得如此悦耳。"

沃伦·巴菲特投资高盛集团采用的是优先股 + 认购权证方式，优先股是近似于永续债，认购权证是按约定价格和期限可以购买股票的权证，从表面上看不是可转债，但是可转债也是可以分为纯债券和认股权证两部分，所以它们的本质是一样的。

沃伦·巴菲特除投资高盛采用类似可转债的操作方式外，其他著名案例还有：

2000 年至 2003 年期间，沃伦·巴菲特投资 Level3 可转债，在短短两年时间里，沃伦·巴菲特在此项投资里获利达到 300%，盈利约 4 亿美元；

图 1-3　沃伦・巴菲特投资高盛收益

2009 年 2 月，沃伦・巴菲特通过伯克希尔・哈撒韦投资瑞士再保险(Swiss Re) 26 亿美元可转债，在 2011 年 1 月被赎回，沃伦・巴菲特两年内的回报约为 13 亿美元，收益率达 50%。

二、中国可转债的特点

从 1992 年 11 月宝安转债发行以来，可转债条款几经修改，对投资者有了更大的吸引力。

相比国外的可转债，中国可转债有以下特点。

1.上市公司基本面较好

按目前的发行规定，发行可转债的上市公司最近三个会计年度加权平均净资产收益率平均不低于 6%，且发行后累计公司债券余额不超过最近一期期末净资产额的 40%。这些规定相当于帮助投资者对上市公司做了筛选，因此发行可转债的上市公司基本面相对较好。

2.优厚的利率

上市公司考虑到财务成本，通常会把第 1 年的利率设置得较低，然后逐年增加，同时为了吸引投资者长期持有，还在最后 1 年设置有较高的利率补偿，所以综合计算下来，利率还是比较优厚。截至 2021 年 12 月 31 日，所有公开发行的可转债平均利率为 2.52%，其中最高利率是英科转债的 5.78%，最低利率是机场转债的 0.8%。这些利率似乎不太高，但在目前的低利率环境下，还是比较不错的。特别是相对于国外证券市场发行的低息甚至 0 息可转债，已经很优厚了。

3. 派息调整转股价

按目前的发行规定，因为配股、增发、送股、派息、分立及其他原因引起上市公司股份变动的，应当同时调整转股价格，这就是除权调整。正股投资者担忧的稀释股份的配股和增发操作，在可转债这里，因为要相应调整转股价，起到了反稀释作用，保护了可转债持有人的利益。

值得一提的是，对于正股派发现金红利和送股，可转债的转股价将按税前的现金红利和送股比例下调转股价，相当于可转债持有者享受到了免税的现金红利和送股，比正股投资者按持有时间段缴纳红利税更实惠。其中，派发现金红利调整转股价是中国特有的，在国外证券市场，现金分红一般不纳入转股价调整范围。

4. 超高的流动性

众所周知，在 A 股市场，股票、基金交易都是实行 T+1 交收，主板 10% 涨跌幅限制，科创板、创业板 20% 涨跌幅限制交易制度。但在可转债交易上，却实行的是 T+0 交收，20%、30% 熔断，涨跌幅限制更宽的交易制度，这就极大地激发了可转债的交易活跃度，提高了流动性。

例如：2020 年 10 月 22 日，流通面值仅 1.66 亿元的正元转债当日上涨 176.31%，成交 101.2 亿元，换手率高达 27 倍。

虽然从理论上讲，流动性不能提升可转债的内在价值，但在实际交易中，高流动性会给可转债带来一些溢价，称为"流动性溢价"，可转债投资者可以在出现"流动性溢价"时，择机卖出持有的转债，获得更高的收益。

三、可转债市场的历史性机遇

2017 年 9 月 8 日，证监会正式发布修订后的《证券发行与承销管理办法》（以下简称《承销办法》），并于当日起开始施行。《承销办法》中对可转债、可交换债发行方式进行了调整，将资金申购改为信用申购。

《承销办法》施行后，参与网上申购的投资者申购时无须预缴申购资金，待确认获得中签结果后，再按实际获配金额缴款。也就是说投资者在可转债发行当天，可以不用准备资金，也不要求股票市值，只要开通了股东资金账户就能按照公告满额申购新发行的可转债，这极大地降低了普通投资者参与网上申购的资金成本。

而在之前，可转债申购采用资金申购方式，网上的投资者需要真金白银申购可转债，并且冻结3~5个自然日，而网下机构一般采用5倍杠杆申购。由于机构资金量大，再给予他们5倍杠杆申购的权利，申购可转债的资金总量就更巨大了，这就极大地降低了网下中签率，而网上中签率经过网下回拨后，也一并下降。再加上冻结资金利息支出，致使普通投资者网上申购可转债人数寥寥。

《承销办法》施行后，第一只采用信用申购方式发行的可转债是雨虹转债，在其发行过程中，普通投资者参与积极。

2017年9月25日雨虹转债发行，发行规模18.4亿元，扣除原股东配售85.50%后，有高达260万热情的投资者网上申购剩余14.50%的发行额，即2.67亿元雨虹转债。

此后，可转债的发行和申购呈爆发性增长。

截至2021年12月31日，共计发行了535只可转债，募集资金达9 476亿元；其中有156只退市，10只等待上市，见图1-4。

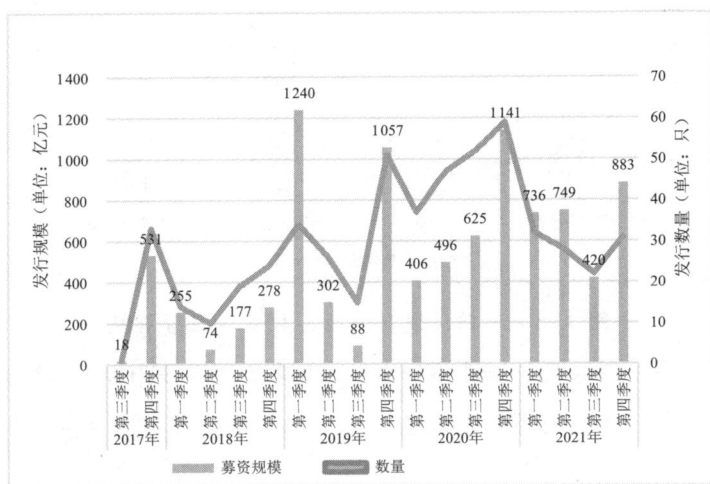

图1-4　信用申购以来可转债发行数量和规模

已经上市的可转债有525只，如果投资者申购了所有发行的可转债，单账户平均中397签，累计需要资金39.7万元，上市首日总获利10 613元；

截至2021年12月31日，这批上市的可转债共计有157只退市，如果投资者首日不卖出，持有到退市前以收盘价卖出，其余未退市的持有到截止日，共计获利24.7万元。

相比新股申购，新可转债申购有高中签率、低风险、单只小收益、无须股票市值的特点。在申购可转债盈利的财富效应推动下，吸引了创纪录的1 000多万投资者参与网上申购，可以说信用申购开启了"全民打新可转债"的新时代。

截至2021年12月31日，可转债二级市场上，加上信用申购改革以前发行的可转债，共计有377只可转债交易，横跨79个行业，流通市值高达8 190亿元。

这样丰富的可转债市场，为投资者带来充分的可选择性和流动性，吸引了1000多万的普通投资者、70多只公募基金和难于统计的私募基金参与投资。

站在2021年12月31日，展望未来，证监会已经核准待发行的可转债有20只，募资合计341亿元；已经通过发审委的可转债有9只，募资合计63亿元；已经获得股东大会批准有81只，募资合计1 138亿元；上市公司董事会提出议案的可转债有12只，募资合计151亿元，见图1-5。

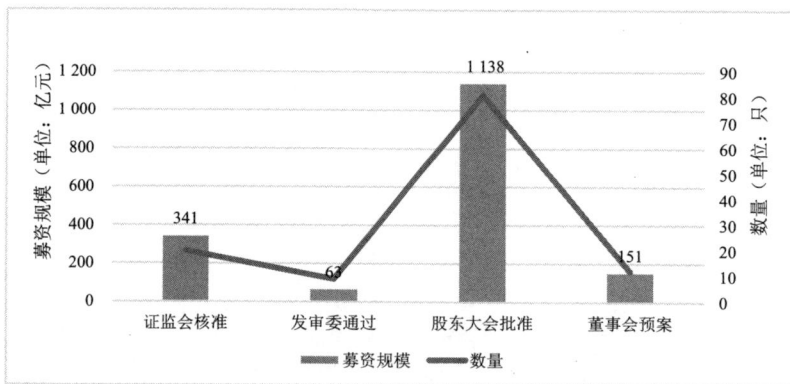

图1-5 可转债发行进度、数量和融资规模

一边可转债火热发行，一边投资者越来越多，可转债市场逐步扩大，可以说这是可转债市场上难得的历史性机遇。

四、还有不投资可转债的理由吗

如前文所述，可转债是一种收益超越股票、风险低于股票、容易操作的投资工具。普通投资者掌握以后，投资可转债，可以克服股票盈利的诸多难点，让盈利徐徐而来。专业投资者掌握以后，把可转债纳入防御型资产配置，可以盘活防御型资产，降低组合波动，提高整体投资业绩。就连沃伦·巴菲特也极其重视可转债投资，我们普通投资者有什么理由不投资可转债呢?

可能唯一不投资可转债的理由是"不懂不投"，担忧未知世界的风险是人的本能，所以"不懂不投"是可以理解的。

子曰："知之为知之，不知为不知，是知也。"就是说能知道自己认知边界的人，是智慧的人。既然投资者知道可转债在他们认知的边界之外，那么每天花一点时间和精力，通过学习突破这个认知边界就是一种比较好的选择。打破可转债认知边界，就会迎来一片新的投资天地。

这也是笔者写作本书的目的，希望读者通过本书深入浅出的讲解，从"不懂不投""边懂边投"成长为"又懂又投"，学会从简单到复杂的可转债投资策略，扩大自身的投资范围，增加自己投资的稳健性。

最后，希望读者逐步构建和优化自己的交易系统，穿越市场牛熊，取得满意的长期投资业绩。

第二章

可转债概念详解

在前一章中，简单介绍了可转债的基本概念，本章是对可转债的转股价值、纯债价值、债券收益率、转股溢价率、纯债溢价率、保本价、偏股型转债、平衡型转债、偏债型转债等基本概念进行详细解读。

熟悉可转债基本概念或者心急的读者可以跳过本章，直接阅读后续章节，如果遇到不懂的概念，再翻过来阅读本章对应的内容，也不失为一种好方法。

第一节　可转债的双面核心价值

可转债全称为可转换公司债券，这里的可转换的意思是可以转换为股票，因此可转债的全部含义就是可转换为股票的债券。

可转债是否转换为股票，选择权在投资者手中，如果投资者转换为股票，转股后股票的市值就是可转债的转股价值；如果投资者不转换为股票，当作债券持有，债券的内在价值就是纯债价值。

所以可转债具有双面核心价值，一面是转股价值，一面是纯债价值。

当然鱼与熊掌不可兼得，投资者一旦选择转股，就实现了转股价值，即转换成股票的市场价值，此时，可转债的债券价值就消失了。而这种选择是单向的，也就是说不存在再把股票转换为可转债的选择。

既然转股价值和纯债价值是不可兼得的，可转债的价值就等于纯债价值和转股价值的较大者。用以下公式表示：

$$可转债的价值 = MAX（纯债价值，转股价值）$$

此外，可转债还有转股期权价值和博弈价值。

按照目前国内通常的可转债条款设计，除去发行后 6 个月的不能转股时间，可转债的转股期限长达 4.5 或 5.5 年，且转股的选择权在投资者手中，即在 4.5 或 5.5 年期限以内，投资者随时可以把可转债转换为股票，所以这种转股选择权相当于美式期权，具有美式期权价值，即为转股期权价值。

可转债具有转股价下修条款和回售条款。

当正股价格低迷，难以促进转股，上市公司可能提出转股价下修。转股价下修后，转股价值提高，可转债投资者获益。

到了可转债回售期，如果正股价格大幅低于转股价，符合回售条件，上市公司必须回售。在回售压力下，上市公司可能提出转股价下修；即使不下修转股价，面值以下的低价转债也能在回售的过程中，以面值加当期利息退还给投资者。

此外，可转债的下修条款和回售条款为投资者带来博弈价值。

综上所述，可转债的价值可用以下公式表示：

可转债的价值 =MAX（纯债价值，转股价值）+ 转股期权价值 + 博弈价值

在可转债实际的交易中，可转债的价格总是围绕上述的可转债价值波动。其中纯债价值和转股价值是可转债的双面核心价值，也是含金量最大的两面价值。下文将详细论述这两个核心价值。

第二节　转股价值

上市公司考虑到融资成本，在可转债发行时，一般折算的票面利率较低，远低于同期企业债收益率。但可转债依然能够吸引大量的投资者，这些投资者最感兴趣就是可转债的可选择的转股价值。因此转股价值是可转债双面核心价值中最重要的价值。

转股价值就是可转债转换为股票后，这些股票的市值。

可转债的转股规则是：可转股数等于可转债面值除以转股价，即

　　　　1 张可转债转股后的股数 =1 张可转债面值 ÷ 转股价

按照目前可转债发行规定，可转债的面值统一为 100 元，则上述公式变为

　　　　1 张可转债转股后的股数 =100 ÷ 转股价

那么 1 张可转债的转股价值计算公式为

　　　　1 张可转债的转股价值 = 正股价 ×100 ÷ 转股价　　　　　①

把公式①通过数学变形可得：

　　　　1 张可转债的转股价值 = 正股价 ÷ 转股价 ×100　　　　　②

所以转股价值可以理解为，正股价与转股价的比例，并归一化为 100 元的价值。公式②回避了可转股数的除法运算，只需找到正股价和转股价，计算比例的高低，就可直观得出大约的转股价值。

案例：亚药转债转股价值

2020 年 4 月 30 日，亚药转债转股价为 16.25 元，正股亚太药业的收盘价为 5.55 元，则亚药转债的转股价值计算如下：

　　　　1 张亚药转债的转股价值 =5.55÷16.25×100=34.15（元）。

案例：英科转债转股价值

2020 年 4 月 30 日，英科转债转股价为 16.17 元，正股英科医疗的收盘价为 56.32 元，则英科转债的转股价值计算如下：

1 张英科转债的转股价值 =56.32÷16.17×100=348.30（元）。

转股价值是 1 张可转债的理论价值，在实际转股的过程中，存在转股中的零股和卖出股票税费等问题，导致实际到手的转股价值略低于理论价值。但考虑到可转债和正股的波动，这点小差异并不影响转股价值在可转债估值中的作用。

转股价值又称"现价比转股价"，实际为另一个值，结果用百分比来表示，计算公式为

$$现价比转股价 = 正股价格 \div 转股价 \times 100\%$$

计算公式与转股价值的计算公式相比，少乘以 100。这种表达没有转股价值简练，而且也未折算为 1 张转债的转股价值，不利于与可转债价格的比较，也不利于后续的转股溢价率指标的计算，所以本书不采用这个称呼。

一、转股价的确定

转股价值的计算公式中，转股价为分母，在正股股价一定的情况下，转股价的高低就确定了转股价值的高低。

转股价在可转债的发行公告中就已经确定了，称为初始转股价。

为保护正股投资者的利益，在《上市公司证券发行管理办法》中，规定了转股价格应不低于募集说明书公告日前二十个交易日该公司股票交易均价和前一个交易日的均价。

案例：鲁泰转债

2020 年 4 月 7 日，鲁泰 A 刊登发行可转债公告和募集说明书。前一交易日为 2020 年 4 月 3 日，当日的鲁泰 A 交易均价为 8.57 元；前二十个交易日，即 2020 年 3 月 7 日至 2020 年 4 月 3 日期间，交易均价为 9.007 元。募集说明书中确定的初始转股价 9.01 元 / 股，仅比前二十个交易日均价高 0.003 元，满足了监管的最低要求，也尽可能定得较低，增加了转股价值，从而增加可转债对投资者的吸引力。

二、正股波动的影响

从转股价值的计算公式可以看出，转股价值受分子正股价和分母转股价的影响。而转股价在大多数情况下是不动的，所以转股价值受正股波动影响最大。

案例：新莱转债

新莱转债发行于 2019 年 12 月 19 日，初始转股价为 11.18 元，至 2020 年 4 月 30 日，期间未调整转股价，新莱转债转股价值就随正股新莱应材同步波动，见图 2-1。

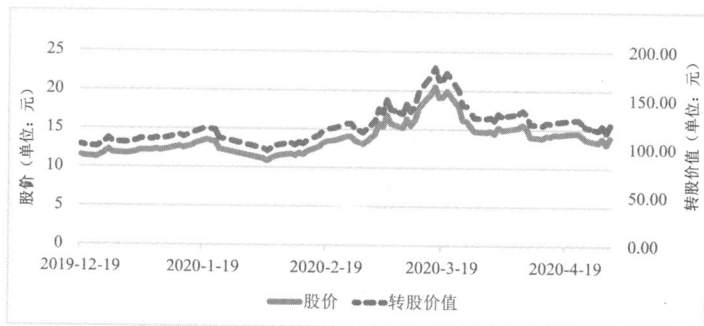

图 2-1　新莱转债转股价值与正股股价走势

可转债的转股价值与正股同步涨跌，转股价值由正股价格进行影子定价。

三、转股价调整的影响

可转债的转股价不是一直不变的，有两种转股价调整方式，一是常规调整，二是转股价向下修正。

（一）常规调整

按照相关规定，发行可转换公司债券后，因配股、增发、送股、派息、分立及其他原因引起上市公司股份变动的，应当同时调整转股价格。

所以可转债在发行公告中一般会有如下表述：

在本次发行之后，当公司发生派送股票股利、转增股本、增发新股或配股、派送现金股利等情况（不包括因本次发行的可转债转股而增加的股本）使公司股份发生变化时，将按下述公式进行转股价格的调整（保留小数点后两位，最后一位四舍五入）：

（1）派送现金股利：$P_1=P_0-D$；

（2）派送股票股利或转增股本：$P_1=P_0\div(1+n)$；

（3）上述两项同时进行：$P_1=(P_0-D)\div(1+n)$；

（4）增发新股或配股：$P_1=(P_0+A\times K)\div(1+K)$；

（5）上述三项同时进行：$P_1=(P_0-D+A\times K)\div(1+n+K)$。

其中：P_0 为调整前转股价，n 为送股或转增股本率，K 为增发新股或配股率，A 为增发新股价或配股价，D 为每股派送现金股利，P_1 为调整后转股价。

上述计算公式看似复杂，其实简单归纳起来，就是以下三点。

1. 分红调整转股价

在正股进行权益分派（俗称"分红"）前后，股票投资者通过除息除权制度保证利益不受损，而可转债投资者通过转股价调整保证利益不受损。但股票投资者短期卖出时，要缴纳红利税，而转股价调整无须缴纳红利税，所以持有可转债有避红利税的优势。

案例：富祥转债

2019 年 6 月 5 日，2018 年年度权益分派实施，每股派发现金红利 0.195 618 元（含税），送红股 0.195 618 股（含税），登记日为 2019 年 6 月 5 日，除权除息日为 2019 年 6 月 6 日。

6 月 5 日，富祥药业的收盘价为 17.27 元，转股价为 18.05 元，转股价值为 95.68 元；

6 月 6 日，富祥药业除息除权后的开盘参考价为 14.28 元，转股价按照公式（3）计算：

调整后转股价 $=(P_0-D)/(1+n)=(18.05-0.195\,618)\div(1+0.195\,618)=14.93$（元）。

新转股价值 = 开盘参考价 ÷ 调整后的转股价 ×100 = 14.28÷14.93×100 = 95.65 元，与前一交易日收盘转股价值 95.68 元很接近。

2020 年 5 月 15 日，2019 年年度权益分派实施，每股派发现金红利 0.195 995 5 元（含税），送红股 0.587 986 6 股（含税），登记日为 2020 年 5 月 15 日，除权除息日为 2020 年 5 月 18 日。

5 月 15 日，富祥药业的收盘价为 29.15 元，转股价为 14.93 元，转股价值为 29.15÷14.93×100 = 195.24（元）；

5月18日，富祥药业除息除权后的开盘参考价为 18.23 元，转股价按照公式（3）计算：

调整后转股价=$(P_0-D) \div (1+n)$=$(14.93-0.195\,995\,5) \div (1+0.587\,986\,6)$=9.28（元）。

新富祥转债的转股价值 =$18.23 \div 9.28 \times 100$=196.34（元），与前一交易日收盘转股价值 195.24 元很接近。

图 2-2 就形象地展示了可转债转股价值不受正股分红的影响。

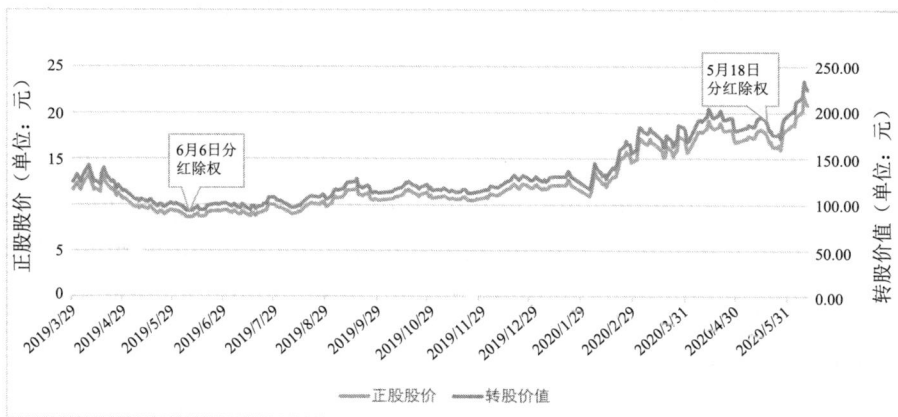

图 2-2　富祥转债转股价值与正股股价走势

注意：正股分红前后，转股价值有少许差异，是受转股价计算精确到 0.01 元，以及数学上分子和分母同减定值的计算影响。

2. 配股调整转股价

在正股进行配股融资前后，股票投资者可以通过参与配股，保证股票权益不受配股后除权影响。而可转债投资者无须掏出现金参与配股，通过转股价调整公式，保证转股价值不受配股摊薄的影响，调整公式跟增发一致。

3. 增发调整转股价

正股进行增发融资时，如果是公开增发，普通投资者难以通过申购获得相应比例的增发新股，很可能股权被摊薄；如果是非公开的定向增发，普通投资者更加难以参与，只能坐等股权被摊薄。而对于可转债投资者，无须参与公开和非公开增发，都可以通过转股价调整公式，保证转股价值不受增发摊薄的影响。

案例：新凤转债

2019 年 12 月 6 日，新凤鸣非公开发行新股募集资金 22.17 亿元。具体方案为以 10.64 元／股的价格发行 208 333 332 新股。12 月 6 日，新凤鸣收盘价为 11.76 元，转股价为 16.83 元，转股价值为 69.88 元。

12 月 9 日，由于增发新股不除权，开盘参考价为前一交易日收盘价 11.76 元，而新转股价需要通过调整公式（4）计算。

发行前股本有 1 191 233 764，配股增发率 K=208 333 332÷1 191 233 764=0.1749。

新转股价 =（P_0+A×K）÷（1+K）=（16.83+10.64×0.1749）÷（1+0.1749）=15.91（元）。

因此，新的转股价值为 11.76÷15.91×100=73.92（元），比增发前 69.88 元增加了 4.04 元。

新凤鸣增发后，新凤转债转股价值与正股股价走势见图 2-3。

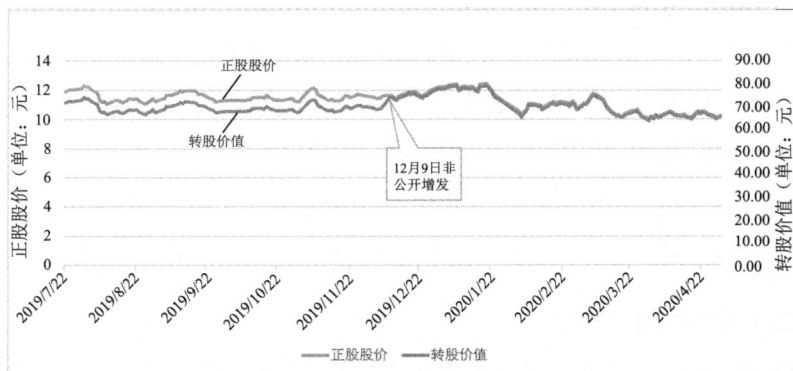

图 2-3　新凤转债转股价值与正股股价走势

从图 2-3 可以看出，在非公开增发后，新凤转债转股价值提升明显。新凤转债投资者在没有付出真金白银的情况下，照常获得了股权不被增发摊薄的收益，可谓 "不劳而获"。

当然，可转债投资者在享受配股、增发不被摊薄权利的同时，在某些情况下，如股份回购注销时，就不能享有股权增厚的权利，此时转股价会按照公式（4）向上调整。

案例：凯中转债

2019 年 8 月 8 日调整凯中转债转股价。凯中精密回购注销 2017 年限制股票激励计划首次授予限制性票 1 379 734 股，回购价格为 10.661 元 / 股，回购注销预留授予限制性票 571 250 股，回购价格为 7.355 元 / 股。回购前公司总股本为 291 322 694 股。

根据公式（4）调整转股价如下：

调整前转股价：P_0=12.99 元／股；

回购是减少股份，所以 K 值为负数，两次回购的 K 值计算：

K_1=-1 379 734÷291 322 694=-0.47%；K_2=-571 250÷291 322 694=-0.19%

两次回购的股价：A_1=10.661 元／股；A_2=7.355 元／股；

则调整后的转股价计算如下：

P_1=（P_0+A_1×K_1+A_2×K_2）÷（1+K_1+K_2）=（12.99-10.661×0.47%-7.355×0.19%）÷（1-0.47%-0.19%）=13.01（元）。

8 月 7 日，转股价调整前凯中精密的收盘价为 10 元，凯中转债的转股价值为 10÷12.99×100=76.98（元）。

8 月 8 日，转股价调整为 13.01 元，由于回购注销正股不做开盘价调整处理，所以开盘参考价为 10 元，则转股价值为 10÷13.01×100=76.86（元）。相对回购注销前的转股价值 76.98 元，转股价值下跌了 0.16%。

股票回购注销，总股本减少，提高了每股收益，有利于正股投资者。而可转债投资者因为转股价上调，没有占到增厚收益的便宜，但也没有吃亏，影响中性。

（二）转股价向下修正

为保护可转债投资者的利益，同时也为尽快促进转股，可转债发行时，一般都设置有转股价向下修正条款。

如果正股满足转股价向下修正条款，上市公司董事会就会提出转股价下修议案，股东大会批准议案后，董事会实施转股价下修。

转股价下修是对可转债投资者特有的保护，下修后，会大幅提升可转债的转股价值。

案例：蓝思转债

蓝思转债 2 次成功下修转股价，具体为：

2018 年 8 月 15 日，蓝思转债转股价从 24.18 元下修到 16.08 元，转股价值从 8 月 14 日收盘的 49.21 元上涨到当天开盘的 74 元。

2019 年 4 月 1 日，蓝思转债转股价从 16.08 元下修到 10.46 元，转股价值从 3 月 29 日收盘的 53.42 元上涨到当天开盘的 82.12 元。

蓝思转债正股股价走势和转股价值对比见图 2-4。

图 2-4　蓝思转债转股价值与正股股价走势

图 2-4 中，2 次转股价下修很明显提高了蓝思转债的转股价值，导致同期正股走势落后于转股价值的上涨。

转股价下修受益的只是可转债投资者，而正股投资者，因为转股价降低因素，同样面值的可转债转换出来的股数更多，自然会被摊薄正股股权，正股投资者利益受损。

考虑到正股投资者利益受损，相关法规规定了转股价下修议案必须通过股东大会审议，且为避免潜在的利益输送，持有可转债股东必须回避，不能参与表决。

所以，对于能否成功进行转股价下修，并不是董事会提出议案就行，而是上市公司、正股投资者与可转债投资者三方博弈的结果。

第三节　纯债价值

可转债的纯债价值就是抛开可转债的股票属性，只把可转债当作企业债来衡量的价值。在正股大幅下跌，正股价远低于转股价的情况下，转股价值大幅低于面值，也大幅低于转债现价，此时转股显然要吃亏。

例如，前文提到的亚药转债，2020 年 4 月 30 日，其转股价值仅 34.15 元，但转债价为 90.24 元，用 90.24 元的转债转股换取价值 34.15 元的正股，明显不划算。在这种情况下，投资者可采用的操作是当作纯债持有。

探讨纯债价值的目的就在于找到可转债的价格最终会停留在哪个区间，即可知道转债的"保底价"是多少。

一、单利和复利——银行利率的奥秘

说到债券的价值，往往会想到利率，债券利率越高，债券的价值越高。但很多投资者会混淆单利和复利这个概念，以至于采用了不正确的公式计算债券价值，导致结果偏差较大。

单利就是债券到期后一次性还本付息。银行存款就是最明显的单利。

例如，某银行 A 整存整取 5 年定期年利率为 2.75%，如果储户存 10 000 元整存整取 5 年定期。则 5 年到期后，该储户收到的利息为 2.75%×10 000×5=1 375（元）。此时计算利息是采用单利的方式。

复利就是通常说的"利滚利"。以复利利率计息的债券并不是"真正"的复利计息，而通常是以每年付息的方式发放利息。投资者收到利息后，自行投资每年付息的债券，从而实现"利滚利"。

例如：某公司债 B，期限 5 年，利率为 3.44%，每年付息，债券评级为 AAA 级。如果投资者初始投资 10 000 元，并且收到利息后以面值买入公司债 B，则从理论上，5 年后到期利息合计为 $[(1+3.44\%)^5-1]\times10\ 000=1\ 842$（元）。

如果考虑到对个人投资者征收 20% 的利息税的影响，公司债 B 的利率为 3.44%×80%=2.75%，则与银行 A 的同期存款利息相当，5 年后到期利息合计为 $[(1+2.75\%)^5-1]\times10\ 000=1\ 453$（元）。显然，公司债 B 的 1 453 元利息高出同期存款利息 78 元，在不考虑流动性和安全性的情况下，买入公司债 B 更划算。

因为每年付息的方式是大多数债券采用的方式，也是复利利息，所以在评价和计算债券利息中，均采用复利计算法。

二、企业债信用评级和收益率曲线

企业债，即企业债券，是由中国具有法人资格的企业发行的债券，泛指各种所有制企业发行的债券。

可转债，即可转换公司债券，是附有选择权的企业债券，可转债的选择权就是持有人有选择转换为股票的选择权。因此可转债也是企业债的一种，我们在计算其纯债价值的过程中，也采用企业债的方法。

企业债与银行存款和国债不同，有一定的违约风险。当然严格地说，银行存款也有风险，但在目前的存款保险制度下，一旦银行破产，储户存款在 50 万元以内 100% 赔付，50 万元以上的部分从清算财产中受偿，但银行，尤其是国有大型银行破产概率几乎为 0，因此可以认为银行存款的违约风险远低于企业债，仅低于金边债券的国债。

因为发行企业债的企业生产经营状况不同，企业按期偿还利息和本金的概率也不同。如果投资者持有一只企业债，企业不能按期偿还本金和利息，投资者就会蒙受损失，这种风险就是企业违约风险，也称为信用风险。

由于投资者受到时间、知识和信息的限制，无法对众多债券进行分析和选择，因此需要专业机构对债券还本付息的可靠程度，进行客观、公正和权威的评定，也就是进行债券信用评级。债券信用评级为投资者判断债券信用风险、评价债券投资价值提供充分的依据，从而降低信息成本，提高市场效率。

按照 2006 年 11 月 21 日发布的《信贷市场和银行间债券市场信用评级规范》等文件的有关规定，银行间债券市场中长期债券信用评级等级划分为三等九级，符号表示为：AAA、AA、A、BBB、BB、B、CCC、CC、C。它们的含义如下：

AAA 级：偿还债务的能力极强，基本不受不利经济环境的影响，违约风险极低；

AA 级：偿还债务的能力很强，受不利经济环境的影响不大，违约风险很低；

A 级：偿还债务能力较强，较易受不利经济环境的影响，违约风险较低；

BBB 级：偿还债务能力一般，受不利经济环境影响较大，违约风险一般；

BB 级：偿还债务能力较弱，受不利经济环境影响很大，违约风险较高；

B 级：偿还债务的能力较大地依赖于良好的经济环境，违约风险很高；

CCC 级：偿还债务的能力极度依赖于良好的经济环境，违约风险极高；

CC 级：在破产或重组时可获得保护较小，基本不能保证偿还债务；

C 级：不能偿还债务。

注：除 AAA 级，CCC 级（含）以下等级外，每一个信用等级可用"+""-"符号进行微调，表示略高或略低于本等级。

另外，评级仅是对当前债券的偿债能力进行评定，考虑到企业经营波动的影响，在同一评级下，期限越长的债券，投资者对评级的信任度越低，投资者能够接受的利息越高；反之，对于期限短的债券，投资者愿意接受的利息较低。

把同一评级近似年限的企业债编制成企业债指数，并在坐标中连接起来，就形成企业债指数收益率曲线，见图2-5。

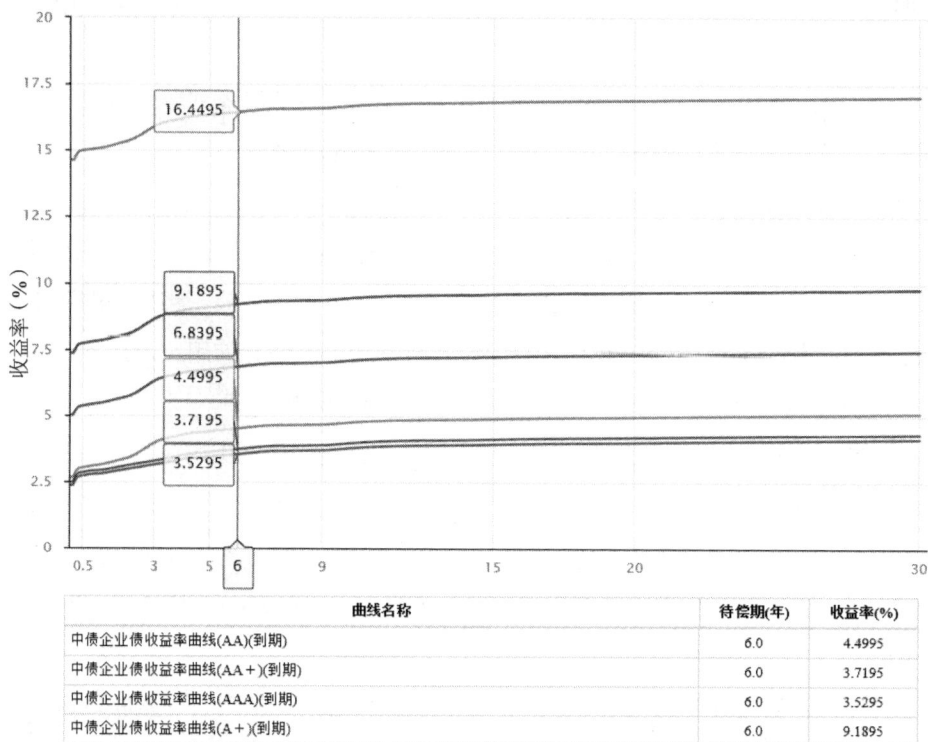

曲线名称	待偿期(年)	收益率(%)
中债企业债收益率曲线(AA)(到期)	6.0	4.4995
中债企业债收益率曲线(AA+)(到期)	6.0	3.7195
中债企业债收益率曲线(AAA)(到期)	6.0	3.5295
中债企业债收益率曲线(A+)(到期)	6.0	9.1895

图2-5　2021年11月12日企业债收益率曲线

因为企业债在交易中受宏观经济和货币政策影响而波动，企业债指数收益率曲线也是每天波动的，所以图2-5仅表示2021年11月12日收盘的收益率曲线。

从投资者的角度看，对于有信用风险的企业债，肯定不愿意以同期限的国债利率来购买，只有企业债收益率高于同期限国债的收益率一定幅度之后，才有购买意愿，这个幅度称为风险溢价。信用风险高的企业债，要求的风险溢价较高；信用风险低的企业债，要求的风险溢价较低。

例如：2021年11月12日，6年期的国债收益率为2.881 9%；6年期AAA级企业债的收益率为3.529 5%，风险溢价为0.647 6个百分点；6年期AA级企业债的收益率为4.499 5%，风险溢价为1.617 6个百分点，高于AAA级企业债风险溢价；6 年期 A+ 级企业债的收益率为 9.189 5%，风险溢价为 6.307 6 个百分点，远高于 AAA 级和 AA 级企业债风险溢价。

三、计算方法

有了可转债的评级和企业债收益率数据，就可计算出可转债的纯债价值。

计算步骤如下：

（1）找到可转债在计算时点后应收到的各期利息和到期赎回价；

（2）找到与可转债的评级相同的企业债收益率曲线；

（3）在该收益率曲线上找到最接近可转债剩余期限的收益率数据；

（4）用复利的方法对可转债各期利息和到期赎回价向计算时点折现；

（5）折现后的现值就是当前可转债的纯债价值。

下面以苏银转债举例来说明计算方法。

苏银转债发行于 2019 年 3 月 14 日，到期日为 2025 年 3 月 13 日，在 2020 年 4 月 30 日计算时点，剩余期限为 4.87 年，AAA 级；已付利息第一年 0.2%，待付利息为第二年 0.8%、第三年 1.5%、第四年 2.3%、第五年 3.5%、第六年 4.0%；赎回价为 111 元（含最后一期利息）。

2020 年 4 月 30 日，苏银转债剩余期限接近 5 年期，而 5 年期 AAA 级企业债收益率为 2.903 6%，见图 2-6。

100 元面值的苏银转债纯债价值计算公式如下：

$$纯债价值 = 0.8 \div (1+2.9036\%)^{0.87} + 1.5 \div (1+2.9036\%)^{1.87} + 2.3 \div (1+2.9036\%)^{2.87} + 3.5 \div (1+2.9036\%)^{3.87} + 111 \div (1+2.9036\%)^{4.87}$$

注：第六年 4.0% 的利息已经包含在 111 元的赎回价中，因此没有单独的计算项。

计算结果为 104.01，即苏银转债在 2020 年 4 月 30 日的纯债价值为 104.01 元。

从上文的计算公式可知，纯债价值与计算时点企业债收益率、可转债的剩余期限、可转债的利息和到期赎回价相关。

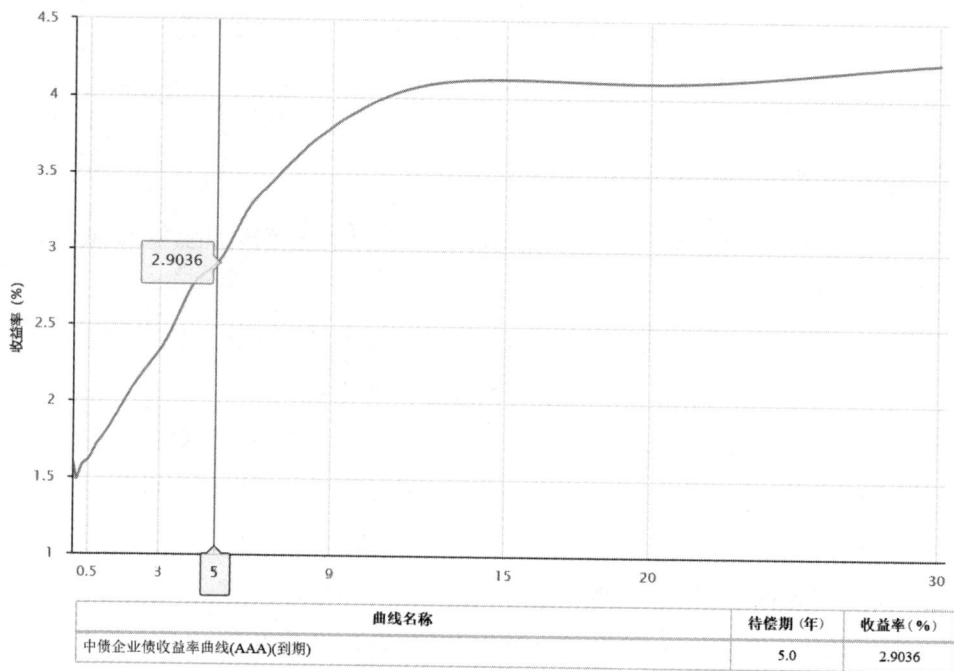

曲线名称	待偿期(年)	收益率(%)
中债企业债收益率曲线(AAA)(到期)	5.0	2.9036

图 2-6　AAA 级 5 年期企业债指数收益率

评级越高，企业债收益率越低，纯债价值越高。

剩余期限越短，企业债收益率越低，纯债价值越高。

各期利息和到期赎回价越高，纯债价值越高。

在其他条件不变的情况下，计算时点越接近到期日，纯债价值越接近赎回价。

图 2-7 是模拟苏银转债纯债价值计算结果。

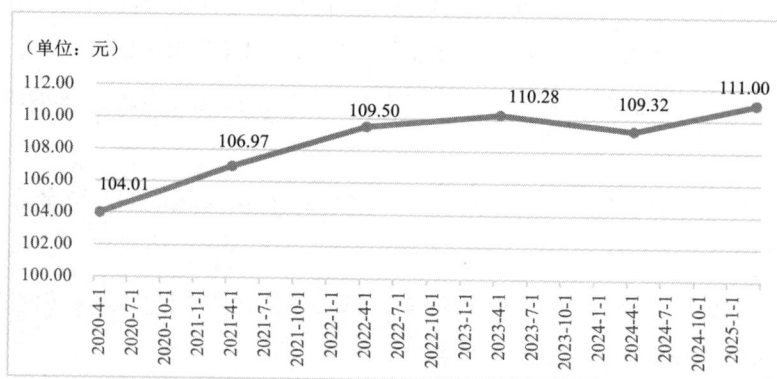

图 2-7　苏银转债纯债价值与计算时点的关系

模拟计算表明，越靠近苏银转债到期日，其纯债价值越接近赎回价。

四、债券收益率

为吸引投资者长期持有，大部分可转债利息设置为逐年增高模式，并且到期赎回价比面值高很多，所以可转债债券收益率不是明显能看出来的，而是需要计算。

采用内部收益率方法可计算债券收益率，即假设收益率为 $x\%$，计算时点的可转债收盘价作为现金流出，各期利息和赎回价按照 $x\%$ 的收益率向计算时点折现，作为现金流入，两者相加为 0，列出计算方程，再求解这个方程，可得收益率 $x\%$。

同样用苏银转债举例。

2020 年 4 月 30 日，苏银转债收盘价为 113.27 元，到期日为 2025 年 3 月 13 日，已付利息第一年 0.2%，待付利息为第二年 0.8%、第三年 1.5%、第四年 2.3%、第五年 3.5%、第六年 4.0%，赎回价为 111 元（含最后一期利息）。

则可列出以下方程：

$$-113.27+0.8\div[\,(1+x\%)^{0.87}]+1.5\div[\,(1+x\%)^{1.87}]+2.3\div[\,(1+x\%)^{2.87}]+3.5\div[\,(1+x\%)^{3.87}]+111\div[\,(1+x\%)^{4.87}]=0$$

求解这个方程可得，$x=1.06$，即苏银转债的收益率为 1.06%。

注：赎回价已经包含最后一年利息，最后一年利息不再单独计算。

上述方程的求解过程较为复杂，手工计算工作量相当大，可以采用编程进行函数迭代。

另外，也可采用 Excel 中的 XIRR 函数计算。

计算方法如下：

（1）在表 2-1 A 列中填入现金流，-113.27 元表示购买苏银转债的支出；

（2）在表 2-1 B 列中填入现金流对应的日期；

（3）在表 2-1 C 列第一行填写 XIRR 计算函数 "=XIRR（A1：A6，B1：B6）"；

（4）最后 Excel 自动展现出计算结果 "1.07%"。

表 2-1 用 Excel 的 XIRR 函数计算苏银债券收益率

序　号	A（现金流）	B（日期）	C（收益率）
1	-113.27	2020 年 4 月 30 日	1.07%
2	0.8	2021 年 3 月 13 日	

续表

序　号	A（现金流）	B（日期）	C（收益率）
3	1.5	2022 年 3 月 13 日	
4	2.3	2023 年 3 月 13 日	
5	3.5	2024 年 3 月 13 日	
6	111	2025 年 3 月 13 日	

需要注意的是，对于个人和证券投资基金，可转债的利息发放时要收取 20%的所得税，由券商代扣代缴。但对于企业法人投资者，利息收入将作为投资收益进入机构的损益表，并成为税前利润的一部分，再缴纳所得税。

第四节　衡量可转债投资价值的相关指标

可转债价值公式：

可转债价值 = MAX（纯债价值，转股价值）+ 转股期权价值 + 博弈价值

而可转债的价格围绕可转债的价值波动，所以当投资者计划买入某只可转债时，还需要其他指标来衡量可转债价格与可转债价值的关系，这样就容易判断可转债是低估还是高估，为投资提供重要参考。

一、转股溢价率

在可转债的纯债价值、转股期权价值、博弈价值作用下，投资者愿意支付高于转股价值的价格来购买可转债，高出部分为可转债的转股溢价。

衡量可转债转股溢价的高低采用相对法比较合理，即用可转债溢价与转股价值的比率，称为转股溢价率，简称溢价率。转股溢价率的计算公式为

$$转股溢价率 =（转债价 - 转股价值）÷ 转股价值 ×100\%$$

$$=（转债价 ÷ 转股价值 -1）×100\%$$

单纯从转股价值上考虑，买入转股溢价率高的可转债，相当于花更多的钱买入股票；买入转股溢价率为负数的可转债，相当于花更少的钱买入股票，即打折买入股票。

大多数可转债，由于转股期权价值的存在，转债价高于转股价值，转股溢价

率为正数。

有些可转债，因为正股下跌较大，转股价值极低，远低于纯债价值，此时纯债价值就对可转债起到支撑作用，使得转债价不会下降太多，就产生较高的转股溢价率。

有些可转债，因为流通面值小，受投资者偏好 T+0 和无涨跌幅限制等因素影响，导致转债价大幅高于转股价值，成为超高溢价转债。

案例：康隆转债

2020 年 6 月 24 日收盘，康隆转债价格为 110.94 元，转股价值为 100.13 元。

转股溢价率为：（110.94-100.13）÷100.13×100%=10.80%。

这是正常转股溢价率的样例。

案例：顺昌转债

2020 年 6 月 24 日收盘，顺昌转债的正股澳洋顺昌股价为 3.88 元，大幅低于转股价 9.25，转股价值仅为 41.95 元，纯债价值为 104.03 元；在纯债价值支撑下，转债价为 104.30 元。

转股溢价率为：（104.30-41.9）÷41.9×100%=148.93%。

这是债性支撑溢价率的样例。

案例：横河转债

2020 年 6 月 24 日收盘，横河转债价格为 283.9 元，转股价值仅为 76.9 元。

转股溢价率为：（283.9-76.9）÷76.9×100%=269.18%。

这是超高转股溢价率的样例。

上述三种转股溢价率对比，见图 2-8。

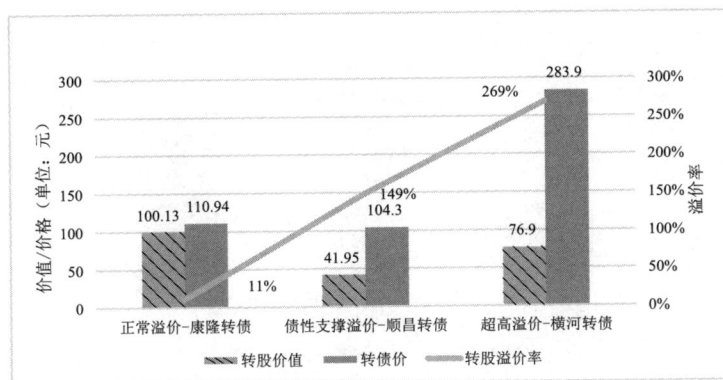

图 2-8　正常、债性支撑、超高转股溢价样例

在熊市可转债上市、高转股价值可转债上市、提前赎回等少数情况下，可转债的转股溢价率为负数，即为转股折价。

案例：特发转债

2018年12月25日，上证指数较年初下跌24.26%至2504.82点，是标准的熊市。当天特发转债上市，其转股价值为108.55元，转债收盘价为102.34元。

则转股溢价率为：（102.340-108.55）÷108.55×100%=-5.72%。

这是熊市中投资者心理脆弱，抛售转债导致转股折价的样例。

案例：汽模转2

2020年1月23日，上证指数经过2019年大涨22.30%，春节期间疫情还不明朗，上证指数为2976.43点。当天，汽模转2上市，其转股价值为140.33元，转债收盘价为130.20元。

则转股溢价率为：（130.20-140.33）÷140.33×100%=-7.22%。

这是转股价值高，转债上市价高，投资者急于获利了结，导致转股折价的样例。

案例：中宠转债

中宠转债提前赎回，最后交易日为2020年7月14日。2020年6月24日，其转股价值为184.65元，转债收盘价为183.10元。

则转股溢价率为：（183.10-184.65）÷184.65×100%=-0.84%。

这是可转债提前赎回，转债持有人无法继续持有，只能获利了结，导致转股折价的样例。

上述三种转股折价对比，见图2-9。

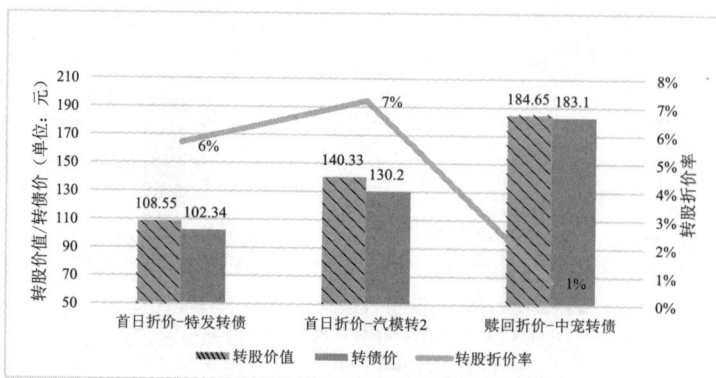

图2-9　首日、赎回转股折价样例

对投资者来说，如果需要买入，可转债的转股溢价率越低越好，最好是折价；如果需要卖出，转债的溢价率越高越好，具体原因见跟涨性。具体如何操作和评判转债，将在价值可转债轮动交易系统中详述。

二、纯债溢价率

当可转债的转股价值低于纯债价值时，可转债的价格由纯债价值支撑，围绕纯债价值波动，高出部分为可转债的纯债溢价。纯债溢价可以部分看作是投资者对可转债未来转股价值的认可，即转股期权价值。

纯债价值是可转债的债底，可转债相对于纯债价值的溢价程度，用纯债溢价率来衡量。纯债溢价率的计算公式为：

$$纯债溢价率 =（转债价 - 纯债价值）÷ 纯债价值 ×100\%$$
$$=（转债价 ÷ 纯债价值 -1）×100\%$$

既然纯债价值是债底，所以只有极少数情况下，转债价格才会低于债底，纯债溢价率为负值，即买入转债相对于买入折价的纯债。

2020 年 6 月 24 日，纯债溢价率最低的 3 只可转债见表 2-2 和图 2-10。

表 2-2　2020 年 6 月 24 日纯债折价最高的三只可转债

转债名称	纯债价值	转债价	纯债溢价率	评级	剩余年限	债券收益率
维格转债	99.38	89.78	-9.66%	AA	4.59	6.72%
亚太转债	99.27	96.31	-2.89%	AA	3.45	4.63%
小康转债	97.74	97.06	-0.70%	AA	3.37	3.96%

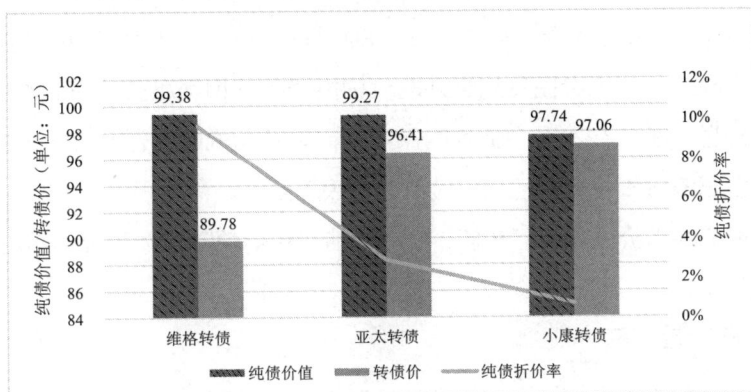

图 2-10　2020 年 6 月 24 日纯债折价最高的三只可转债

选择纯债溢价率低的可转债，除了可以当作债券持有外，还可以用于博弈转股价下修，这一点将在转股价下修博弈交易系统中详述。

三、保 本 价

保本价是可转债未支付利息加上到期赎回价之和。投资者在此价格以内买入，如果上市公司不破产，投资者的本金可以收回。保本价的计算公式为：

保本价 = 可转债到期前未支付利息 + 到期赎回价

案例：苏银转债

苏银转债 2020 年 4 月 30 日，已付利息第一年 0.2%，待付利息第二年 0.8%、第三年 1.5%、第四年 2.3%、第五年 3.5%、第六年 4.0%，赎回价为 111 元（含最后一期利息）。则保本价可以通过以下方法计算：

苏银转债保本价 =0.8 + 1.5 + 2.3 + 3.5 + 111=119.1（元）。

注：因为到期赎回价已经包含最后一年利息 4.0 元，所以不再重复加入。

投资者在保本价以内买入，可以获得一定的利息收益。保本价保本是相对的，不是绝对的。并且上市公司可转债违约或者破产，投资者只能收回部分本金。

此外，保本价没有考虑利息税因素，对于个人或者基金投资者，需要在利息部分扣减 20% 的利息税；在赎回价高于 100 元面值部分，即上述实例中的 111−100=11 部分，可转债历史上不同的上市公司处理不一样，有的不扣税，有的部分扣税，有的全额扣税，全额扣税是扣减该部分 20% 的利息税。

所以在最大扣税情况下，2020 年 4 月 30 日，苏银转债的保本价（扣税后）= 0.8×80% + 1.5×80% + 2.3×80% + 3.5×80% + 100 + 11×80%=115.28（元）。

考虑到除个人和证券投资基金外的机构投资者不扣利息税，而他们是证券市场的主要力量，所以在本书中提到的保本价，都是指税前的保本价，这样才能与机构投资者思考方法一致，不至于捡了芝麻丢了西瓜。

如何投资保本价以内的可转债？将在价值可转债轮动交易系统中详述。

四、跟 涨 性

正如转股溢价率中所述，可转债的转股溢价率越低，越有正股的替代价值，原因就是能跟随正股上涨。

为描述可转债跟随正股上涨特性，我们引入跟涨性概念。

可转债的上涨，多数由正股上涨驱动。具体驱动过程是：正股上涨引发转股价值的上涨，转股价值上涨，在转股期，因为折价套利的存在，可转债价格必然随着转股价值上涨。

因为转股溢价率的存在，正股上涨与可转债上涨有相关性，但不是正比例关系。

五、安 全 性

跟涨性是考察正股上涨对转债的影响。如果正股下跌，对可转债将会构成什么影响呢？

无须质疑，正股下跌，或多或少会引发可转债的下跌，对可转债总是不利的。

但考虑到可转债有纯债价值，当正股下跌太多时，短期内看不到强赎获利的希望，可转债还可以当作债券持有，有上市公司承诺利息和到期返还的本金。所以，可转债不会同步下跌，大概率会下跌到纯债价值附近。

2020 年 12 月 31 日收盘，我们把可转债的转股价值与转债价散列图分布绘制下来，见图 2-11。

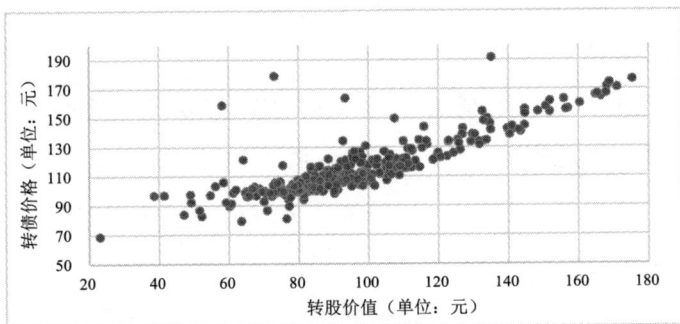

图 2-11　转股价值与转债价格散列图分布

图中从右往左看，转股价值在 180 元到 100 元区间，转债价格基本上同步下跌到 110 元附近；而转股价值在 100 元到 20 元区间时，转债价格下跌速度明显减缓，可转债价格基本上停留在 70 元到 100 元区间。原因就是可转债的转股价值低于纯债价值时，由纯债价值支撑，表现出保底特性。这种保底特性，我们称为安全性。

第五节　可转债分类

可转债的转股价值、纯债价值、保本价随着股票市场、债券市场、付息时间波动，可转债的价格在它们的影响下随市场波动，根据这四种价值和价格的关系，可以把看似无序的可转债分为偏股型、平衡型、偏债型三个基础类别。

一、偏股型转债

偏股型转债是指可转债价格超过保本价，无债券收益率，转债价格主要由转股价值支撑，转债价随正股波动的可转债。

此处的无债券收益率的意思是：以当前价格买入可转债，如果可转债因为正股下跌的原因，不再上涨，投资者只能持有到期，获得持有的利息和赎回价；因为利息和赎回价就是保本价，既然买入价超过保本价，所以获得的保本价收入不能覆盖买入成本，收益为负数，收益率也为负数，即亏损。

案例：希望转债

2020年2月4日，希望转债上市，当天收盘价115.04元，超过保本价110.2元，属于偏股型转债。希望转债上市后的走势见图2-12。

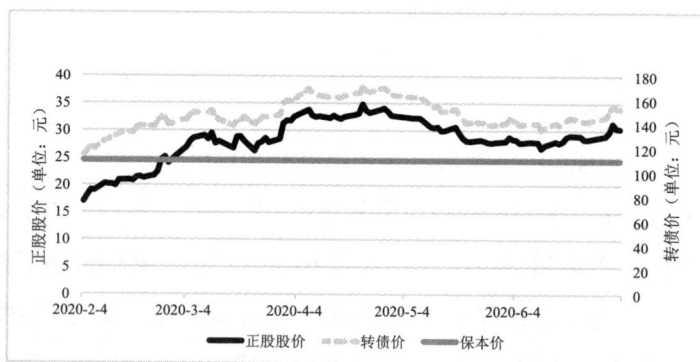

图2-12　偏股型——希望转债走势图

从图2-12可以看出，转债价格越偏离保本价，价格的走势越与正股走势趋同。所以取名为偏股型转债，就是这个含义。

对于偏股型转债，转股溢价率低，跟涨性较好；但离保本价越远，越没有债券的保底作用，安全性越差，风险等级从 R3、R4 到 R5，逐步接近正股风险。因此作为买入的标的时，需要结合正股估值一并考虑，应谨慎对待。

二、平衡型转债

平衡型转债是指其转股价值大于纯债价值，且有转债价格在保本价以内。转债价在保本价之下，转股价值在纯债价值之上，转债价由转股价值和纯债价值共同支撑，转债价受正股股价和纯债价值影响波动。

案例：海亮转债

2019 年 12 月 16 日，海亮转债上市，上市首日收盘价为 107.4 元，低于保本价 115.2 元；转股价值为 100.2 元，高于纯债价值 86.3 元，转股溢价率 7.19%，属于平衡型转债，之后正股股价未大幅波动。

至 2020 年 7 月 3 日，海亮转债收盘价为 108.88 元，低于保本价 115.2 元；转股价值为 92.93 元，高于纯债价值 91.95 元，转股溢价率 17.16%，属于平衡型转债。

期间海亮转债的价格波动见图 2-13。

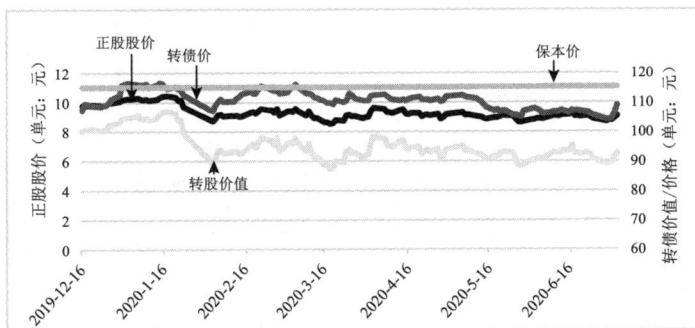

图 2-13　平衡型——海亮转债走势图

平衡型转债有一定的债券收益率，安全性好，风险等级为 R2 级，同时转股溢价率比较低，跟涨性也不错，是二级市场买入可转债的重要标的，详见第六重可转债轮动和价值可转债轮动交易系统。

三、偏债型转债

偏债型转债是指转债价格在保本价以内，且其转股价值在纯债价值以下。转债价由纯债价值支撑，主要受债券市场影响波动。

案例：搜特转债

搜特转债上市于 2020 年 4 月 9 日，首日收盘转债价为 106.7 元，低于保本价 117.3 元；转股价值为 78.73 元，低于纯债价值 92.45 元，转股溢价率为 35.53%，属于偏债型转债。

上市之后，正股股价大幅下跌。至 2020 年 7 月 3 日，搜特转债收盘价为 93.79 元，远低于保本价 117.3 元；转股价值为 53.36 元，更低于纯债价值 91.95 元，转股溢价率 75.77%，债券收益率为 4.09%，也属于偏债型转债。

期间搜特转债的价格波动见图 2-14。

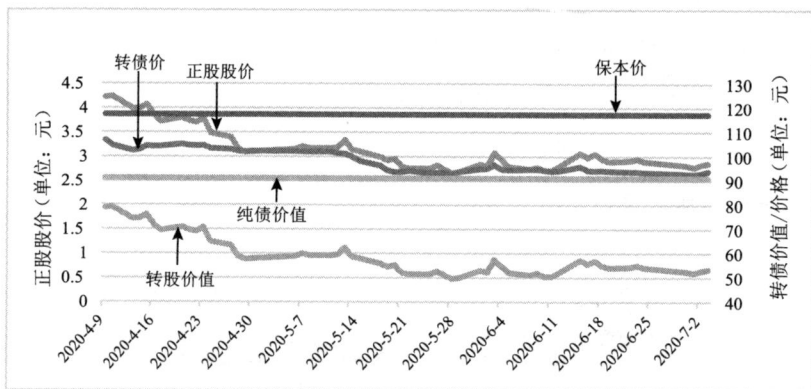

图 2-14　偏债型——搜特转债走势图

从图 2-14 可以看出，偏债型转债价格在保本价与纯债价值之间波动，受正股波动影响小，主要受债券市场波动。

因为偏债型转债债券属性强，安全性高，风险等级为 R2 级；如果转债评级为 AAA 级，则风险等级为 R1 级；但因为转股溢价率高，跟涨性差，一般不受投资者关注。如果有较高的债券收益率，则对偏爱低风险的投资者比较有吸引力。

另外，在满足转股价下修条件后，上市公司为了促进转股，有可能提出转股价下修。转股价下修成功后，转股价值上升，转债价格会有较大的涨幅，可以作为转股价下修博弈标的，详见第七重转股价下修博弈和转股价下修博弈交易系统。

四、强赎型转债

可转债发行时，一般都会设置提前赎回条款。

提前赎回条款一般表述为："在本次发行的可转换公司债券转股期内，如果公司股票连续三十个交易日中至少有十五个交易日的收盘价格不低于当期转股价格的 130%（含 130%）时。公司董事会有权决定按照债券面值加当期应计利息提前赎回可转换公司债券。"

其中的"130%"这个条件，是绝大多数上市公司采用的，少数公司发行的可转债是"120%"或"125%"等赎回条件，这些差距不大。所以在我们的讨论中，为方便起见，统一按照"130%"作为提前赎回条件。

按照转股价值的定义，提前赎回条款可以解读为：在转股期内，转股价值在连续三十个交易日中至少有十五个交易日超过或等于 130 元，就满足提前赎回条件，上市公司董事会有权提前赎回可转债，这种赎回成为上涨赎回，也称强制赎回，简称强赎。

当然，上市公司强制赎回可转债不是目的，而是通过强制赎回，促进可转债投资者进行转股操作，达到股权融资的目的。具体见有条件赎回。

所以，上市公司在安排赎回时，通常会给予投资者较长的时间安排卖出或进行转股操作。

案例：顺丰转债

例如：2020 年 7 月 8 日，顺丰控股发布《关于"顺丰转债"赎回实施的第一次公告》，公告显示顺丰转债赎回价为 100.14 元 / 张，赎回登记日：8 月 3 日，赎回日：8 月 4 日，停止交易及转股日：8 月 4 日。

也就是说，从 7 月 9 日到 8 月 3 日，共计有十八个交易日可供投资者进行卖出或转股操作。那么在此期间的可转债，称为强赎型转债。

既然强赎型转债即将被强赎，其存续期面临结束，失去了可转债的看涨期权价值，可转债价格随正股波动，仅有面值加利息的保底价值。而这个价值，相对于发出强赎公告时，转债超过 130 元的价格，对投资者意义不大，因此，买入这类可转债跟正股一样，都属于 R5 级风险资产，就失去了投资可转债的意义。

所以，我们把强赎型转债作为单独的归类，以便于提醒投资者注意，避免投资失误。

五、各类转债之间的相互转换

可转债各类型之间随着转股价值、转债价的变化可以相互转换。

可转债在发行后，大约经过 1 个月上市，如果在这段时间正股波动不大，则可转债在上市首日，收盘价高于纯债价值，低于保本价，转股价值高于纯债价值，属于平衡型转债。

对于平衡型转债，如果正股上涨，转股价值上涨，转债价上涨超过保本价，则转换为偏股型；如果正股下跌，转股价值跌破纯债价值，则转换为偏债型转债。

对于偏股型转债，如果正股价下跌，转股价值下跌，但尚未跌破纯债价值，转债价下跌至保本价以内，则转换为平衡型转债；更进一步，如果正股大幅下跌，转股价值跌破纯债价值，转债价下跌至保本价以内，则转换为偏债型转债。

对于偏债型转债，如果正股上涨，转股价值上涨，转股价值超过纯债价值，转债价格继续在保本价以内，则转换为平衡型转债；更进一步，如果正股大幅上涨，转股价值超过纯债价值，转债价超过保本价，则转换为偏股型转债。

值得注意的是，偏债型转债还有一种特殊的转换方式，即转股价下修。转股价下修后，转股价值上涨，转股价值高于纯债价值，转债价小幅上涨，在保本价以内，则通过转股价下修，偏债型转债转换为平衡型转债。

以上各种转换路径见图 2-15。

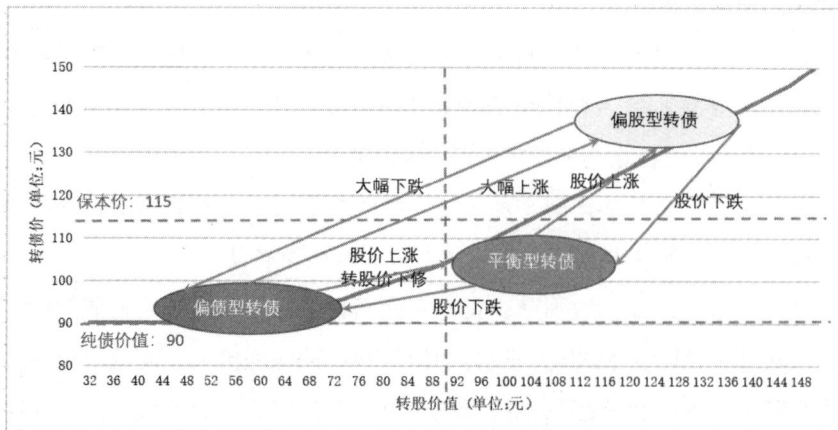

图 2-15　可转债类型相互转换

第三章

可转债生命周期

熟悉可转债生命周期全过程的读者可以跳过本章，直接阅读后续章节，如果遇到不懂的地方，再阅读本章对应的内容，也是可行的。

企业通过首次公开募股（IPO：Initial Public Offering）成为上市公司后，只要合规合法经营，财务健康，其发行的股票理论上在市场中的存续期是永续的。

与永续的股票不同的是，上市公司发行的可转债是有期限的。按照《上市公司证券发行管理办法》，可转债最长期限为 6 年。因此可转债有其特定的生命周期，包括发行、上市、转股价下修、回售、赎回、转股和退市的全过程。图 3-1 为可转债生命周期流程。

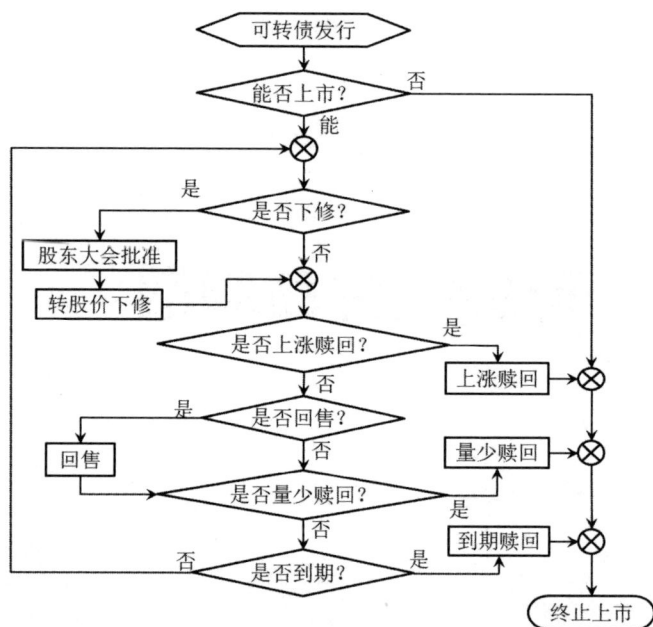

图 3-1 可转债生命周期流程

第一节　可转债发行

一、发行可转债的目的

大多数公司上市的目的，一是上市后能增加公司信用，能通过资本市场实现快速、便捷、低成本的融资，实现上市公司实控人做大、做强公司的梦想；二是便于实控人通过市场并购等方式迅速做大，就能抓住市场经济中更多的机会。当然，实控人通过把公司做大，也实现了个人财富的迅速增值。

上市公司要实现扩大再生产，持续的新产品开发，以及品牌运营和资本运营、融资都是必不可少的手段。

上市公司融资有债权融资、股权融资和混合融资。

表 3-1　上市公司融资方式比较

融资方式	具体形式	优　点	缺　点
债券融资	金融贷款	费用少、资金来源稳定	门槛高，有还本付息压力
	发行债券	不稀释股权，筹资额大，使用限制少	资格要求高，手续复杂，成本较高，有还本付息压力
股权融资	公开增发 定向增发 配股	无还本付息压力，不增加财务杠杆，无违约风险	摊薄股权
混合融资	可转债	低利息，不会立即摊薄股权，对投资者友好，促进上市公司提高业绩	短期有还本付息压力

发行可转债是最为常见的混合型融资方式，即本书关注的核心——可转债。

正如可转债的基本概念所述，可转债是可以转化为公司股票的债券。可转换债券兼具债权融资和股权融资的双重特点，利用可转债融资具有如下特点：

（1）可转债的利息一般较低，因此在可转债未转股之前，可以降低上市公司的债权融资成本；

（2）可转债有最长5.5年的转股期，所以转股不是立即发生的事情，不会立即摊薄股东权益，对老股东比较友好。

从投资者角度看，当股市低迷时，投资者可选择享受利息收益；当股市看好时，投资者可将其卖出获取价差或者转成股票，享受股价上涨收益。

因可转换债券有收回本金的保证和券面利息的收益，且投资者受回售权的保护，投资风险比较小，收益比较大。

同时，可转换债券的转股形成的股权融资和未转股出现的兑付压力对公司形成约束，迫使他们谨慎决策，努力提高经营业绩。

这些特点决定了它对上市公司和投资者而言是一个双赢的选择，对上市公司和投资者都有很强的吸引力。

二、发行前流程

上市公司结合自身经营状况，确定有项目需要进行融资。在研究各种融资方式后，确定发行可转债融资。

在可转债发行前必须经历的环节有：董事会提出发行预案、股东大会批准、发审委通过、证监会核准 4 个主要环节。

在取得核准批文后，就可与交易所协商具体发行日期，择机发行。

可转债发行前流程见图 3-2。

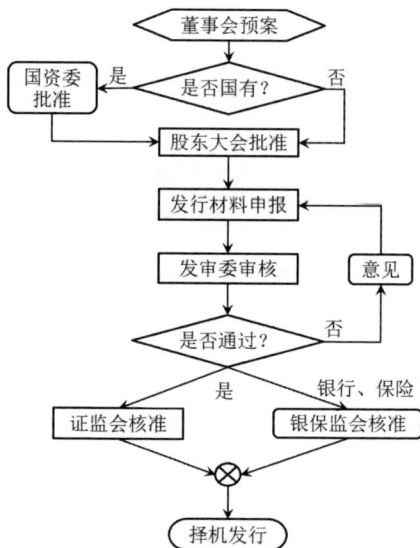

图 3-2　可转债发行前流程

三、发行条款

上市公司拿到证监会核准批文后，就可在核准批文有效期以内，通过承销商与交易所协商发行日期。

一旦确定发行日期，一般会在发行日期之前的 2 个交易日刊登出《公开发行可转换公司债券发行公告》和《公开发行可转换公司债券募集说明书》，以及其他相关的法律文件和公告。

在发行公告中将公开可转债简称和债券代码、发行规模、票面金额和发行价格、债券期限、债券利率、还本付息的期限和方式、信用评级和担保、转股价格的确定及其调整、转股价格向下修正条款、赎回条款、回售条款等发行条款，详述如下。

（一）简称和代码

就像股票有简称和代码一样，可转债也有简称和代码，以方便行情显示和交易。可转债的简称和代码在发行公告中确定。

可转债的简称一般取正股的前 2 个汉字加上"转债"二字组成。如九州通发行的"九州转债"。但个别可转债，基于名称辨识度的考虑，可能采用比较个性化的简称。如航天信息发行的"航信转债"，金新农发行的"金农转债"。

对于上市公司第二次或以上次数发行可转债，则沪市和深市分别采用不同的命名习惯。

沪市可转债简称命名习惯加上年度数字区分。如 2019 年山鹰纸业第四次发行可转债，简称"鹰 19 转债"。

深市可转债简称命名习惯加上次数到末尾，"转债"变为"转 2"或"转 3"等。如特发信息第二次发行的"特发转 2"。

至于可转债代码编码，沪市对不同股票代码段使用不同的转债代码段；深市对不同板块使用不同的转债代码段。具体如下：

（1）沪市股票 600××× 代码段，用转债 110××× 代码段。

（2）沪市股票 605××× 代码段，用转债 111××× 代码段。

（3）沪市股票 601××× 代码段，用转债 113××× 代码段。

（4）沪市股票 603××× 代码段，用转债 1135××、1136×× 代码段。

（5）沪市科创板股票 688××× 代码段，用转债 118××× 代码段。

（6）深市创业板股票 300××× 代码段，用转债 123××× 代码段。

（7）深市主板股票 000××× 代码段，用转债 127××× 代码段。

（8）深市中小板股票 002××× 代码段，用转债 128××× 代码段。

（二）发行规模

在上市公司可转债发行申请获得证监会核准批文后，可转债的发行规模就已经确定。

截至 2021 年 12 月 31 日，共有 664 只可转债发行，募资规模合计 1.31 万亿元；其中发行规模最小的是 1.14 亿元的再升转债，发行规模最大的浦发转债、兴业转债均为 500 亿元，平均发行规模为 19.73 亿元。

发行规模过小，发行费用不能按比例减少，会导致有效融资占比偏低。如再升转债的发行费用低至 615.4 万元，但相对于 1.14 亿元的融资额，发行费用占比高达 5.4%，有效融资比例仅 94.6%。而对于 500 亿元的浦发转债，即便发行费用高达 8 840 万元，其占比仅 0.18%，有效融资比例高达 99.82%。

上市公司申请发行可转债时，在发行规模上不仅要考虑自身发展的项目需求，也需要考虑资本市场的承接能力。

案例：有争议的招行转债发行规模

招商银行公布拟发行 100 亿元可转债预案时，以基金为代表的流通股东表示反对，引起资本市场关注。

2003 年 8 月 26 日，招商银行公布了拟发行 100 亿元可转债的董事会议案。

同日，招商银行公布 2003 年半年度报告显示：招商银行资产总额为 4 358.3 亿元，比上年末增加 641.7 亿元，增幅 17.27%；各项存款余额为 3 484.9 亿元，比上年末增加 480.97 亿元，增幅 16.01%；各项贷款余额为 2 640.8 亿元，比上年末增加 571.5 亿元，增幅 27.62%；不良贷款余额比上年末减少 4.96 亿元，不良贷款率比上年末下降 1.48 个百分点，降至 4.51%；实现税后利润 11.08 亿元，较上年同期增长 31.51%。

招商银行认为：

（1）若按照目前的规模增长速度、资产结构和利润结构及预测，以相关标准测算，如果不增加资本金，2003 年底至 2004 年底，将会出现资本缺口。

（2）发展速度过慢，将会失去经济发展中应占有的商机和市场份额；同行业发展速度较快，需要保持适当的发展速度避免落后；为有效利用前期业务创新、机构网点、科技支持、管理体制、人才培养等基础工作成果，避免浪费，保持竞争力和创利能力，也有保持比较快的发展需求。

综上所述，较快的发展速度需求，需要适当的资本金支持。

但是，以基金为代表的流通股股东认为：

该方案首先将损害流通股股东的利益。因为流通股股东都是以二级市场价格买入，而法人股股东在首发享受了巨大资产溢价之后，又将再次套取流通股东的利益。同时，本次转债发行额只有 6% 左右向流通股股东配售，使流通股股东不能充分享受可转债一二级市场的差价。而可转债在转股以后，也势必造成原有流通股股东权益被严重稀释。

其次，发行可转债会影响招商银行的长远发展，如果到期转债不能转股，将造成资本充足率不足，不利于招商银行的稳健经营。招商银行的市场形象也将受到很大影响。

另外，从推出时机看也不太恰当。因为正逢股票市场整体低迷，加上央行调整准备金率、华夏银行发行上市，银行股处于严重的短期利空之中。

最后，建议对该方案进行修改，降低再融资金额，取消向法人股股东配售并上市的条款，改为全额向流通股股东配售；建议修改可转债融资为发行次级金融债，或是定向增发新股等融资方式。

招行转债规模的争议，直接体现在股价走势中。

8 月 26 日，100 亿元可转债发行预案公布，当日招商银行下跌 2.09%，而同期上证指数微涨 0.21%，见图 3-3。

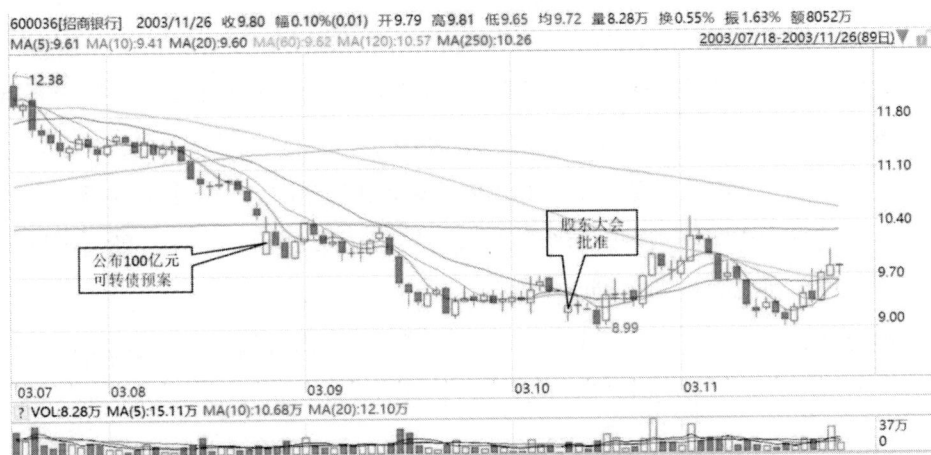

图 3-3　招行转债引发股价震荡

10 月 15 日，招商银行召开临时股东大会，审议《关于发行可转债的议案》。虽然有争议，但流通股股东意见比较分散，难以形成合力，最终以 10.38% 反对，3.17% 弃权，85.86% 赞成获得通过。通过的消息 10 月 16 日向市场发布，当日，招商银行下跌 2%，超过了上证指数 1.27% 的跌幅。

8月26日至10月16日期间，招商银行累计下跌11.6%，市值损失约70亿元，下跌明显超过了同期上证指数3.98%的跌幅。

随后，招商银行考虑到市场影响，在向证监会提交的可转债发行申请材料中，主动把发行规模缩减为65亿元，为最终招行转债发行规模。

发行规模除上市公司自身需求和市场承接能力影响外，还需符合《上市公司证券发行管理办法》中"公司债券余额不超过最近一期末净资产额的40%"的规定。但该规定不适用于金融行业，即招商银行不受该规定的限制。

（三）票面金额和发行价格

按照现行规定，可转债发行票面金额，即票面面值为100元，发行价格也为100元，属于平价发行。历史上还没有出现过溢价发行的案例。

1992年11月19日，在宝安转债发行时，由于配套制度不成熟，宝安转债面值定为1元，发行价格也为1元。

现在，可转债面值统一定为100元，这样有助于投资者比较同样为100元面值的国债、企业债的利率差异，方便评判其投资价值。

（四）债券期限

现行的《上市公司证券发行管理办法》中对可转债期限规定："第十五条 可转换公司债券的期限最短为一年，最长为六年。"

也就是说，上市公司可以在1~6年内选择可转债期限，一般选择6年。

早期可转债市场不成熟，有少数几只可转债选择3、4年期限，随着市场的成熟，上市公司都在5、6年期限中选择。

截至2021年12月31日，存量的可转债市场中，6年期限的可转债有374只，占比为97%；5年期限的可转债有11只，占比为3%。

可见，绝大多数上市公司选择比较长的期限。存续期限长的可转债，对上市公司有以下好处：

（1）上市公司通过募资项目的实施，大多数只能在长期持续经营中产生业绩，推动股价的上涨，促进转股。

（2）A股市场震荡较大，越长的期限，越容易遇到牛市。这样在经营业绩平平的情况下，也能通过市场估值的提升，推动股价上涨，促进转股。

（3）在上市公司股价大幅下跌，长期趴在底部的情况下，上市公司需要通过转股价下修促进转股，但这需要较长时间，可转债期限长能使上市公司在时间维度上留有余地。格力转债就是一个因为可转债期限过短，没有实现促进转股的案例。

案例：格力转债

格力转债期限为 5 年，到期日为 2019 年 12 月 24 日，2019 年 10 月 8 日，其转股价从 6.94 元/股大幅下修到 5.00 元/股。然而，在短短的 2 个多月剩余期限中，正股格力地产最高仅上涨到 5.54 元，远远达不到提前赎回条件，最终格力转债到期赎回，黯然收场。

万万没想到的是，5 个月后，即 2020 年 5 月，格力地产开始连续涨停，在 7 月份上涨到 18 元的最高价，远超 5 元的转股价。

设想一下，如果格力转债期限为 6 年，到期日为 2020 年 12 月 24 日，投资者一直持有格力转债到 2020 年 7 月份，盈利将高达 260%；格力地产也能顺利赎回其他格力转债，实现股权融资；上市公司和投资者将会双赢。

当然，格力转债是比较特殊的个别案例。站在投资者角度看，通常是希望可转债的期限越短越好。期限短意味着持有的时间短，实现投资收益快，预期年化投资收益率较高；期限长就意味着可能需要持有的时间长，实现投资收益慢，预期年化投资收益率较低。

（五）转股期限

现行的《上市公司证券发行管理办法》中对转股期做了如下规定："第二十一条　可转换公司债券自发行结束之日起六个月后方可转换为公司股票，转股期限由公司根据可转换公司债券的存续期限及公司财务状况确定。债券持有人对转换股票或者不转换股票有选择权，并于转股的次日成为发行公司的股东。"

发行日到转股起始日的间隔，称为非转股期。按上述规定，上市公司只要设置为大于 6 个月都是符合要求的，实际上几乎所有上市公司都把"发行结束之日（T+4 日）满 6 个月后的第 1 个交易日"作为转股起始日，转股截止日统一设定为到期日。

在 1998—1999 年，市场处于不成熟阶段，发行有南化转债、丝绸转债、茂炼转债三只未上市公司的可转债，发行时未设定转股起始日。

除此之外，历史统计表明，已经退市的水运转债、阳光转债、桂冠转债、创业转债和燕京转债这5只可转债非转股期设定为1年，其余的可转债都设定为6个月。

从转股起始日到转股截止日称为转股期。

如果非转股期为6个月，则6年期可转债最长转股期为5.5年，以此类推，5年期可转债最长转股期为4.5年。很明显，非转股期越短，转股期越长。

上市公司设定6个月的非转股期，目的是在满足规定要求的前提下，尽可能拉长转股期限，为可能的正股短期上涨，引发提前赎回，促进转股留有时间上的余地。

对于可转债投资者来说，如果在较短期限内，引发提前赎回，就意味着短期实现超过提前赎回条件20%~30%的收益率，年化收益就提高了，也是乐见其成的。

截至2021年12月31日，共有289只可转债退市，1年以内强赎退市的可转债有92只，占比31.83%，它们的退市平均收盘价为171.99元，平均存续期为0.75年，平均年化收益率高达106.1%，证明了较短转股期能实现高年化收益率。

值得注意的是，进入转股期后，如果可转债转股溢价率为负值，即折价，就会出现套利机会。相关方法、案例和讨论参见折价套利。

（六）债券利率

债券利率是所有类型债券的核心因素，可转债也属于债券，也需要在发行公告中公开告知投资者票面利率。

站在上市公司的角度，利率越低越好，但太低的利率对投资者没有吸引力。站在投资者角度，利率越高越好，但太高的利率会加大上市公司的财务负担。所以，最终确定的利率，是承销商综合考虑市场利率状况，并与上市公司协商的结果。

一般来说，可转债的债券利率小于同评级、同期限的企业债利率。因为银行存款最安全，如果把存款放到企业债评级中，其评级应该超过最高评级，所以银行存款是无风险补偿的利率，利率较低，同时也免收利息税。而可转债是企业债，即使最高评级也是有一定风险的，需要有风险补偿，且有20%的利息税。所以，在实践中，可转债的债券利率通常高于同期银行存款。

历史上利率最低的可转债是2000年2月25日发行的机场转债，其票面利率仅为每年0.8%，无到期赎回利率补偿，即年化利率仅0.8%。

历史上利率最高的可转债是 2019 年 8 月 16 日发行的英科转债，其票面利率：第一年为 0.5%，第二年为 0.8%，第三年为 2.6%，第四年为 3.3%，第五年为 3.5%，第六年为 4.0%；其含最后一期利息的到期赎回价为 128 元，利率补偿相当高；按照债券收益率一节的方法计算，英科转债年化利率高达 5.78%。

早期的可转债利率设定为每年的固定利率，如上文提到的机场转债。现在发行的可转债利率通常设定为逐年递增的利率，如上文提到的英科转债。

利率设为逐年递增方式，从表面上看仅是朝三暮四的把戏。其实不然，考虑到可转债大概率能提前赎回，提前赎回后，就不需要支付后几年较高的利息了，所以可转债前 3 年利息较低，可以有效减轻上市公司支付利息的财务负担。

需要注意的是，正如债券收益率所述，可转债的债券收益率不能只考虑票面利率，它是票面利率和赎回价格综合计算出的结果。

（七）还本付息的期限和方式

可转债采用每年付息一次的付息方式，计息起始日为可转债发行首日，每年的付息日为本次发行的可转债发行首日起每满一年的当日。

如 2019 年 8 月 16 日发行的英科转债，其第一年付息日为 2020 年 8 月 17 日，第二年的付息日为 2021 年 8 月 17 日。如遇节假日则顺延到下一个工作日。

每年的付息债权登记日为每年付息日的前一交易日，自然在登记日前转股的可转债不享有利息。

如英科医疗第一年付息日为 2020 年 8 月 17 日，考虑到周六（8 月 15 日）、周日（8 月 16 日）是节假日，则英科转债第一年的付息债权登记日为 2020 年 8 月 14 日。

对于利息支付日期，大多数上市公司在发行公告中承诺："将在每年付息日之后的五个交易日内支付当年利息。"

英科转债第一年的支付利息的日期为 2020 年 8 月 17 日，是债权登记日后的第 1 个工作日，也是付息日的当日，满足 5 个交易日内支付。

此外，基金和个人投资者所获得的可转债利息收入，需承担 20% 的利息税。

（八）信用评级和担保

正如企业债信用评级和收益率曲线所述，可转债与企业债一样都需要通过债券信用评级，为投资者判断可转债的信用风险、评价债券投资价值提供依据。

评级越高的可转债，意味着违约概率越低，投资者越能放心持有。

评级越高的可转债，对应的企业债指数收益率越低。在计算可转债的纯债价值时，对可转债的每年利息和赎回价按照该企业债指数收益率进行折现，得出的纯债价值越高。具体计算方法参考纯债价值的计算方法。

截至 2021 年 12 月 31 日，可转债市场中，最高评级是 AAA 级，有 30 只，占比 7.96%；最低评级是 B 级，有鸿达转债、亚药转债 2 只；其中评级为 AA 级的最多，有 129 只，占比高达 34.22%。

按照现行的《上市公司证券发行管理办法》，对于净资产低于 15 亿元的上市公司，需为可转债提供担保。

案例：百川转债

2020 年 1 月 3 日发行的百川转债，其正股百川股份在 2019 年第三季度末，净资产为 13.3 亿元，低于 15 亿元，因此，百川股份就按规定以自有资产提供了抵押担保。

但有些上市公司，为了增加可转债吸引力，提高可转债的评级，自愿为可转债提供担保。

案例：本钢转债

2020 年 6 月 29 日发行的本钢转债，其正股本钢板材在最新的 2020 年第一季度末，净资产为 196 亿元，高于担保的条件 15 亿元，无须为可转债提供担保。但为了提高本钢转债的评级，本钢板材的控股公司本钢集团为本钢转债提供全额无条件不可撤销的连带责任保证担保。

在中诚信国际信用评级有限责任公司出具的《本钢板材：公开发行 A 股可转换公司债券信用评级报告》中，主体信用级别评级为 AA+，本次可转债的信用级别评级为 AAA。这也说明了在可转债的评级中，考虑了本钢集团对本钢转债提供的担保因素。

很明显，通过对本钢转债提供担保，可转债信用评级比主体信用评级提高了一级。

（九）初始转股价格的确定及其调整

转股价格直接关系到可转债提前赎回的可能性，是可转债的核心因素。

对于上市公司来说，初始转股价越低，越容易实现提前赎回，越早实现股权融资，自然有往下确定转股价的动机。

对于可转债投资者，也希望可转债有较低的初始转股价，提高可转债的转股价值。

但对于正股投资者来说，越低的转股价，意味着可以转换的股数越多，摊薄股东权益越多，所以希望转股价定得高一些。

为平衡股票投资者、上市公司和可转债投资者的利益诉求。现行的《上市公司证券发行管理办法》对初始转股价做了规定，即转股价格应不低于募集说明书公告日前二十个交易日该公司股票交易均价和前一个交易日的均价。

此外，对于国有控股上市公司，还有隐含的不低于每股净资产的约束。

案例：本钢转债

2020 年 6 月 29 日发行的本钢转债，正股本钢板材实际控制人为辽宁省国资委。6 月 23 日公布募集说明书，前二十个交易日均价为 3.242 元，前一个交易日（6 月 22 日）均价为 3.22 元，如果不考虑净资产，可以确定转股价为 3.24 元，但实际确定的初始转股价为 5.03 元。

发行公告也说明了理由，即要求不低于公司最近一期经审计的每股净资产值和股票面值，而本钢板材在最近一期经审计的 2019 年年报中，每股净资产为 5.03 元，所以确定本钢转债的初始转股价为 5.03 元。

对于非国有控股上市公司，则没有不低于每股净资产的约束。

案例：广汇转债

2020 年 8 月 18 日发行的广汇转债，正股广汇汽车实际控制人为自然人孙广信。8 月 14 日公布募集说明书，前二十个交易日均价为 3.985 元，前一个交易日（8 月 13 日）均价为 4.02 元，2019 年年报中，每股净资产为 4.6679 元，确定广汇转债的初始转股价为 4.03 元，低于每股净资产。

初始转股价确定后，在可转债存续期，可能会遇到上市公司配股、增发、送股、派息等行为，如果不调整转股价，这些会降低转股价值。为保护可转债投资者的利益，现行的《上市公司证券发行管理办法》对调整转股价做出了原则性规定，具体如下：

"第二十五条　募集说明书应当约定转股价格调整的原则及方式。发行可转换公司债券后，因配股、增发、送股、派息、分立及其他原因引起上市公司股份变动的，应当同时调整转股价格。"

在可转债发行公告中，则对调整的方法、计算公式进行了详细说明。本书的转股价调整的影响一节，对转股价调整进行了详细论述，此处不赘述。

（十）转股价格向下修正条款

转股价向下修正，简称转股价下修，它是对可转债投资者利益的特别保护条款，行使转股价下修是上市公司的权利。

转股价调整也是对可转债投资者利益的保护，但这是对可转债投资者跟正股股东利益平等的保护。

而转股价下修不同，是只对可转债投资者的特别保护，转股价下修后，可转股数必然增多，一旦转股就会摊薄正股投资者的股权。

所以，转股价下修是不平等的保护，即可转债投资者受益，正股投资者受损。

正如在上市公司股权融资一节所述，上市公司发行可转债的目的是实现股权融资。但是如果正股走势长期不上涨，甚至下跌，难以达到提前赎回条件，上市公司就可能动用转股价下修条款，向下修正转股价，以促进转股。转股价下修条款就是对下修的条件、程序、实施进行细化。

1. 转股价下修触发条件表述格式

转股价下修触发条件一般表述的格式为：

"在可转债存续期间，当公司股票在任意连续 ×× 个交易日中至少有 ×× 个交易日的收盘价低于当期转股价格的 ××% 时，公司董事会有权提出转股价格向下修正方案并提交公司股东大会审议表决。"

其中的 ×× 表示待定的数值。很显然，在"在任意连续 ×× 个交易日中"的描述中，×× 填写的数值越大越宽松，在"至少有 ×× 个交易日"的描述中，×× 填写的数值越小越宽松，在"收盘价低于当期转股价格的 ××% 时"的描述中，×× 填写的数值越大越宽松。

案例：搜特转债转股价下修

搜特转债发行于 2020 年 3 月 12 日，于 2020 年 8 月 25 日提出转股价下修预案。距离发行不到 6 个月，随后在 2020 年 9 月 10 日成功实施转股价下修，搜特转债转股价值由 54.85 元提高到 101.38 元，为触发强赎做好了铺垫。

2. 转股价下修的程序、最大下修的转股价

对于转股价下修的程序、最大下修的转股价，现行的《上市公司证券发行管理办法》做出了原则性规定：

"第二十六条 募集说明书约定转股价格向下修正条款的，应当同时约定：

（一）转股价格修正方案须提交公司股东大会表决，且须经出席会议的股东所持表决权的三分之二以上同意。股东大会进行表决时，持有公司可转换债券的股东应当回避；

（二）修正后的转股价格不低于前项规定的股东大会召开日前二十个交易日该公司股票交易均价和前一个交易日的均价。"

这里的关键词是"参与表决的股东不能持有可转债"。加入这条限制的原因是，从短期看，转股价下修后，同样面额的可转债转换股数增多，对持有可转债投资者有利，可转债投资者是利益受益者；另外，转股价下修后，转换股数增多自然会对正股投资者的股权稀释更多，正股投资者是利益受损者。所以同时持有可转债和正股的投资者，是上市公司股东，是利益相关人士，如果参与表决，有失公平。

对于修正后的转股价格，部分可转债会在《上市公司证券发行管理办法》关于修正后的转股价格规定的基础上，加上不低于每股净资产的限制。

如本钢转债在转股价下修条款中写明："修正后的转股价格不得低于最近一期经审计的每股净资产和股票面值"。

2020 年间，本钢板材最高价在 4.07 元，低于转股价 5.03 元的 85%，即 4.28 元，满足转股价下修条款，可以把转股价下修到 4 元附近，但每股净资产为 5.03 元，在不低于每股净资产的限制下，其实是无法下修的。

所以，对于转股价下修条款中，没有不低于每股净资产限制的可转债，对投资者更友好，更具有保护作用。

鉴于转股价下修对正股投资者、可转债投资者、上市公司的利益造成重大影响，所以从下修预案的提出、召开股东大会审议到转股价下修实施的过程中，存在多方博弈，相关案例、交易系统和讨论，请读者阅读转股价下修博弈交易系统。

（十一）赎回条款

赎回条款是可转债最主要和最重要的退出方式，行使赎回条款是上市公司的权利。不同的赎回条款对可转债产生不同的影响，投资者应仔细分辨条款中细节差异。

在可转债赎回条款中，有以下两种类型的赎回：

1. 到期赎回

顾名思义，就是可转债到期时的赎回。此时，无论可转债在市场中的价格是多少，都要按赎回价进行赎回。

少数可转债的赎回价与面值相同，并注明会加上最后一年的利息。如济川转债到期赎回条款为："在本次发行的可转债期满后五个交易日内，公司将以本次发行的可转债的票面面值加上最后一期年度利息的价格向投资者兑付全部未转股的可转债。"

再看济川转债的票面利率："票面利率：第一年 0.2%、第二年 0.5%、第三年 0.8%、第四年 1.5%、第五年 6%。"

则济川转债的税前赎回价为 106 元。

绝大多数可转债的赎回价高于面值和最后一年利息的总和，其高出部分可以视为对投资者利息的补偿。

如赎回价最高的英科转债，其到期赎回条款为："在本次发行的可转换公司债券期满后五个交易日内，公司将以本次可转债票面面值的 128%（含最后一期利息）的价格向投资者赎回全部未转股的可转换公司债券。"

英科转债高达 128 元的赎回价，扣除最后一年利息 4 元，利息补偿高达 24 元。

截至 2021 年 12 月 31 日，可转债市场中，包含最后 1 年利息的平均赎回价为 111.53 元。扣除最后一年的利息，平均利息补偿达 9.12 元。

2. 有条件赎回

有条件赎回中的条件有两种，一是未转股的可转债流通面值不足 3 000 万元，称为量少条件赎回，简称量少赎回；二是正股上涨一定比例，称为上涨条件赎回，简称上涨赎回。

（1）量少赎回

量少赎回条件来源于《上海证券交易所股票上市规则》和《深圳证券交易所可转换公司债券业务实施细则（2018 年 12 月修订）》相关规定。即使可转债发行公告中未写明这种赎回条件，上市公司也须遵守交易所的规定，可转债回售往往会引发这种赎回，参见可转债退市。

（2）上涨赎回

上涨赎回是可转债投资者最感兴趣的，原因是正股上涨，会带动可转债上涨，投资者都能获得或多或少的利润。因此投资者须关注赎回条件和赎回公告，以避免忘记卖出或转股，错失盈利良机。

上涨赎回条件一般表述的格式为："在转股期内，如果公司股票在任意连续××个交易日中至少××个交易日的收盘价格不低于当期转股价格的××%。"

其中，投资者应注意"在转股期内"这个先决条件，为什么会有这个条件？

正如在上市公司股权融资中提及，提前赎回可转债中的"赎回"并不是上市公司真的想赎回，而是通过赎回促进转股。显然，要促进转股，要在转股期才行，所以这个先决条件是必需的。

与转股价下修条款一样，其中的××表示待定的数值。很显然，在"任意连续××个交易日中"的描述中，××填写的数值越大越宽松，在"至少有××个交易日"的描述中，××填写的数值越小越宽松，在"不低于当期转股价格的××%"的描述中，××填写的数值越小越宽松。

截至2021年12月31日，存量的可转债市场中，时间上最宽松的是迪森转债，其条件描述为："在本次发行可转债的转股期内，如果迪森股份A股股票连续二十个交易日中至少有十个交易日的收盘价格不低于当期转股价格的130%（含130%）。"

上涨幅度最宽松的是雪榕转债，其条件描述为："如果公司股票在任何连续三十个交易日中至少十五个交易日的收盘价格不低于当期转股价格的120%（含120%）。"

条件最严格的是天创转债，其条件描述为："在本次发行的可转换公司债券转股期内，如果公司A股股票连续三十个交易日中至少有二十个交易日的收盘价不低于当期转股价格的130%（含130%）。"

对于投资者来说，赎回条件越严格越好，因为上市公司会想尽办法在时间和正股上涨幅度上达到赎回条件，促进转股，形成股权融资。而投资者可以坐享其成。

如果赎回条件越宽松，正股上涨的幅度不大就达到提前赎回条件，则可转债投资者被迫卖出或转股，获取小幅收益。

案例：平银转债

平银转债发行于 2019 年 1 月 21 日，其赎回条件为："在本次发行可转债的转股期内，如果发行人 A 股股票连续三十个交易日中至少有十五个交易日的收盘价格不低于当期转股价格的 120%（含 120%）。"

从正股价格条件上看，明显比较宽松。平银转债自 2019 年 7 月 25 日起进入转股期后，到 8 月 20 日满足了提前赎回条件，平安银行 8 月 21 日发出《关于"平银转债"赎回实施的第一次公告》，最终于 9 月 19 日停止交易。

退市前二十个交易日平银转债的均价为 123.83 元，即投资者获利仅 23.83%。相对于平均可转债退市 56% 的收益率偏低。

有条件赎回是提前赎回，是上市公司强制可转债提前退市的方式，其赎回价仅为面值加上当期利息，远低于包含利息补偿的到期赎回价，投资者务必注意赎回公告，及时做出相关操作应对，避免收益下滑。

（十二）回售条款

回售是在正股低迷，不利于可转债转股，或者上市公司改变募集资金投向的情况下，赋予可转债投资者把可转债卖给上市公司的一种权利，是对可转债投资者的保护。

现行的《上市公司证券发行管理办法》中，对回售条款的规定如下：

"第二十四条　募集说明书可以约定回售条款，规定债券持有人可按事先约定的条件和价格将所持债券回售给上市公司。

募集说明书应当约定，上市公司改变公告的募集资金用途的，赋予债券持有人一次回售的权利。"

也就是说，对于上市公司改变募集资金用途的情况，必须在回售条款中赋予可转债投资者一次回售权利。这种回售条件称为"附加回售条款"。

对于可以约定的回售条款，称为"有条件回售条款"。

典型的博彦转债回售条款如下：

（1）有条件回售条款

在本次发行的可转换公司债券最后两个计息年度，如果公司股票在任何连续三十个交易日的收盘价格低于当期转股价的 70% 时，可转换公司债券持有人有权将其持有的可转换公司债券全部或部分按面值加上当期应计利息的价格回售给公司。

（2）附加回售条款

若公司本次发行的可转换公司债券募集资金投资项目的实施情况与公司在募集说明书中的承诺情况相比出现重大变化，根据中国证监会的相关规定被视作改变募集资金用途或被中国证监会认定为改变募集资金用途的，可转换公司债券持有人享有一次回售的权利。可转换公司债券持有人有权将其持有的可转换公司债券全部或部分按债券面值加上当期应计利息回售给公司。持有人在附加回售条件满足后，可以在公司公告后的附加回售申报期内进行回售，该次附加回售申报期内不实施回售的，不能再行使附加回售权。

博彦转债的附加回售条款是比较严谨的叙述，其他转债在附加回售条款上的叙述大同小异。

博彦转债的有条件回售条款比较典型，其中关键词"最后2年""低于当前转股价70%""面值加上当期应计利息的价格回售给公司"都是大部分转债所采用的。

既然有条件回售是"可以约定"的，金融类转债，考虑到回售对金融市场的连锁影响，都没有设置有条件回售条款。

早期的可转债在有条件回售条款中，设置得很宽松，如恒源转债中，有条件回售条款为："在本可转债进入转股期后，如果公司股票在任何连续三十个交易日的收盘价格低于当期转股价的70%时，可转债持有人有权将其持有的可转换公司债券全部或部分按面值的105%（含当期应计利息）回售给公司。"

截至2021年3月31日，存量的可转债市场中，除没有设置有条件回售的非金融类智能转债以外，条件最严格的是济川转债，其有条件回售条款为："在本次发行的可转债最后两个计息年度，如果公司股票在任何连续三十个交易日的收盘价格低于当期转股价的50%时，可转债持有人有权将其持有的可转债全部或部分按面值加上当期应计利息的价格回售给公司。"

其中的"低于当期转股价的50%"，是现存可转债中最严格的条件。

很显然，有条件回售中的条件越宽松，对可转债投资者的保护作用越强。

另有九州转债、电气转债、辉丰转债、大族转债、巨星转债，在它们的有条件回售中，回售价格不是大多数转债采用的"面值加上当期应计利息"，而是"债券面值的103%（含当期应计利息）"，对可转债投资者的保护更佳。

具体回售操作，详见回售操作。

附加回售一般不会导致可转债退市，但有条件回售可能导致可转债退市，详见可转债退市。

四、发行方式

可转债以面值发行，相对于二级市场多数可转债交易价格超过100元，100元面值价格较低。所以在上市公司公布《可转换公司债券发行公告》后，投资者除关注该可转债的具体发行条款，还很关心发行方式，以便选择适当的方式参与，尽可能多地获得可转债。

有些可转债是面向特定投资者的非公开发行，由于普通投资者难以参与，不在本书的讨论范围之内。而面向普通投资者公开发行的可转债才是本书关注的重点，其发行方式有原股东优先配售、网上发行和网下发行三种。

（一）优先配售

如上市公司股权融资所述，上市公司发行可转债的目的是进行股权融资，虽然不会立即摊薄原股东股权，但从发行条款和实践中，大概率会实现股权融资，即在不久的将来，会通过转股稀释原股东股权，所以在可转债发行过程中，尽可能考虑了原股东的利益，最大程度保证原股东的参与机会。

早期的可转债发行，对原股东利益保护得不够，导致股东与上市公司利益冲突。

如在发行条款的发行规模一节中提过的招行转债发行，因为流通股股东意见较大，缩减预案发行100亿元为65亿元。但在最终的《招商银行可转换公司债券发行公告》中，优先配售给原股东的额度仅占发行总额的42.14%，其中，持有股份占比26%的流通股东，优先配售额度占发行总额的11%，相对于原股东持股比例来说，优先配售的比例明显偏少，对原股东利益保护不足，招致原股东诟病。

在近几年的可转债发行中，上述的弊端已经不复存在。2019年10月28日浦发银行发行500亿元，发行规模创历史纪录的浦发转债，其原股东优先配售安排如下：

"发行人现有普通股股本 29 352 080 397 股，按本次发行优先配售比例计算，原普通股股东最多可优先认购约 49 986 592 手，约占本次发行的可转债总额 50 000 000 手的 99.97%。"

也就是说，原股东可以获得几乎 100% 优先配售，利益得到了较好的保护。当然，优先配售额不是强制性配售，原股东根据自己的投资安排选择性参与。事实上，浦发转债原股东配售率仅 52.72%，即仅一半的股份参与了优先配售。

在可转债发行公告中，上市公司会说明能享受优先配售股票的股权登记日，一般定为发行前一个交易日，即 T-1 日，投资者需在该日收盘持有发行可转债的股票，才能参与可转债优先配售。同时，也会说明每股可配售的面值额。

案例：浦发转债

浦发转债的发行公告中，相关描述如下：

"原普通股股东可优先配售的浦发转债数量为其在股权登记日（2019 年 10 月 25 日，T-1 日）收市后登记在册的持有浦发银行的股份数量，按每股配售 1.703 元面值可转债的比例计算可配售可转债金额，再按 1 000 元／手的比例转换为手数，每 1 手（10 张）为一个申购单位。"

值得注意的是，如果投资者持有浦发银行 1 手，即 100 股，按每股配售 1.703 元计算，仅可获配 170.3 元可转债，不足 1 手，实际上不能获得配售；

如果投资者持有浦发银行 10 手，即 1 000 股，按计算可以获得 1 703 元可转债，按 1 000 元／手的比例转换为手数后，可以保证获配 1 手，剩余的 703 元可转债配售额度，则需要用余额从大到小的排队方法，获取按手分配的可转债。从经验看，703 元额度大概率能分配到 1 手。

2019 年 10 月 25 日，T-1 日，投资者持有浦发银行股票 10 000 股，按每股配售 1.703 元计算，获配 17 000 元浦发转债，即 17 手。那么，投资者在 2019 年 10 月 28 日，T 日，确保账户有 17 000 元，选择操作买入，输入配售代码"704000"，交易系统会显示配售简称"浦发配债"，再输入数量"17"，确认即完成配售操作。

优先配售取整到 1 手是上海交易所交易规则，仅适用于上海交易所可转债发行。对于深圳交易所可转债发行，配售可转债单位为张，投资者无须担忧不能获配 1 手的问题。

投资者参与优先配售的操作方法是，在可转债发行当日（T 日），账户中留足优先配售所需资金，通过券商提供的交易终端，像买入股票一样，选择买入，输入配售代码和数量，确定即可。为确保配债成功，投资者可在当日查询委托，再次检查一遍。

目前做得好的券商交易终端会根据投资者持有的股票，自动获取最大获配可转债数量，并提醒投资者参与配售，投资者按照提示简单操作即可。

既然对原股东配售比例很高，对于风险偏好较高的投资者来说，可以通过优先配售方式参与可转债抢权配售套利，详见第三重抢权配售套利。

（二）网上发行

网上发行是普通投资者都可以参与的发行方式，也是成本最低的获得可转债的方式。

正如在可转债市场的历史性机遇中提到的，2017 年 9 月后，随着新《证券发行与承销管理办法》的实施，持有上海交易所或深圳交易所证券账户的社会公众投资者，即普通投资者，都可低成本参与网上发行。

网上发行的可转债来源于优先配售后的剩余的额度，即原股东弃配的部分。

投资者参与网上发行操作方法是，在可转债发行当日（T 日），通过券商提供的交易终端，像买入股票一样，选择买入，输入申购代码和申购数量，确定即可。

案例：平银转债

2019 年 1 月 21 日平银转债发行，T 日，无论账户是否有现金，选择操作买入，输入申购代码"070001"，交易系统会显示申购简称"平银发债"，再输入数量"10 000"，确认即完成申购操作。

为确保成功，投资者可在当日查询委托，再次检查一遍。

申购操作完成后，当日（T 日）晚间，上市公司会发出下一个交易日（T+1 日）的《网上中签率及网下配售结果公告》。

到了 T+1 日晚间，上市公司会发出再下一个交易日（T+2 日）的《网上中签结果公告》，即中签尾号表。此时，大多数券商交易终端会显示投资者的中签结果，即使没有显示，在 T+2 日投资者肯定能看到中签消息。如果中签，投资者务必在 T+2 日收盘之前完成缴款，缴款成功才能获得中签的可转债。

按当前的习惯做法，所有参与网上发行的投资者，无论证券账户中资金多少，都有 100 万元的信用申购额度。所以在申购数量上，上海交易所可转债最多是 1 000 手，深圳交易所可转债最多是 10 000 张。看起来数字不一样，但 1 手等于 10 张，申购额度其实是一样的。

投资者应根据市场状况和风险承受能力，合理选择输入的申购数量。

如果投资者不加思考，选择最大申购数量，也称为满额申购，其风险在于：如果市场走熊，参与优先配售的投资者少，留给网上申购的数量较多，同时网上申购的投资者较少，中签的可转债太多，超出了投资者可以动用的现金，则投资者只能部分和全部放弃中签的可转债。

案例：佳都转债

2018 年 12 月 19 日，市场处于 2018 年熊市末期，交易低迷。当日佳都科技发行 8.75 亿元可转债。发行中签率公告显示：原股东配售比例仅 14.08%，网下仅 1 户机构申购，中签 0.21 亿元占比 0.24%，余下 7.5 亿元，仅有 3.2 万户申购，中签率高达 2.35%。也就是说，如果投资者满额申购，中 23.5 手，需支付 2.35 万元，大幅超过了投资者预期。

最终发行结果显示：网上申购的投资者缴款 3.67 亿元可转债，放弃 3.82 亿元可转债，弃购额占中签的比例高达 51%，占总发行规模的 43.7%。不得已，承销商广发证券为了保证发行成功，支付了 3.82 亿元包销。

投资者弃购中签的可转债，并非没有影响。按照《证券发行与承销管理办法》，如果投资者连续 12 个月内累计出现 3 次弃购行为，6 个月内不得参与新股、可转债、可交换债申购。其中的 3 次是对新股、可转债、可交换债弃购行为合并计算。

所以，投资者应审慎参与，避免申购和违规风险。

更多网上发行申购相关的讨论，请阅读第一重网上申购套利、第二重申购长持和申购长持交易系统。

（三）网下发行

网下发行是机构投资者专享的发行方式。其可申购额度远超过网上申购的 100 万元限额，目的是使机构的海量资金也能跟普通投资者一样，享有近似的申购中签率。

机构投资者是指开设有证券投资账户的证券投资基金和一般公司法人。

机构投资者参与网下发行，流程比较复杂，同时，机构投资者参与网下申购，需要缴纳 50 万元保证金，对于普通投资者来说，似乎是一笔巨款，但对于机构投资者可以申购的额度和可能中签的可转债数量，其实并不大。

案例：中信转债

在 2019 年 3 月 4 日发行 400 亿元的中信转债时，允许机构投资者最大申购为 80 亿元。T+1 日公布的《中信银行公开发行 A 股可转换公司债券网上中签率及网下配售结果公告》显示，中签率为 0.0182%，80 亿元顶格申购的机构投资者中签 145.5 万元。

网下发行申购的相关讨论，详见第四重网下申购套利。

（四）总结

以上三种发行方式的特点、投资影响总结成表 3-2。

表 3-2　可转债发行方式及其投资影响

发行方式	特　点	投资影响	案　例
优先配售	仅针对原股东，保护原股东利益	抢权配售套利	浦发转债
网上发行	面向所有普通投资者，但仅有 100 万元申购额度，中签数低	网上申购套利	平银转债 佳都转债
网下发行	机构投资者专享，申购额度大，中签数高	网下申购套利	中信转债

表 3-3 中，以发行首日（T 日）为基准，列出了可转债发行重要日期。投资者熟悉这些重要日期，有助于安排相关操作，避免遗漏投资机会。

表 3-3　可转债发行重要日期

交 易 日	发行安排
T-2	刊登《募集说明书》《发行公告》《网上路演公告》
T-1	配售股权登记日、网上路演、网下申购日（缴纳保证金）
T	发行首日、配售缴款日、网上申购日
T+1	刊登《网上中签率及网下配售结果公告》、网上申购摇号抽签
T+2	刊登《网上中签结果公告》、网上申购中签缴款、网下申购补差
T+3	保荐机构（联合主承销商）确定最终配售结果和包销金额
T+4	刊登《发行结果公告》

注意：在 T 日的基础上做加减操作，均是针对交易日进行的，遇节假日顺延。

第二节 可转债上市

下面将详细介绍可转债上市的情况及投资者的投资操作。

一、发行到上市

可转债发行后，配售或中签的投资者最关心的是何时上市。统计所有的上市过的可转债，1992 年 11 月 19 日发行的宝安转债上市时间最长，足足有 83 天；2007 年 12 月 19 日发行的大荒转债上市时间最短，仅 9 天。如果排除市场不成熟时期发行的宝安转债的影响，发行到上市的平均间隔日期为 24 天。

有投资者认为深市可转债的上市间隔要短于沪市可转债。但截至 2021 年 12 月 31 日，同样排除宝安转债和未上市公司发行的茂炼转债，统计所有可转债显示，深市可转债的平均值为 26 天，沪市可转债的平均值为 22 天，沪市可转债上市间隔略短于深市可转债。

上市间隔取决于承销商、上市公司相关材料的报备，交易所的办事效率和三方协商确定的上市时机；如果因为上市公司原因无法上市，中签的缴款也会退还给投资者，投资者无须对上市担忧。

可转债上市后就面临交易问题，投资者熟悉交易规则可以避免误操作及不必要的亏损。此外，投资者还可能对可转债进行转股和回售操作，相关操作细节、风险和收益也需要了解。

二、交易规则

可转债交易方式跟股票交易一样，都是通过券商交易终端，输入代码、价格、数量进行买卖操作。

但在申报数量和报价上与股票有差异，且沪市和深市的申报细节有差异。

此外，可转债无涨跌幅限制，实行 T+0 交易制度。这点与股票 10% 或 20% 的涨跌幅限制，实行 T+1 交易制度有极大不同。投资者需注意某种极端情况下出现的交易风险。虽然理论上无涨跌幅限制，但在实际交易中有竞价申报、临时停牌规则，以避免过度交易的风险。同样，沪市和深市的临时停牌规则细节也有差异，具体可总结成表3-4。

表3-4　沪市和深市可转债交易规则差异

项　　目	沪市可转债	深市可转债
交易数量单位	1手	10张（不足10张，一次卖出）
交易价格单位	0.01元	0.001元
上市首日集合竞价区间	70~150元	70~130元
非上市首日集合竞价区间	前收盘价的70%~150%	前收盘价的90%~110%
连续竞价阶段首次临停条件	前收盘价的80%~120%	前收盘价的80%~120%
连续竞价阶段二次临停条件	前收盘价的70%~130%	前收盘价的70%~130%
首次临停时间	30分钟（不跨越14:57）	30分钟（不跨越14:57）
二次临停时间	持续至14:57	持续至14:57
盘中临时停牌期间可操作性	不可以申报，可以撤销申报	可以申报，可以撤销申报
连续竞价	最低卖出价格的110%且不低于即时揭示的最高买入价格的90%	有效竞价范围为最近成交价的上下10%
收盘集合竞价	无	有效竞价范围为最近成交价的上下10%

为便于理解可转债交易规则，以下列举盘中实例说明交易竞价、临停规则。

（一）沪市样例

2020年7月14日，泛微转债在沪市上市，上市首日开盘价为150元，满足首次和二次临停条件，临时停牌至14:57才复牌交易，见图3-4和表3-5。

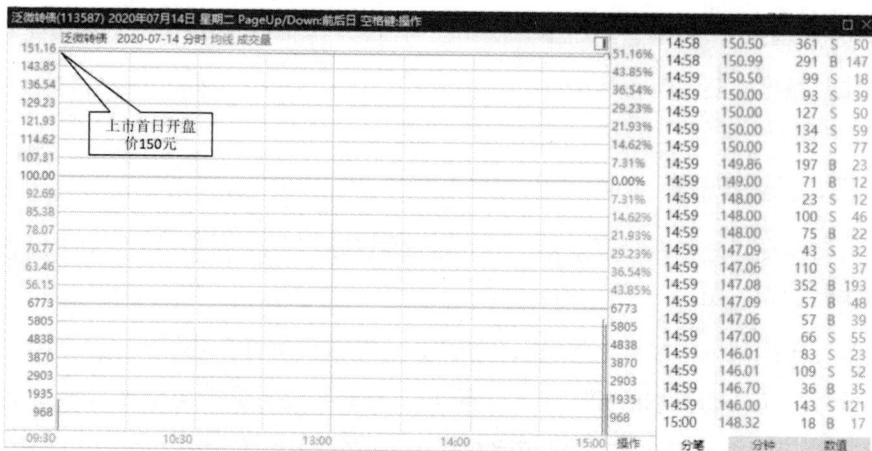

图3-4　沪市泛微转债上市首日遭遇临时停牌

表3-5　沪市泛微转债上市首日成交明细

时　　间	价格（元）	成交（手）	笔　　数	备　　注
9:25	150	1 600	1 365	集合成交价上涨超过50%，临停至14:57
14:57	150	182	161	临停复牌
…	…	…	…	
14:59	146	143	121	
15:00	148.32	18	17	收盘价

（二）深市样例

深圳交易所考虑到交易规则带来的炒作风险，于2020年10月30日发布了《关于完善可转换公司债券盘中临时停牌制度的通知》，自此在上涨30%的临停规则与上交所一致，即表3-4总结的交易规则，一定程度上抑制了深市可转债爆炒风气。

2021年8月10日，国泰转债在深市上市。上市前国泰转债转股价值高达155.99元，再加上可转债行情比较火热，上市预期价格高达160元。

此时《关于完善可转换公司债券盘中临时停牌制度的通知》已经发布，按照新的临时停牌制度交易。

上市首日开盘价为130元，满足上涨30%临停条件，临时停牌至14:57。

14:57复牌，在复牌瞬间进行集合竞价，按规则，连续竞价和集合竞价不能超过最近价的10%。由于国泰转债预期价格高，集合竞价结果为130+130×10%=143（元）。

复牌后，由于深市可转债有收盘前3分钟集合竞价制度安排，交易立即进入收盘集合竞价，同样不能超过最近价的10%，经过市场博弈，最终收盘集合竞价结果为最高价143+143×10%=157.3（元），见图3-5。

相关成交明细见表3-6。

表3-6　深市国泰转债上市首日成交明细

时　　间	价格（元）	成交（手）	笔　　数	备　　注
9:25	130	43 383	31 903	开盘集合竞价
14:57	143	285 508	240 455	复牌集合竞价
15:00	157.3	426 246	167 533	收盘集合竞价

当然，交易规则对短线可转债投资者有影响，对长线可转债投资者无影响，

可以忽略不计；相反，对于投资者，如果手中的可转债被炒，借机逢高卖出，可提高收益。

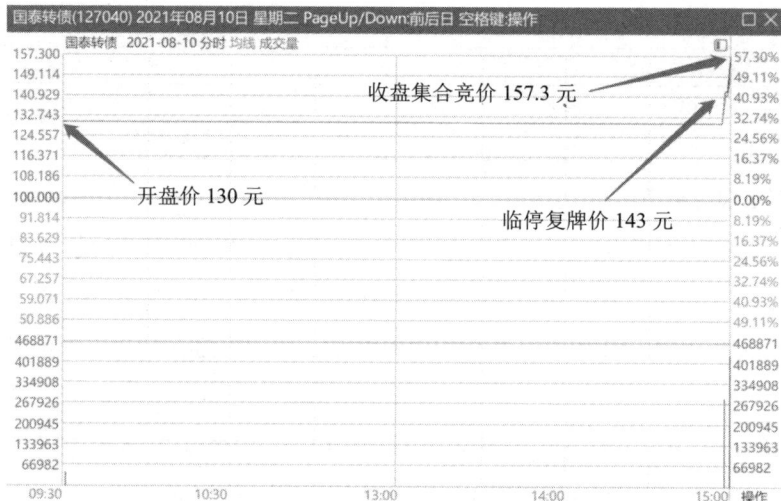

图 3-5　深市国泰转债上市首日

三、转股操作

可转债转股就完成了发行可转债的使命，达到了上市公司股权融资的目的。所以可转债转股，是上市公司最愿意看到的结果。

对于"纯"低风险可转债投资者来说，卖出盈利的可转债最安全，是不会做转股操作的。但可转债进入转股期后，可能会带来套利机会，引起可转债价格的短期波动，所以还是需要关心可转债转股消息。

在转股期到来之前，上市公司都会发布《关于"××转债"开始转股的公告》（以下简称《转股公告》）。可转债转股是投资者自由选择的权利，《转股公告》仅是提醒作用，不是强制投资者转股。

转股是上市公司的义务，也是投资者的权利，需要投资者自己操作来完成转股。投资者可以根据是否有利，选择性地参与转股。

在《转股公告》中，上市公司会说明转股起始日和结束日、当前转股价格、转股操作方法、可转股数的计算及不足 1 股的处理方法等。

沪市和深市在转股操作处理上有细微的差异，详见表 3-7。

表 3-7　沪市和深市可转债转股操作细节

项　目	沪市可转债	深市可转债
转股时间	正常交易时间	正常交易时间
转股代码	《转股公告》中公布，2021 年 5 月 24 日起使用转债代码	转债代码
转股申报单位	1 手	1 张
申报方向	卖出，2021 年 5 月 24 日起为非交易渠道	非交易渠道
可转股单位	1 股	1 股
可转股数	面值总额 ÷ 转股价	面值总额 ÷ 转股价
不足 1 股处理	下一交易日现金兑付	5 个交易日内现金兑付
转股股票到账日	下一交易日	下一交易日
多次转股申报	合并计算	合并计算
转股申报撤单	不可以	可以

注：2021 年 5 月 24 日，上交所发布了《关于上海证券交易所债券非交易业务迁移至综合业务平台有关安排的通知》，按通知要求，可转债转股使用转债代码。

下面分别以沪市和深市可转债举例说明转股操作。

案例：沪市浦发转债

《浦发银行关于"浦发转债"开始转股的公告》显示，转股期限为 2020 年 5 月 6 日至 2025 年 10 月 27 日，转股代码为"190059"，转股简称为"浦发转股"，转股价为 15.05 元 / 股。

投资者手中有 1 手浦发转债，2020 年 5 月 6 日进行转股操作如下：

卖出转股代码 190059，显示"浦发转股"，输入可转债数量 1，点击确认。

5 月 7 日账户中收到转股的浦发银行 66 股，增加现金 6.7 元。

股数和余额计算方法：1 000 ÷ 15.05 ≈ 66

2021 年 5 月 24 日起使用浦发转债的转股代码为 110059。

案例：深市东财转 2

《东方财富关于"东财转 2"开始转股的提示性公告》显示，转股期限为 2020 年 7 月 17 日至 2026 年 1 月 12 日，转股价为 13.13 元 / 股。

投资者手中有 10 张东财转 2，2020 年 7 月 17 日进行转股操作如下：

通过券商交易终端的专用转股界面，输入东财转 2 代码 123041，输入可转债数量 10，点击确认。

跨过 7 月 18、19 日节假日，7 月 20 日账户中收到转股的东方财富 76 股。17 日后的 5 个工作日内（7 月 20 日—24 日）增加现金 2.12 元。

股数和现金余额计算方法：100 × 10 ÷ 13.13 ≈ 76

既然可转债转股操作是投资者的权利，只有在转股对投资者有利的情况下，才会做出转股操作。有以下3种情况投资者可以选择转股获取收益：

（1）可转债在转股期，且其转股溢价率为负，即折价，如果投资者有盈利，希望退出投资，可以选择转股；

（2）上市公司发出了提前赎回公告，且未停止交易，可转债折价，可以择机转股；

（3）可转债已经停止交易，但未停止转股，只能选择转股。因为大多数的可转债的停止交易和停止转股日为同一天，这种情况并不多见，投资者需要特别注意，避免这种被迫转股的情况。

除上述对投资者转股有利的情况以外，其他大多数情况下投资者应谨慎对待转股，原因有以下3点：

（1）大部分可转债的转股溢价率为正，投资者转股不划算；

例如，上例的浦发转债，5月6日，按浦发银行收盘价10.46元计算，浦发转债收盘价107.15元。投资者1手浦发转债转股后，增加浦发银行66股和现金6.7元，增加市值仅为697.06元，远低于1手浦发转债1 071.5元市值。

当然，投资者不需要每次通过计算转股后股数来衡量是否划算，可以直接采用转股溢价率来估计即可，如浦发转债5月6日收盘的转股溢价率为54.2%，属于高溢价转债，转股不划算。

（2）可转债是有上市公司保底的低风险投资，转换为股票后，变成了无保底的高风险投资，超出了大部分可转债投资者的风险承受能力；

（3）可转债转股是单向操作，不存在股票转可转债的操作。

四、回售操作

与可转债转股类似，回售是上市公司的义务，是投资者的权利，需要投资者自己操作。投资者可以根据是否有利，选择性地申报回售。

如果上市公司改变募资投向触发附加回售，或者在回售期，正股股价满足有条件回售，上市公司将会发出《关于"××转债"回售的公告》（以下简称《回售公告》）。

在《回售公告》中，上市公司会说明回售申报期、回售价格、回售代码、回售资金到账日期、回售操作方法等。

沪市和深市在回售操作处理上有细微的差异，详见表3-8。

表3-8　沪市和深市回售操作细节

项　　目	沪市可转债	深市可转债
回售时间	正常交易时间	正常交易时间
回售代码	《回售公告》中公布，2021年5月24日起使用转债代码	转债代码
转股申报单位	1手	1张
申报方向	卖出，2021年5月24日起为非交易渠道	非交易渠道
转股申报撤单	不可以	可以

注：2021年5月24日，上交所发布了《关于上海证券交易所债券非交易业务迁移至综合业务平台有关安排的通知》，按通知要求，可转债回售使用转债代码。

投资者判断是否有利的方法是，通过比较回售价和当前转债价的高低，即回售价高于可转债市价，参与回售有利，否则不利，不参与回售，参见以下回售实例。

案例：江南转债有条件回售

2018年7月11日，江南水务发布《江南水务关于"江南转债"回售的公告》显示，因A股股票"江南水务"（股票代码：601199）自2018年5月29日至2018年7月10日连续三十个交易日内有三十个交易日收盘价格低于当期转股价格的80%。实际上，江南水务股价在上述的三十个交易日内，最高收盘价4.78元，最低收盘价4.24元，大幅低于4.816元（转股价6.02×80%），符合有条件回售。投资者可通过以下方式回售：

回售代码：100936；

回售简称：江南回售；

回售价格：103元人民币/张（含当期利息）；

回售期：2018年7月18日至2018年7月24日；

回售资金发放日：2018年7月27日；

回售期内可转债停止转股。

市场行情显示，回售期间，江南转债最高价102.89元，最低价102.81元，均价102.855元。

而在103元回售价中，含当期利息0.33元，扣除利息税0.33×20%=0.066（元），参与回售所得为 102.934 元，高于市场价格，参与回售有利于投资者，投资者理性选择为参与。

事实上，7 月 27 日，江南水务发布《江苏江南水务股份有限公司关于"江南转债"回售结果的公告》显示，有效申报回售 6 563 930 张，剩余 1 035 450 张，即有超过 86% 的可转债参与了回售，见图 3-6。

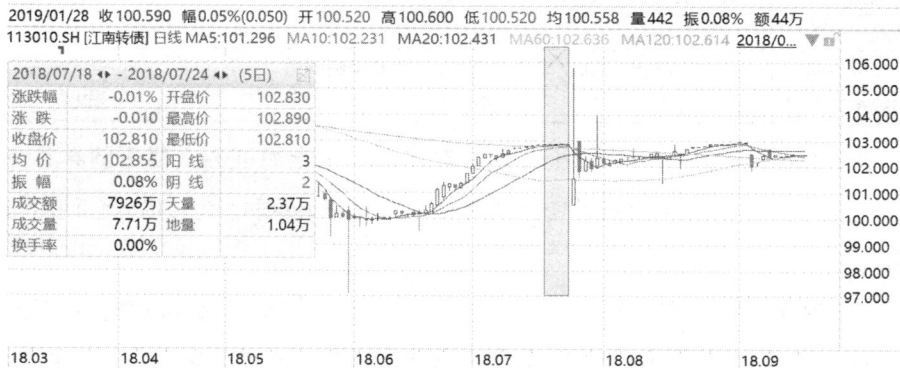

图 3-6　江南转债有条件回售期间 K 线图

第三节　可转债退市

可转债退市是可转债完成历史使命后进入谢幕阶段。可转债是债券，是有期限的，所以可转债都会退市，这点与股票有着巨大的差别。与股票退市令投资者血本无归不同，可转债退市投资者可以收回面值成本，但会影响面值以上的投资收益，投资者务必高度关注。

引发可转债退市的行为有赎回和回售两种。

一、赎　回

正如发行条款中赎回条款节所述，可转债赎回分为有条件赎回和到期赎回两种，而有条件赎回又有上涨赎回和量少赎回两种条件。

（一）上涨赎回

上涨赎回条件一般表述为"在转股期内，如果公司股票在任意连续三十个交易日中至少十五个交易日的收盘价格不低于当期转股价格的130%",这里的"不低于当期转股价格的130%"是大多数可转债的条件,少数可转债低一些,如120%。

转股价值 = 正股价 ÷ 转股价 × 100,当达到上涨赎回条件时,可转债的转股价值在130元以上,此时上市公司以面值加当期利息的赎回价进行赎回。

对于上涨赎回,一般在可转债期限的靠前的年份进行,而可转债条款中,靠前的年份利息较低,几乎可以忽略不计,为表述方便,统一认为赎回价为面值100元。

面对130元以上的转债价和100元的赎回价,可转债投资者理性的选择是卖出可转债或者转股卖出可转债,最终起到促进投资者转股的作用。上市公司获得股权融资,投资者获得投资收益,实现双赢。

读者可能会问,上市公司提前赎回可转债时,为什么可转债价格不会立即下跌到100元,反而还能以130元以上的价格卖出呢?

答案是"折价套利"机制。

折价套利就是在可转债转股溢价率为负,即可转债折价,可转债价格低于转股价值且可转债在转股期时,市场上存在的套利机会。套利交易者发现这个机会后,就会买入可转债,转换为正股卖出,实现短期套利收益。参见第五重折价套利一节。

套利投资者的买入可转债操作客观上使可转债价格不会下跌太多,卖出正股操作客观上抑制正股上涨,最终折价套利机制作用的结果是,可转债价格在略低于转股价值附近波动。所以,可转债价格不会下跌到100元的赎回价。

还有读者会问,在强赎公告发出后,卖出了可转债,没有转股,上市公司不就没有获得股权融资了吗?

是的,上市公司看起来没有从卖出可转债的投资者上融资。但把可转债卖给其他投资者之后,其他投资者又卖给另外的投资者,总会有最后的接盘投资者;最后的投资者面临较高的转股价值和100元的赎回价的选择,理性的选择是转股获取转股价值,这样上市公司就获得了股权融资。

案例：浙商证券

2020 年 8 月 3 日，浙商证券发布浙商转债赎回；8 月 25 日，赎回登记日，浙商转债以 118.46 元收盘，转股价值为 118.84 元，仍然大幅高于 100.277 元的赎回价，收盘前转股为理性选择。

收盘后，浙商转债余额为人民币 0.275 亿元，仅占浙商转债发行总额 35 亿元的 0.79%，也就是说有 99.21% 的浙商转债成功转股，上市公司和可转债投资者实现了双赢。

双赢之下，未在规定时间内转股的浙商转债仍有 0.275 亿元可转债，只能获得 0.277 元的收益，按最后交易日 8 月 15 日收盘价 118.46 元计算，损失 18.13% 的潜在收益，即损失 498 万元。可能原因是持有转债的投资者忘记转股或卖出了。

这种忘记转股或卖出的事情，在可转债历史上发生过多次，不但普通散户忘记，甚至连号称专业投资者的基金也出现过这种事例。

案例：歌尔转债

歌尔股份于 2017 年 5 月 24 日发布歌尔转债赎回公告显示，6 月 30 日为停止交易和转股日，赎回价为 100.55 元。

此后，歌尔股份连续发布赎回公告 15 次，直到 6 月 30 日收盘。

7 月 4 日，歌尔股份发布《2017 年第二季度可转债转股情况公告》显示，截至 6 月 30 日，歌尔转债余额有 8 178 张，前 10 名持有人中有三家机构。其中一家是某多利债券基金，持有 760 张，引起舆论哗然。

8 月 25 日，该基金在《2017 年半年度报告》中承认："本基金持有歌尔转债（128009）因工作失误未在赎回日前进行转债卖出或转股，造成该转债被强制赎回，如不及时处理将造成损害持有人利益的情况发生。"并表示将全额补偿投资者。

以歌尔转债 6 月 29 日收盘价 146.1 元计算，该部分损失为 34 618 元，对于基金占比极小，如果个人投资者因为忘记转股或卖出损失 3 万多元，恐怕就比较心痛了。

这些惨痛的教训告诉投资者，在可转债发出上涨赎回后，千万要记得在赎回登记日之前，及时卖出或转股，避免投资损失。

（二）量少赎回

量少赎回条件看起来比上涨赎回条件简单很多，就是未转股可转债余额少于

3 000万元，上市公司有权以面值加当期利息赎回全部或部分可转债。

可转债回售、可转债上涨赎回促进转股或者可转债自然转股，都可能导致流通面值少于3 000万元，触发量少赎回。

案例：蓝标转债量少赎回

2019年9月10日，蓝色光标发布《关于"蓝标转债"赎回实施的第一次公告》显示：

"鉴于公司A股股票自2019年7月26日至2019年9月5日连续三十个交易日中至少十五个交易日的收盘价格不低于当期转股价格（4.28元/股）的130%（5.57元/股），已触发《募集说明书》中约定的有条件赎回条款，公司将有权按照债券面值加当期应计利息的价格赎回在赎回登记日登记在册的全部'蓝标转债'。"

也就是说，蓝标转债触发上涨赎回，同时公告说明停止交易和转股日为2019年10月16日。此时，蓝标转债流通面值为1.89亿元。

10月1日，蓝色光标发布《关于"蓝标转债"流通面值低于3 000万元并将停止交易的提示性公告》显示："截至2019年9月27日收市后，'蓝标转债'债券余额为26 703 600元，流通面值已低于3 000万元，根据《深圳证券交易所可转换公司债券业务实施细则》的有关规定，自本公司发布公告之日起三个交易日后，'蓝标转债'将停止交易。停止交易日：2019年10月11日。"

不难算出，因为上涨赎回，促进了面值1.62亿元的蓝标转债转股，导致流通面值低于3 000万元，再触发量少赎回，因此停止交易时间提前到10月11日，见图3-7。

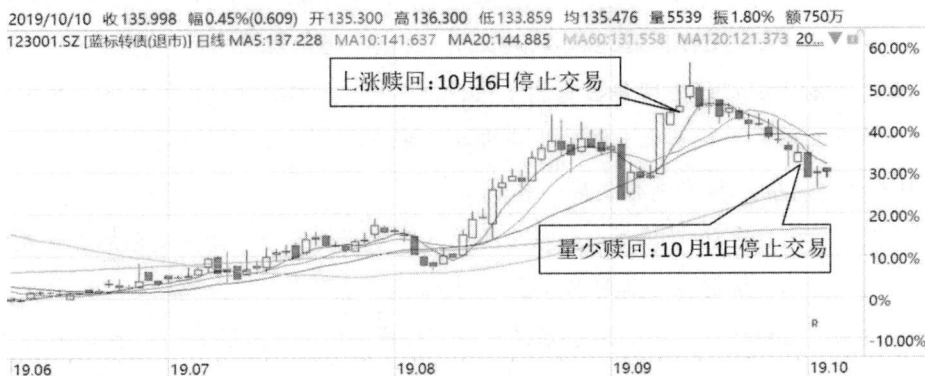

图3-7　蓝标转债触发量少赎回

蓝标转债停止交易日提前的依据是《深圳证券交易所上市公司业务办理指南第 5 号——向不特定对象发行可转换公司债券》的相关规定，即同时存在可转债已触发赎回条件和面值低于 3 000 万元情形的，停止交易日按照孰早的原则确定，所以蓝标转债停止交易日提前到 10 月 11 日。

（三）到期赎回

绝大多数可转债的到期赎回价高于面值和最后一年利息的总和，目的就是增加可转债的吸引力。

在临近可转债到期日时，如果回售价低于赎回价，大多数投资者会宁愿选择到期赎回，也不会参与回售。

案例：唐钢转债

2012 年 2 月 4 日，河北钢铁（原唐钢股份）发布的《关于"唐钢转债"回售的公告》显示："2011 年 12 月 14 日'唐钢转债'进入第五个计息年度后，本公司 A 股股票河北钢铁（股票代码：000709）自 2011 年 12 月 14 日至 2012 年 2 月 2 日连续三十个交易日的收盘价格低于当期转股价格的 70%。根据《唐山钢铁股份有限公司发行可转换公司债券募集说明书》的约定，唐钢转债的回售条款生效。"

公告还说明了回售价为 102 元，回售申报期为 2012 年 2 月 8 日至 2012 年 2 月 14 日。

此时，距唐钢转债到期日（2012 年 12 月 13 日）约 10 个月的时间，而根据唐钢转债发行条款，到期赎回价为"可转债票面金额的 110% 加当期利息"，最后 1 年利息为 2%，据此计算，到期赎回价为 112 元。

很明显，回售价 102 元远小于到期赎回价 112 元，理性的投资者不会参与回售。

2012 年 2 月 21 日，河北钢铁发布的《关于"唐钢转债"回售结果的公告》显示："本次唐钢转债回售数量为 1 张，回售金额为 101.6 元。"仅有 1 张的唐钢转债参与回售，可见绝大多数投资者并不愿意参与回售。另须注意，回售金额 101.6 元是代扣 20% 利息税之后的结果。

2012 年 11 月 10 日，河北钢铁发布的《关于可转换公司债券到期的首次提示性公告》显示，唐钢转债到期本息合计 112.0 元 / 张（含税），2012 年 11 月 29 日停止交易，在停止交易后、转股期结束前，投资者依然可以转股为河北钢铁。

唐钢转债转股价为 7.57 元 / 股，而河北钢铁在 2.5 元附近波动，据此计算，唐钢转债转股价值仅 33 元，意味着投资者将唐钢转债转股将损失 67%。所以理性的投资者将持有，等待到期赎回。

　　2012 年 12 月 10 日，河北钢铁发布的《可转换公司债券兑付兑息暨摘牌公告》显示：“唐钢转债摘牌日：2012 年 12 月 14 日；唐钢转债兑付兑息日：2012 年 12 月 14 日；对持有唐钢转债的个人和证券投资基金，公司按 20% 的税率代扣代缴个人所得税，实际每张唐钢转债兑付 109.60 元。”

　　唐钢转债到期赎回过程见图 3-8。

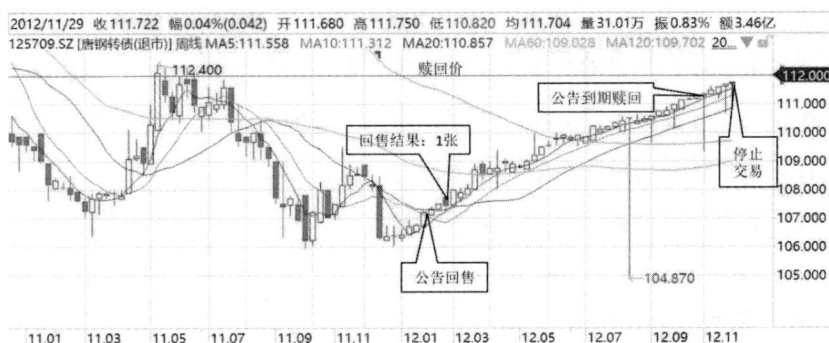

图 3-8　唐钢转债到期赎回过程

　　唐钢转债税后赎回价为 109.6 元，而从图 3-8 可以看出，唐钢转债有部分时间在 110 元以上，所以，对于个人投资者，二级市场卖出收益更高。

　　唐钢转债退市后，统计显示，累计有 1 034 张唐钢转债转股，累计转股数量 8 295 股，累计回售了 25 张，剩余的 29 998 941 张，即约 30 亿元面值可转债到期赎回。

二、回　　售

　　触发回售有两种情况，一是改变募资用途的“附加回售条款”；二是特别约定的“有条件回售条款”。

　　因为改变募资用途是上市公司主动的，所以上市公司在评估当前市场状况后，预计附加回售可能导致可转债退市，则会停止改变募资用途。附加回售的这种机制，就是用市场化的方式对上市公司募资的使用形成约束，避免募集资金被滥用。

　　事实上，迄今为止，还没有可转债因为附加回售而退市的。

　　而因有条件回售导致可转债退市的有双良转债、江南转债 2 只，另外还有即将退市的辉丰转债 1 只。

案例：辉丰转债触发有条件回售

辉丰转债触发有条件回售情况比较特殊，详细过程如下：

2020 年 2 月 28 日，辉丰股份发布的《关于可转换公司债券可能被暂停上市的风险提示公告》显示："公司于 2020 年 2 月 29 日在指定信息披露媒体分别披露了《2019 年度业绩快报》，预计 2019 年业绩为亏损，公司 2018 年度业绩为亏损。根据《深圳证券交易所股票上市规则（2018 年修订）》（以下简称"上市规则"）14.1.15 条规定，如果公司最近两个会计年度经审计的净利润为负值，公司的可转换公司债券可能被深圳证券交易所实施暂停上市。"

2020 年 5 月 20 日，辉丰股份已经改名为 *ST 辉丰。*ST 辉丰发布的《关于可转换公司债券暂停上市的公告》如下：

一、可转换公司债券暂停上市的基本情况

1. 债券种类：可转换公司债券

2. 债券简称：辉丰转债

3. 债券代码：128012

4. 暂停上市起始日期：2020 年 5 月 25 日

二、可转换公司债券暂停上市决定的主要内容

由于公司 2018 年、2019 年连续两个会计年度经会计师事务所审计的净利润为负值，根据《深圳证券交易所股票上市规则》（2018 年修订）（以下简称"上市规则"）14.1.15 条规定，深圳证券交易所决定公司可转换公司债券自 2020 年 5 月 25 日起暂停上市。

辉丰转债暂停上市前，收盘价为 99.999 元。

2020 年 6 月 6 日，*ST 辉丰发布《关于"辉丰转债"回售的公告》：

1. 回售价格：103 元 / 张（含税）

2. 回售申报期：2020 年 7 月 27 日—2020 年 7 月 31 日

3. 发行人资金到账日：2020 年 8 月 5 日

4. 回售款划拨日：2020 年 8 月 6 日

5. 投资者回售款到账日：2020 年 8 月 7 日

既然已经暂停上市，辉丰转债流动性受限，短期只能通过回售退出，因此投资者希望回售的意愿强烈。

同日，*ST 辉丰为了避免太多的投资者选择回售，发布的《关于董事会提议向下修正"辉丰转债"转股价格的公告》显示："提议公司可转换公司债券转股价下修至 4.38 元 / 股，并提交股东大会审议表决。"

2020 年 6 月 29 日，*ST 辉丰宣布辉丰转债的转股价下修为 4.38 元，当日生效。

从图 3-9 可以看出，转股价下修后，*ST 辉丰股价在 3 元附近，距离转股价 4.38 元较远，以暂停上市前 99.999 元收盘价计算，转股溢价率约 46%，转股明显不划算。投资者只能选择回售，辉丰股份避免回售的企图落空。

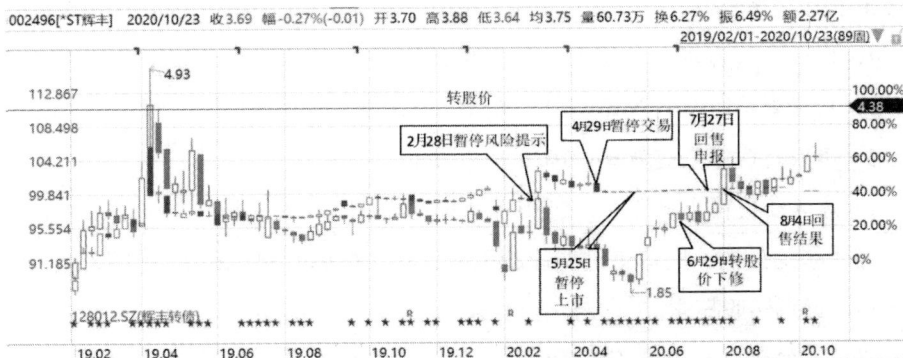

图 3-9　辉丰转债回售过程

辉丰转债 103 元的回售价高于暂停上市前 99.999 元收盘价，投资者可以通过回售，收回本金，并且有 3% 的盈利，可以预计，绝大多数投资者会选择回售。

2020 年 8 月 4 日，*ST 辉丰发布的《关于"辉丰转债"回售结果的公告》显示：

"辉丰转债回售申报期已于 2020 年 7 月 31 日收市后结束，根据中国证券登记结算有限责任公司深圳分公司提供的辉丰转债回售结果数据，本次辉丰转债回售申报数量为 8 202 675 张，回售金额为人民币 844 875 525 元（含当期利息、税）。"

不出所料，未转股 8 441 175 张辉丰转债中有 8 202 675 张选择了回售，占比高达 97%。剩余 238 500 张辉丰转债，面值总额仅 2 385 万元。

2021 年 3 月 20 日，辉丰转债因为未转股流通面值仅有 194.2 万元，低于 3 000 万元，触发量少赎回，2021 年 4 月 20 日完成赎回。

三、退市过程

可转债退市都是以提前赎回或者到期赎回方式。在实施赎回前，上市公司都会发布赎回公告，公告中写明了与赎回相关的重要信息，包括交易终止日、赎回登记日、赎回日、赎回价格、投资者赎回款到账日等信息。

案例：唐人转债退市过程

2020 年 8 月 18 日，唐人神发布的《关于"唐人转债"赎回实施的第一次公告》显示：

1. 唐人转债赎回登记日：2020 年 10 月 9 日。

2. 唐人转债赎回日：2020 年 10 月 12 日。

3. 唐人转债赎回价格：100.31 元 / 张（含当期应计利息，当期年利率为 0.4%，且当期利息含税）。

4. 发行人（公司）资金到账日：2020 年 10 月 15 日。

5. 投资者赎回款到账日：2020 年 10 月 19 日。

6. 唐人转债停止交易日：2020 年 9 月 18 日。

7. 唐人转债停止转股日：2020 年 10 月 12 日。

通过赎回公告，投资者需要理清重要日期，最后交易日和最后转股日，最后交易日在最后转股日之前，或者是同日。

错过了最后交易日就不能卖出可转债，只能转股卖出实现收益；如果最后交易日和最后转股日相同，则也错过了转股卖出的机会，只能等待低价赎回，导致损失；错过了最后转股日可转债就不能转股，只能等待赎回，导致损失。

最后交易日和最后转股日与公告中日期的对应关系见表 3-9。

表 3-9　赎回公告日期与投资者关注日期对应表

日　期	投资者关注日期
停止交易日	最后交易日 = 停止交易日 −1
赎回登记日	最后转股日 = 赎回登记日
停止转股日	最后转股日 = 停止转股日 −1
赎回日	无法卖出和转股

依据表 3-9，唐人转债的最后交易日为 2020 年 9 月 17 日，即停止交易日 2020 年 9 月 18 日的前一个交易日；唐人转债的最后转股日为 2020 年 10 月 9 日，即赎回登记日或者停止转股日的前一个交易日。

上市公司在赎回完成后，经交易所同意，就可对可转债进行摘牌并公告赎回结果。可转债在被交易所摘牌后，就正式宣告了它的退市。

至此，可转债就完成了它从发行、上市到退市的整个生命周期。

第四章

可转债定价和预测

学习了可转债概念详解和转债生命周期这两章可转债的基础知识，读者就可进一步学习可转债的定价和预测。

第一节 可转债定价方法

所谓可转债定价，就是可转债在市场中应该有的合理价格。

一、可转债定价方法简述

对转股溢价率的定义可以倒推出可转债价格公式：

可转债价格 = 转股价值 ×（1+ 转股溢价率）

其中，转股价值由正股价与转股价的比值决定，而正股股价由股票市场的交易决定，转股价在发行文件中确定，所以转股价值由股票市场决定；转股溢价率则由可转债市场决定，所以，可转债定价也就是转股溢价率的高低。

可转债价值公式如下：

可转债的价值 = MAX（纯债价值，转股价值）+ 转股期权价值 + 博弈价值

其中，纯债价值可以根据可转债发行条款计算出来，转股价值可以根据当前正股价和转股价计算，转股期权价值理论上可以用 BS 模型计算，但可转债的博弈条件过于复杂，至今无理论计算方法。

如果忽略博弈价值，也不计较 BS 模型计算上的烦琐，理论上可转债的价值可以计算出来，并给出理论上的可转债定价。但在 A 股市场的实践中，有以下因素影响可转债的价值计算：

（1）BS 模型中，假定市场有完善的做空机制。虽然 A 股市场有融券做空机制，但纳入融券标的的股票条件比较苛刻，很多可转债的正股无法纳入，即便能纳入融券标的，也会面临券商是否有足够标的证券可以出借的问题。这种不完善的做空机制，将导致理论计算缺乏必要条件。

（2）市场以散户参与为主，难以形成强有效市场，价格受交易情绪影响很大，往往导致价格与价值的严重偏离。

如在 2018 年熊市的可转债上市中，有 5 只可转债出现上市首日转股折价且低于面值的非理性现象，见表 4-1。

表 4-1　2018 年上市首日转股折价且低于面值的可转债

转债代码	转债名称	上市日期	收盘价(元)	转股价值(元)	溢价率
113017	吉视转债	2018 年 1 月 15 日	98.08	98.66	−0.59%
113514	威帝转债	2018 年 8 月 13 日	98.96	99.66	−0.70%
128041	盛路转债	2018 年 8 月 14 日	96.83	99.13	−2.32%
113519	长久转债	2018 年 11 月 30 日	99.11	99.25	−0.14%
128049	华源转债	2018 年 12 月 20 日	93.21	93.27	−0.07%

（3）可转债的赎回并不是约定的固定期限，而是在达到强赎标准后，上市公司依据自身需求和市场状况决定的，可以决定不赎回，也可以决定赎回，主观随意性较大，而 BS 模型无法覆盖转债无固定期限的美式期权。

基于上述 3 点，按照理论公式计算的定价必然有较大的偏差，如果投资者依据理论定价来投资，就会发现理论定价与市场价有较大的偏差，难以用于指导。因此本书采用简单有效的市场类比法给可转债定价。

市场类比法就是选取与可转债定价最相关的因素，把目标可转债与市场在相关因素最近似的可转债进行类比，从而得出目标可转债定价范围。显然，选择不同的可转债因素，得出的定价结果不一样，所以需要确定与定价最相关的因素。

二、影响因素

通常来说，可转债的转股价值、债券收益率、纯债价值、评级、流通面值等因素都可能影响可转债的定位。

从可转债市场整体来说，受不同时段市场交易情绪的影响，其平均转股溢价率变化较大，见图 4-1。

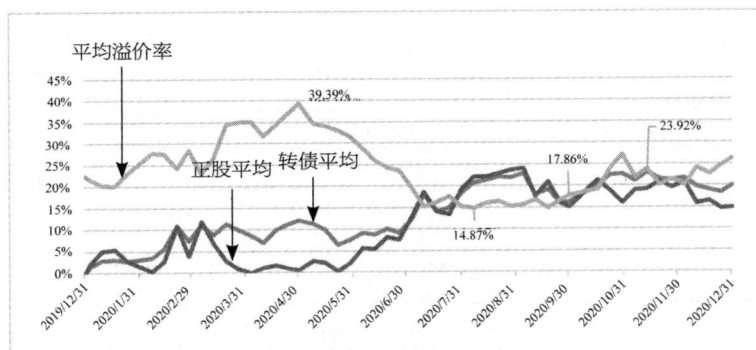

图 4-1　可转债市场平均溢价率变化

为使样本数据尽可能体现市场的理性定价，我们可以选择比较交易相对清淡、样本数据比较多的时点来考察可转债定价影响因素。

从图 4-1 可以看出，9 月 30 日因为长假因素，可转债市场整体溢价率处于中游位置，当日可转债市场整体成交额 215 亿元，属于较低的成交额，同日 A 股市场也受长假因素影响，成交额也处于低位。因此，9 月 30 日的可转债数据相对理性，可以作为样本数据。

9 月 30 日，剔除暂停上市的辉丰转债 1 只，再去掉转债价明显大幅偏离转股价值的横河转债、广电转债 2 只（见图 4-2），共计有 298 只可转债符合考察样本。

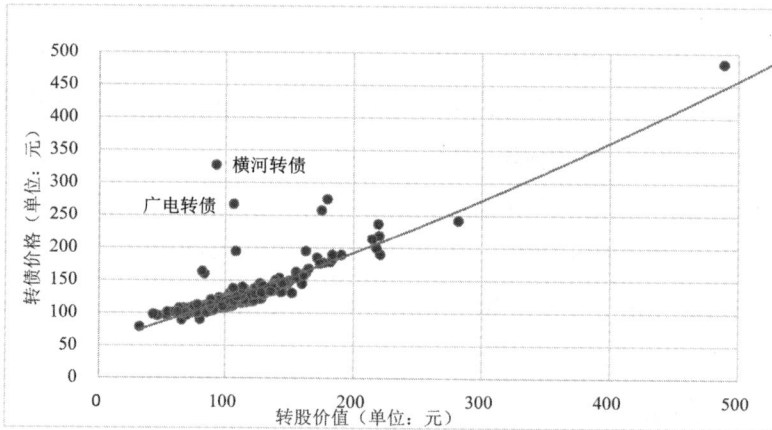

图 4-2　转债价明显大幅偏离转股价值的可转债

然后，我们把这 298 只可转债数据和相关因素总结到表 4-2 中。

表 4-2　可转债定位相关因素研究表

转债代码	转债名称	收盘价（元）	转股价值（元）	溢价率	纯债价值（元）	评级	量化评级	流通面值（亿元）
110031	航信转债	108.72	73.14	48.65%	104.44	AAA	7	24.00
110033	国贸转债	109.98	93.88	17.15%	105.01	AAA	7	28.00
110034	九州转债	115.48	92.25	25.18%	104.56	AA+	6	15.00
…	…	…	…	…	…	…	…	…
128129	青农转债	109.00	87.63	24.39%	88.75	AAA	7	50.00
128130	景兴转债	109.50	97.94	11.80%	87.46	AA	5	12.80
128131	崇达转2	111.88	88.02	27.11%	87.42	AA	5	14.00

注：量化评级就是对评级进行量化，以便采用相关函数计算相关系数。此处

量化的方式为从 AAA、AA+……A、A− 等评级分别用 7、6……2、1 等数字来取代。

在表 4-2 中，分别用转股价值、纯债价值、评级和流通面值对溢价率做相关系数计算。最终得到的结果见图 4-3。

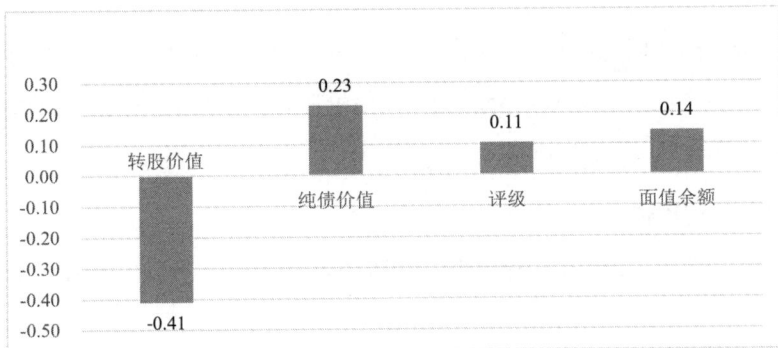

图 4-3 可转债定价因素系数分析

在解读计算结果之前，我们先回忆一下什么是相关系数。

相关系数是用统计方法研究变量之间线性相关程度的量。相关系数为 −1~1 之间的数量，系数解读见表 4-3。

表 4-3 相关系数解读表

相关系数	含 义
1	绝对正相关
0.5~1	强正相关
0~0.5	弱正相关
0 附近	不相关
−0.5~0	弱负相关
−1~−0.5	强负相关
−1	绝对负相关

A 与 B 正相关的含义是，A 增大，B 也增大；A 减少，B 也减少。A 和 B 同向变化。

A 与 B 负相关的含义是，A 增大，B 减少；A 减少，B 增大。A 和 B 反向变化。

有了相关系数基础知识，我们可以来解读图 4-3 的计算结果。

（一）转股价值

从图 4-3 可以看出，转股价值与可转债定价相关系数为 −0.41，有弱负相关性。也就是说转股价值越高，转股溢价率大概率越低。

这个很好理解，转股价值高的可转债，由于转股套利的存在，可转债价格也比较高。投资者普遍获利，有获利了结的心态；另外，投资者担心可转债会被提前赎回，也促使投资者提前获利了结，所以市场给出的转股溢价率较低，形成负相关。

对于转股价值低的可转债，由于纯债价值一定，可转债价格不会等于较低的转股价值，而是在转股价值之上，也在纯债价值之上，受到纯债价值的保护，此时转股溢价率较高，形成负相关。

（二）纯债价值

从图 4-3 可以看出，纯债价值与可转债定价的相关系数为 0.23，有弱正相关性。

这一点很好理解，纯债价值越高的可转债，即使转股价值比较低，但受纯债价值的保护，可转债价格不会太低，转股溢价率也就较高。

另外，纯债价值由票面利率、到期赎回价和可转债评级计算得出，如果可转债的票面利率和赎回价较高，纯债价值较高，则可转债投资者更愿意付出较高的价格，转股溢价率就偏高；如果可转债的票面利率和赎回价一般，但评级较高，纯债价值也较高，对于评级高的转债，机构更愿意给出较高的价格，也会导致转股溢价率偏高。

但这个结论是在转股价值的影响下得出的。如果我们把转股价值固定在某一个合理的区间，单独考察纯债价值对可转债定价的影响，则能更清楚地看到相关性。

从表 4-2 中筛选出转股价值在 95~105 的可转债列表，见表 4-4。

表 4-4　纯债价值单因子相关性考察表

转债代码	转债名称	收盘价（元）	转股价值（元）	溢 价 率	纯债价值（元）
113572	三祥转债	115.04	105.00	9.56%	71.09
110071	湖盐转债	110.75	104.55	5.93%	88.14
128049	华源转债	111.95	104.45	7.18%	88.98
...	...	...	...	...	...
128116	瑞达转债	109.00	95.07	14.65%	88.34
128121	宏川转债	119.50	95.01	25.78%	76.77
113584	家悦转债	123.09	95.00	29.57%	88.41

通过对表 4-4 中的溢价率和纯债价值的相关性计算，可得纯债价值与溢价率相关系数为 0.04，接近于 0，属于不相关。

为简化后文的表述，我们把转股价值在 95~105 元的可转债定义为"中位转股价值可转债"。有了中位转股价值可转债，相对于固化了转股价值变动因素，便于考察其他因素对可转债定价的影响。

（三）评级

从图 4-3 可以看出，评级与可转债定价的相关系数为 0.11，似乎评级与可转债定价相关性比较弱。与纯债价值一样，评级的相关性是在转股价值的影响下得出的。

为单独考察评级对可转债定价的影响，从表 4-4 中筛选出中位转股价值可转债列表，见表 4-5。

表 4-5　评级单因子相关性考察表

转债代码	转债名称	收盘价（元）	转股价值（元）	溢价率	评级	量化评级
113572	三祥转债	115.04	105.00	9.56%	A+	3
110071	湖盐转债	110.75	104.55	5.93%	AA	5
128049	华源转债	111.95	104.45	7.18%	AA-	4
…	…	…	…	…	…	…
128116	瑞达转债	109.00	95.07	14.65%	AA	5
128121	宏川转债	119.50	95.01	25.78%	AA-	4
113584	家悦转债	123.09	95.00	29.57%	AA	5

通过对表 4-5 中的溢价率和量化评价的相关性计算，可得评级与溢价率相关系数为 0.31，属于弱正相关。

再进一步，我们在表 4-5 中选择各类评级的溢价率统计，可以得出图 4-4。

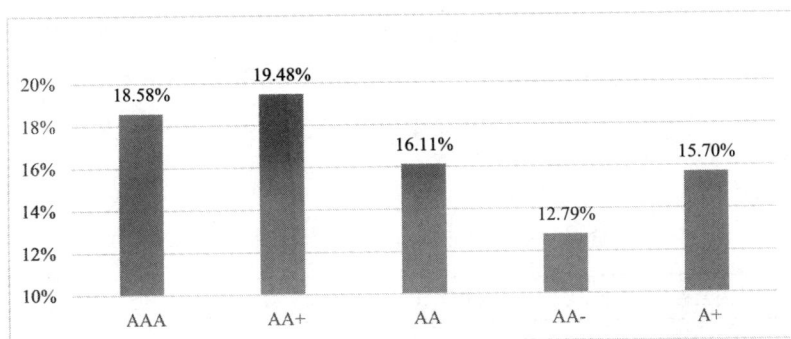

图 4-4　可转债评级与转股溢价率的关系

从图 4-4 可以看出，AAA 和 AA+ 高评级可转债的转股溢价率明显偏高，AA、AA- 和 A+ 低评级可转债的转股溢价率明显偏低。至于为什么 A+ 级转债的转股溢价率高于 AA- 级，则可能受流通面值因素影响。

由此可以得出，评级在可转债定位中的影响比较大。

为什么可转债的评级因素在定价中的作用比较重要呢？

我们知道，决定证券交易价格的不是一般散户，是手握大资金的交易机构。那么机构购买可转债会考虑什么呢？

机构首先考虑的是资金安全，评级越高的可转债，意味着信用越好，可转债越安全，对机构的吸引力也越强。另外，机构在安全的基础上也要考虑盈利能力，在不考虑正股估值的情况下，可转债可以通过质押回购加杠杆操作提高盈利空间。

2017 年 4 月 7 日，中国结算向市场修订发布《质押式回购资格准入标准及标准券折扣系数取值业务指引（2017 年修订版）》（以下称《指引》）并正式实施。

修订版《指引》显示，增量信用债券回购准入标准提高至债项评级 AAA 级、主体评级不得低于 AA 级（主体评级 AA 级的，其评级展望不得为负面），意味着新发债项评级为 AA+ 及以下信用债券将无法入库开展回购交易。

根据上述规定，新发行的 AAA 级以下信用债券无法参与质押式回购，可转债也是信用债券的一种，AAA 级以下的可转债也不能参与质押式回购，即不能加杠杆操作。

因此，AAA 级可转债对机构吸引力高，可以享受较高的溢价率。

（四）流通面值

从图 4-3 可以看出，评级与可转债定价的相关系数为 0.11，似乎是比较弱的正相关。但这个结论是在转股价值、评级综合影响下得出的。为单独考察流通面值对可转债定价的影响，我们从表 4-5 中筛选出数量较多的 AA 级可转债构成表 4-6。

表 4-6　流通面值单因子相关性考察表

转债代码	转债名称	收盘价（元）	转股价值（元）	溢价率	评　　级	流通面值（亿元）
110071	湖盐转债	110.75	104.55	5.93%	AA	7.20
128046	利尔转债	122.80	104.08	17.99%	AA	8.52

转债代码	转债名称	收盘价（元）	转股价值（元）	溢 价 率	评　　级	流通面值（亿元）
128074	游族转债	120.30	103.01	16.79%	AA	11.50
…	…	…	…	…	…	…
113563	柳药转债	118.48	95.18	24.48%	AA	8.02
128116	瑞达转债	109.00	95.07	14.65%	AA	6.40
113584	家悦转债	123.09	95.00	29.57%	AA	6.35

通过对表 4-6 的溢价率和流通面值的相关性计算，可得流通面值与溢价率相关系数为 −0.43，属于弱负相关。

流通面值的弱负相关很好理解。在可转债的其他条件近似的情况下，流通面值越多的转债，市场越不稀缺，高溢价的支撑不强，因此定位低的可能性大。

（五）转股价值单因子相关性

在图 4-3 上，转股价值相关性结果为多因子作用下的相关性，相关性的可信度较差。而纯债价值、评级和流通面值采用单因子计算后，结果有明显变化，可信度较高。所以我们把转股价值再做一次单因子计算，可以得出更准确的结论。

为简化起见，我们在表 4-2 中忽略 2 只 A 级和 1 只 A- 级可转债，分别筛选出 AAA、AA+、AA、AA−、A+ 级进行转股价值和转股溢价率相关性计算，可以得出单因子相关性结果，见表 4-7。

表 4-7　转股价值单因子相关性结果

评　　级	相关系数	样 本 数	占　　比
AAA	−0.88	23	7.80%
AA+	−0.81	38	12.88%
AA	−0.63	117	39.66%
AA−	−0.32	83	28.14%
A+	−0.67	34	11.53%
加权平均	−0.59	295	100.00%

从表 4-7 可以看出，在 AAA、AA+、AA、A+ 级可转债中，转股价值和转股溢价率相关系数在 −0.6 以下，表明是强负相关。在 AA− 级可转债中，转股价值和转股溢价率相关系数仅为 −0.32，表明是弱负相关。

把上述的结果按照样本数量占比加权平均计算，结果为 −0.59，属于强负相关。

（六）结论

综上所述，对转股价值、纯债价值、评级和流通面值影响因素进行单因子的相关性考察后，图 4-3 可转债定价因素相关系数变更为图 4-5。

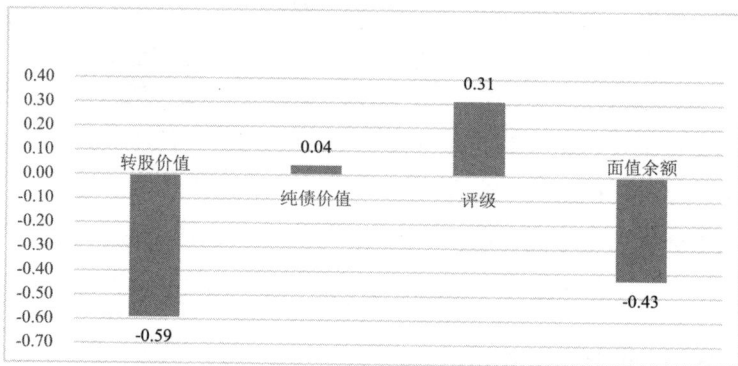

图 4-5　可转债定位单因子相关系数

从图 4-5 可以明显看出，可转债定位主要受转股价值、流通面值、评级等因素影响，影响程度如下：

转股价值（−0.59，强负相关）＞流通面值（−0.43，弱负相关）＞评级（0.31，弱正相关）

有了这个结论，我们就可以使用这三个因素在可转债上市首日进行定位。

第二节　上市首日定位预测

投资者申购可转债中签后，大部分希望上市盈利卖出，因此对上市首日定位预测就很感兴趣，希望根据预测在高位卖出，获得短期的收益。

新发行可转债上市首日定位，实际上是一级市场过渡到二级市场第一个交易日的定位。正如可转债定价方法中"图 4-1 可转债市场平均溢价率变化"所述，可转债二级市场溢价率随市场情绪变化较大。

从经验上看，新上市可转债定位应该接近于上市时二级市场可转债定位。为实证这个猜想，我们把信用申购改革以来，截至 2020 年 12 月 31 日上市的389 只可转债统计在表 4-8 中。

表4-8 可转债上市首日定位统计

转债名称	首日收盘价（元）	转股价值（元）	溢价率	债券收益率	纯债价值（元）	评级	量化评级
雨虹转债	117.76	102.52	14.87%	1.72%	85.93	AA+	6
林洋转债	120.55	125.68	−4.08%	1.80%	84.46	AA	5
隆基转债	130.32	126.77	2.80%	1.72%	85.93	AA+	6
…	…	…	…	…	…	…	…
伟20转债	118.51	96.05	23.39%	2.41%	87.49	AA	5
紫金转债	137.89	127.67	8.00%	1.56%	89.02	AAA	7
威派转债	109.89	94.13	16.75%	3.39%	72.97	A+	3

　　为避免转股价值对定位的影响，我们仅选择中位转股价值可转债。同时，忽略评级因素的影响，按季度计算这些可转债的平均上市首日溢价率，作为每季度的上市首日溢价率。

　　作为对比，我们从每周收盘中筛选出中位转股价值可转债，计算它们转股溢价率的算术平均值，得中位转股价值平均溢价率，我们称为中位溢价率。最后，把中位溢价率按季度进行算术平均，即为每季度中位溢价率，当作季度市场溢价率。

　　我们再用每周收盘的中证转债指数计算出每季度的平均值，作为单季的中证转债指数，用于衡量单季度的市场情绪。

　　最后，把中证转债指数、市场溢价率和上市首日溢价率绘制在图4-6中。

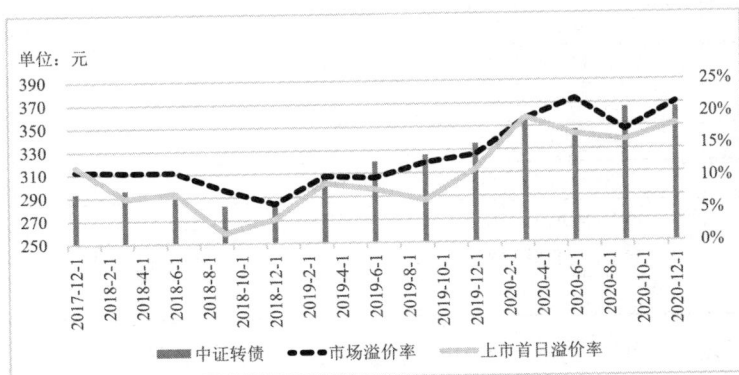

图4-6 中证转债指数、市场溢价率和上市首日溢价的对比分析

　　从图4-6中可以明显地看出，在熊市、牛市和震荡市中，可转债上市首日与上次溢价率有较强的正相关性。

一、熊　市

2018 年，A 股延续 2017 年的走势创出熔断以来新高 3587 点之后，受金融去杠杆影响，A 股走出了震荡下行趋势，跌破了熔断 2655 点底部，创下收盘新低 2483 点，全年下跌 24.59%，是典型的小熊市，见图 4-7。

图 4-7　2018 年 A 股熊市走势

到 2018 年第四季度，上证指数处于低位，中证转债指数也是低位，可转债市场溢价率较低。在这种较冷的熊市氛围下，可转债上市首日中位溢价率较低，见表 4-9。

表 4-9　2018 年第四季度上市首日中位溢价率

名　称	上市日期	转股价值（元）	收盘价（元）	溢 价 率
百合转债	2018 年 11 月 26 日	100.47	101.50	1.03%
张行转债	2018 年 11 月 29 日	97.52	102.40	5.00%
长久转债	2018 年 11 月 30 日	99.25	99.11	−0.14%
科森转债	2018 年 12 月 7 日	96.98	97.95	1.00%
光电转债	2018 年 12 月 7 日	98.01	106.70	8.87%
伟明转债	2018 年 12 月 26 日	97.53	101.45	4.02%
福能转债	2018 年 12 月 28 日	97.81	103.89	6.21%
平均值		98.23	101.86	3.71%

我们把 2018 年第四季度上市可转债首日中位溢价率与市场溢价率结合起来，绘制成图 4-8。

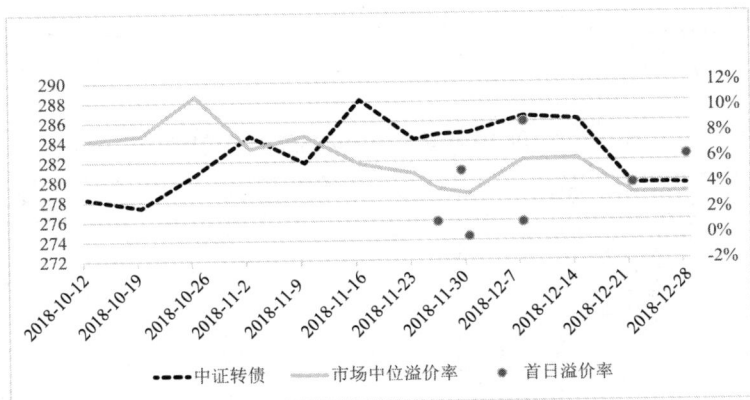

图 4-8 2018 年第四季度市场中位溢价率走势

从图 4-8 可以明显看出在 2018 年的熊市底部，可转债上市首日定位中位溢价率围绕市场中位溢价率波动。上市首日定位均值 3.71%，与市场中位数溢价率均值 6.06% 比较接近。

二、牛　　市

2019 年，A 股市场在正式纳入 MSCI 新兴市场指数，工信部发放 5G 商用牌照等事件驱动下，总体走出了震荡上行的趋势。

全年上证指数上涨 22.3%，中证转债上涨 25.15%。中证转债指数逐步走高，是典型的小牛市，见图 4-9。

图 4-9 2019 年 A 股牛市走势

到 2019 年第四季度，上证指数处于高位，中证转债指数也是高位，可转债市场中位溢价率较高。在这种较热的牛市氛围中，可转债上市首日中位溢价率较高，见表4-10。

表4-10 2019年第四季度可转债上市首日定位

名　　　称	上市日期	转股价值（元）	收盘价（元）	溢价率
桃李转债	2019年10月15日	101.72	119.20	17.18%
游族转债	2019年10月21日	98.48	111.51	13.23%
金轮转债	2019年11月8日	100.00	104.67	4.67%
英联转债	2019年11月21日	102.07	104.53	2.41%
索发转债	2019年11月22日	95.13	104.87	10.24%
石英转债	2019年11月22日	98.89	112.35	13.61%
金力转债	2019年11月25日	97.96	109.27	11.55%
通光转债	2019年11月28日	96.87	101.04	4.30%
川投转债	2019年12月2日	96.87	114.05	17.74%
常汽转债	2019年12月12日	101.81	109.57	7.62%
海亮转债	2019年12月17日	100.20	107.40	7.19%
烽火转债	2019年12月25日	103.89	124.50	19.84%
新北转债	2019年12月31日	101.68	119.18	17.21%
平均值		99.66	110.93	11.29%

我们把2019年第四季度，上市可转债首日中位溢价率与市场溢价率结合起来，绘制成图4-10。

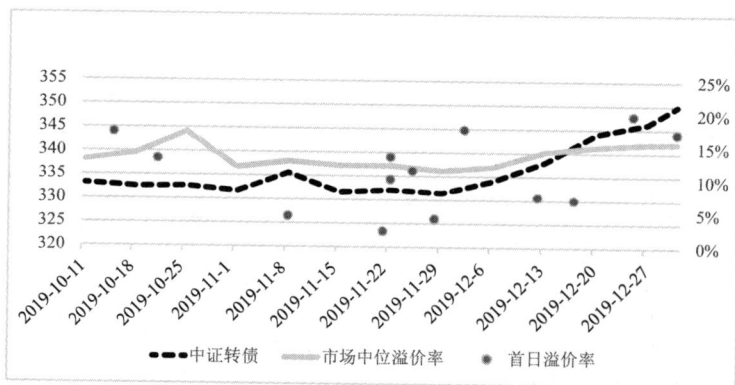

图4-10 2019年第四季度市场中位溢价率走势

从图4-10可以明显看出在2019年的牛市顶部，可转债上市首日定位中位溢价率依然围绕市场中位溢价率波动。上市首日定位均值11.29%，与市场中位数溢价率均值13.55%比较接近。

三、震荡市

2020 年 1 月，受不可控因素影响，原定于 1 月 31 日开盘的 A 股市场推迟到 2 月 3 日开盘。投资者基于对经济的担忧，开盘当日上证指数暴跌 7.72%；随后，在大量资金抄底的带动下，走出了明显的反弹；但到了 3 月份，受客观因素影响，道琼斯指数暴跌，惊现 4 次熔断，带动 A 股创下 2646 的低点；美联储宣布无限量 QE，为市场注入大量的流动性，美股渐次反弹，A 股也跟随反弹，

最终第一季度上证指数下跌 9.83%，是典型震荡市，见图 4-11。

图 4-11　2020 年第一季度 A 股震荡市走势

2020 年第一季度，中证转债指数随 A 股市场大幅震荡，但可转债市场中位溢价率却稳步上升，可转债上市首日中位溢价率也稳步上升，见表 4-11。

表 4-11　2020 年第一季度可转债上市首日定位

名　称	上市日期	转股价值（元）	收盘价（元）	溢价率
鸿达转债	2020 年 1 月 8 日	104.52	113.56	8.65%
淮矿转债	2020 年 1 月 13 日	101.91	117.03	14.84%
建工转债	2020 年 1 月 16 日	99.35	113.01	13.75%
孚日转债	2020 年 1 月 16 日	102.35	109.40	6.89%
东风转债	2020 年 1 月 20 日	99.28	115.22	16.06%
百川转债	2020 年 1 月 21 日	95.83	108.37	13.08%
乐普转债	2020 年 1 月 23 日	98.52	123.30	25.15%
东财转 2	2020 年 2 月 14 日	96.96	129.30	33.35%
银河转债	2020 年 2 月 14 日	96.85	111.11	14.72%
星帅转债	2020 年 2 月 19 日	97.78	116.75	19.40%

续表

名　　称	上市日期	转股价值（元）	收盘价（元）	溢价率
柳药转债	2020年2月24日	99.31	125.74	26.51%
宏辉转债	2020年3月16日	102.26	118.42	15.80%
天目转债	2020年3月16日	95.34	121.29	27.22%
翔港转债	2020年3月31日	102.44	137.30	34.03%
平均值		99.48	118.56	19.25%

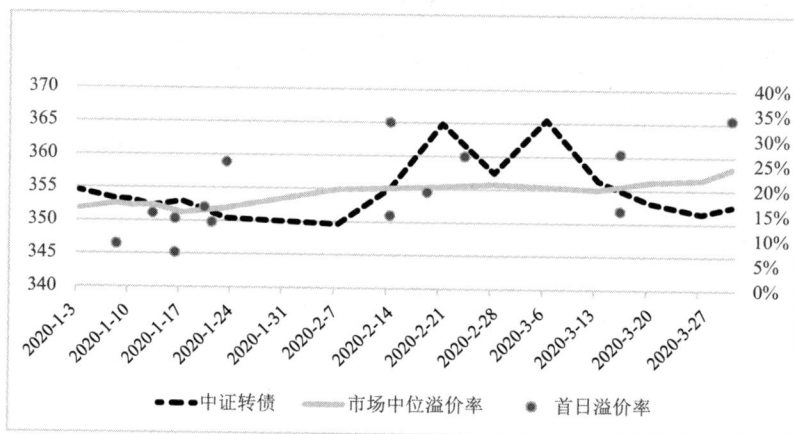

图 4-12　2020 年第一季度市场中位溢价率走势

从图 4-12 可以明显看出，在 2020 年第一季度震荡市中，可转债上市首日定位中位溢价率还是围绕市场中位溢价率波动。上市首日溢价率均值为 19.25%，与市场中位溢价率均值 19.08% 基本一致。

四、预测方法

综上所述，无论市场牛熊，可转债上市首日定位中位溢价率和市场中位溢价率，呈现出趋于一致的同步状态。

这个从理论上比较好解释。新发行的可转债上市后就进入了二级市场交易，作为理性的投资者，肯定对新发行可转债与存量可转债同时观察，选择其中高定位的转债卖出，其中低定位的转债买入，如此操作后，自然新发行可转债上市定位与存量可转债上市定位趋于一致。

因此，尽管前文是用中位溢价率来考察上市可转债首日与市场定位的关系，但得出的趋同结论，依然可以推广到非中位溢价率的可转债。

所以，我们的预测过程和方法如下：

（1）在新发行可转债上市之前一个交易日收盘后，计算出该转债的转股价值、纯债价值、保本价、债券收益率等数据，同时罗列出评级和发行规模。

（2）根据当前正股业绩和机构一致预期业绩增长率，计算出正股静态估值和成长性估值。对于无机构关注的正股，采用最新净资产收益率和长期净资产收益率中的较低者来代替。

（3）在二级市场可转债列表中，选取4只评级相同、转股价值近似的可转债，罗列在一张表中，计算平均溢价率作为参考。

（4）根据该可转债正股所处的行业，选取最多4只转股价值近似的可转债，制作成同行业比较表，作为参考。

（5）以近似可转债溢价率为主，结合近期新可转债上市定位，如果前期市场定位较高，适当拔高定位，相反，则降低定位；考虑正股行业地位，龙头给予一定的高定位；结合正股估值，低估值给予一定的高定位；参考同行业转债溢价率；综合以上判断后，给出首日收盘价中间值；再考虑市场波动，选取前后2元的偏离，给出预测收盘价区间。

我们把上市可转债分为高转股价值、中转股价值和低转股价值三类，来看下面成功预测的典型案例。

五、高转股价值类——紫金转债上市预测

11月27日，紫金转债上市，正股价：8.86元，转股价：7.01元，转股价值：126.39元，纯债价值：89.25元，保本价：108元，债券收益率：1.58%，AAA级。发行规模60亿元。

公司简介

紫金矿业集团股份有限公司是一家以金、铜等金属矿产资源勘查和开发为主的大型矿业集团。公司资产规模、营业收入和累计利税均超过1 300亿元，是中国矿业行业效益最好、控制金属矿产资源最多、最具竞争力的大型矿业公司之一。

最新业绩

2020年三季报业绩见图4-13。

主要指标	20-09-30	20-06-30	20-03-31	19-12-31	19-09-30
基本每股收益(元)	0.1800	0.0950	0.0410	0.1800	0.1310
基本每股收益扣除(元)	—	0.0950	—	0.1700	—
每股净资产(元)	1.8890	1.7860	1.7596	1.8205	1.5917
加权净资产收益率%	9.6700	5.4100	2.2900	11.3800	8.3500
营业收入(亿元)	1304.34	831.42	361.62	1360.98	1016.27
营业收入增长率%	28.34	23.73	24.52	28.40	33.42
净利润(亿元)	45.72	24.21	10.40	42.84	30.06
净利润增长率%	52.12	30.64	18.93	4.65	-10.34

图 4-13   2020 年三季报业绩

正股估值

按照 2020 年三季报业绩和最新机构一致预期业绩增速 37.85% 计算，紫金矿业静态估值市盈率 PE：38.43，市净率 PB：4.69，成长性估值 PEG：1.02。

首日定位

近似评级和转股价值转债比较见图 4-14。

转债名称	代　码	评　级	流通面值(亿元)	转股价值(元)	转债价(元)	转股溢价率
淮矿转债	110065	AAA	27.55	112.11	125.57	3.68%
光大转债	113011	AAA	241.98	118.35	126.59	6.96%
隆20转债	113038	AAA	50.00	128.29	142.83	11.33%
希望转债	127015	AAA	18.10	125.97	126.51	0.42%
平均				121.18	130.38	5.60%
紫金转债	113041	AAA	60.00	126.39		

图 4-14   近似评级和转股价值转债比较

正股发行至今上涨 23.23%，预期上市首日定位在 135~139 元，中位数在 137 元附近。

预测的依据是近似转股价值和评级的可转债溢价率均值为 5.6%，紫金矿业为行业龙头，适当拔高了预测价，做出中位数为 137 元的预测。

11 月 27 日，紫金转债以 136.2 元开盘，按规定临停至最后 3 分钟复牌，复牌后，最低下跌到 136 元，最高上涨到 140 元，收盘在 137.89 元。

全天多数时间在预测区间 135~139 元内波动，收盘价与中位数 137 元接近。

当日，正股紫金矿业上涨 1.02%，带动紫金转债首日定位上移。

六、中转股价值类——冀东转债上市预测

2020 年 12 月 2 日，冀东转债上市，正股价：15.94 元，转股价：15.78 元，

转股价值：101.01 元，纯债价值：87.25 元，保本价：110.1 元，债券收益率：1.66%，AAA 级。发行规模 28.2 亿元。

公司简介

金隅冀东的战略重组是京津冀协同发展重大产业、产权重组的示范案例，是产能过剩行业推进供给侧结构性改革的重要实践。重组后的金隅冀东水泥作为北京金隅集团（股份）公司唯一的水泥、混凝土业务平台，集水泥、混凝土、砂石骨料、干混砂浆、外加剂、环保、耐火材料、物流、矿粉等为一体，成为金隅股份资产规模最大、盈利能力最优、布局区域最广、竞争实力最强的核心产业之一，公司有上下游配套的完整建材产业链，布局京、津、冀、辽、吉、黑、蒙、陕、晋、鲁、豫、湘、渝 13 个省（自治区、直辖市），并向南非等国家发展，成为中国第三、世界第五大水泥企业和全国最大的综合型建材企业之一。

最新业绩

2020 年三季报业绩见图 4-15。

主要指标	20-09-30	20-06-30	20-03-31	19-12-31	19-09-30
基本每股收益(元)	1.4407	0.6669	-0.2460	1.8530	1.7190
基本每股收益扣除(元)	—	0.6402	—	1.7880	—
每股净资产(元)	10.0913	9.2925	8.9282	9.1784	9.5044
加权净资产收益率%	14.9700	7.1400	-2.7200	16.5000	14.5900
营业收入（亿元）	251.54	142.53	31.00	345.07	262.54
营业收入增长率%	-4.76	-11.89	-38.45	9.73	16.00
净利润(亿元)	20.94	10.01	-2.8097	27.01	24.70
净利润增长率%	-15.96	-32.95	-723.83	41.86	35.96

图 4-15　2020 年三季报业绩

正股估值

按照 2020 年三季报业绩和最新机构一致预期业绩增速 26.99% 计算，冀东水泥静态估值市盈率 PE：9.24，市净率 PB：1.58，成长性估值 PEG：0.34。

首日定位

近似评级和转股价值转债比较见图 4-16。

转债名称	代　码	评级	流通面值(亿元)	转股价值(元)	转债价(元)	转股溢价率
国贸转债	110033	AAA	12.12	101.53	113.33	11.62%
国投转债	110073	AAA	80	100.66	121.56	20.77%
广汽转债	113009	AAA	25.49	98.1	119.9	22.22%
国君转债	113013	AAA	69.9	101.47	123.79	21.99%
平均				100.44	119.65	19.15%
冀东转债	127025	AAA	28.2	101.01		

图 4-16　近似评级和转股价值转债比较

预期上市首日定位在 118~122 元，中位数在 120 元附近。

预测的依据是近似转股价值和评级的可转债溢价率均值为 19%，同行业可转债溢价率也在 19% 附近，因此做出中位数为 120 元的预测。

12 月 2 日，冀东转债以 120 元开盘，临停 30 分钟后复牌，最低下跌到 118.22 元，最高上涨到 121.98 元，收盘在 120.62 元。全天交易在预测区间 118~122 元内波动，收盘价与预测的中位数 120 元相当接近。

当日，正股冀东水泥微涨 0.06%，基本持平，对冀东转债首日定位无影响。

七、低转股价值类——润建转债上市预测

2020 年 12 月 29 日，润建转债上市，正股价：22.89 元，转股价：26.45 元，转股价值：86.21 元，纯债价值：87.82 元，保本价：115.2 元，债券收益率：2.45%，AA 级。发行规模 10.9 亿元。

公司简介

润建股份致力于成为信息通信与电力能源技术服务综合解决方案的龙头企业，已于 2018 年 3 月在深圳交易所成功挂牌上市（股票代码 002929）。

最新业绩

2020 年三季报业绩见图 4-17。

主要指标	20-09-30	20-06-30	20-03-31	19-12-31	19-09-30
基本每股收益(元)	0.6574	0.4080	0.1800	1.0400	0.6598
基本每股收益扣除(元)	—	0.4000	—	0.8900	—
每股净资产(元)	13.4526	13.3188	13.0848	12.8953	12.4884
加权净资产收益率%	4.9800	3.1100	1.4200	8.4100	5.3800
营业收入（亿元）	28.48	17.20	6.61	37.17	25.13
营业收入增长率%	13.32	6.63	-11.73	15.02	12.31
净利润(亿元)	1.45	0.9006	0.4072	2.30	1.46
净利润增长率%	-0.37	2.68	-15.27	11.74	4.21

图 4-17　2020 年三季报业绩

正股估值

按照 2020 年三季报业绩和最新净资产收益率 8.38% 计算，润建股份静态估值市盈率 PE：22.04，市净率 PB：1.7，成长性估值 PEG：2.74。

首日定位

近似评级和转股价值转债比较见图 4-18。

转债名称	代 码	评级	流通面值(亿元)	转股价值(元)	转债价(元)	转股溢价率
新凤转债	113508	AA	21.52	86.63	109.32	26.19%
柳药转债	113563	AA	8.02	87.49	108.09	23.54%
伟20转债	113607	AA	12	87.23	118.01	35.28%
飞凯转债	123078	AA	8.25	85.01	103.5	21.76%
平均				86.59	109.73	26.69%
润建转债	128140	AA	10.9	86.21		

图 4-18 近似评级和转股价值转债比较

预测上市首日收盘价在 94~98 元，中位数在 96 元附近。

预测的依据是近似转股价值和评级的可转债溢价率均值为 26.59%，理论上应该预测上市价在 109 元，但考虑到近期新上市可转债破发较多，市场空头气氛浓厚，再加上正股估值不低，且无机构关注，做出中位数为 96 元的预测。

2020 年 12 月 29 日，润建转债以 99 元开盘，最低下跌到 93.151 元，最高上涨到 99.01 元，收盘在 98.051 元。全天多数时间在预测区间 94~98 元内波动，收盘价略微超过中位数 96 元。

当日，正股润建股份上涨 4.72%，带动润建转债首日定位上移较大。

八、预测失灵——乐歌转债上市预测

2020 年 11 月 10 日，乐歌转债上市，正股价：61.85 元，转股价：73.13 元，转股价值：84.58 元，纯债价值：78.41 元，保本价：129.6 元，债券收益率：4.59%，A+ 级。发行规模 1.42 亿元。

公司简介

乐歌 LOCTEK 是乐歌人体工学科技股份有限公司旗下品牌，是国内人体工学线性驱动应用和健康办公整体解决方案的国家高新技术领军企业。

2020 年度经营业绩的预计见图 4-19。

项 目		年初至下一报告期期末			上年同期	
归属于上市公司股东的净利润（增减幅度）	增长	249.31%	—	360.46%	盈利	6.298.05
归属于上市公司股东的净利润（万元）	盈利	22,000	—	29,000		

图 4-19　2020 年度经营业绩预计

公司 2020 年前三季度销售收入 12.19 亿元，同比增长 73.05%；归属于上市公司股东的净利润 1.61 亿元，同比增长 320.08%。第三季度面临人民币汇率快速升值，国际集装箱运费高位盘整等不利因素，以及实施 2018 年限制性股票及 2020 年股票股权激励计划，第三季度新增确认股权激励费用 730.18 万元，公司第三季度销售 5.86 亿元，同比增长 138.52%；归属于上市公司股东的净利润 0.93 亿元，同比增长 524.06%。公司前三季度业绩大幅增长，主要得益于以下两方面因素：

一是公司产品线成功转型。第三季度包括线性驱动产品在内的人体工学产品销售收入 5.12 亿元。

二是公司的跨境电商、自持海外仓和跨国制造的早期国际化战略布局优势显现；消费品零售业务线下转线上趋势进一步加强，同时，公司人体工学升降桌"宅经济"的产品特性，进一步催化了公司跨境电商业务的快速发展。

正股估值

按照 2020 年年报预告业绩和最新机构一致预期业绩增速 47.86% 计算，乐歌股份静态估值市盈率 PE：33.71，市净率 PB：9.02，成长性估值 PEG：0.7。

首日定位

近似评级和转股价值转债比较见图 4-20。

转债名称	代 码	评级	配售率	转股价值(元)	转债价(元)	转股溢价率
迪贝转债	113546	A+	43.97%	90.99	109.13	19.94%
翔港转债	113566	A+	69.38%	91.55	112.9	23.32%
百达转债	113570	A+	46.37%	93.59	110.48	18.05%
智能转债	128070	A+	44.06%	82.75	119.7	44.65%
平均				89.72	113.05	26.49%
乐歌转债	123072	A+	89.32%	84.58		

图 4-20　近似评级和转股价值转债比较

预期上市首日定位在 111~115 元，中位数在 113 元附近。因为发行规模不足 2 亿元，或许会迎来市场爆炒。

预测的依据是近似转股价值和评级的可转债溢价率均值为 23.49%，乐歌股份近期业绩较好，特地拔高了预测价，做出中位数为 113 元的预测。

2020 年 11 月 10 日，乐歌转债以 130 元开盘，按规定临停至最后 3 分钟复牌，复牌后上涨到最高价 132 元，收盘在 132 元。全天波动完全超出了 111~115 元的预测区间。

当日，正股乐歌股份大跌 5.95%，对乐歌转债却无影响。事后看，乐歌股份持续下跌，而乐歌转债最高上涨到 259.98 元。

乐歌转债创新高后，呈下跌走势，但截至 2020 年 12 月 31 日，乐歌转债收盘价依然高达 159 元，转股价值仅 58.09，转股溢价率高达 173.72%，完全是资金推动的投机性上涨。

虽然，在预测中提示了可能被市场爆炒，但乐歌转债的市场表现完成超出了预期，投机资金的炒作能力难以揣测，是本书基于理性经济人给出的预测方法无法达到的，所以预测失灵。

好在这类转债仅是极个别的，无碍我们使用本书的预测方法。

第三节　中签率预测

普通投资者参与可转债网上发行，可以动用 100 万元的最大申购额度。而 100 万元的申购额度，对应的是 1 000 手，每手分 1 个配号，则有 1 000 个配号，因此，对于满额申购的投资者，预期的中签数量计算公式为：

满额申购中签数 ＝ 中签率 ×1 000

每中 1 签缴 1 000 元，则中签缴款额公式为：

满额申购中签缴款额 ＝ 满额申购中签数 ×1 000 ＝ 中签率 ×1 000 000

网上申购的中签率与网上发行额和网上申购额相关，用公式表示为：

网上中签率 ＝ 网上发行额 ÷ 网上申购额。

网上发行额与发行规模、原股东配售额、网上发行额相关，网上申购额与投资者的偏好相关，因此，每一次可转债发行中签率不等。

截至 2020 年 12 月 31 日，最大中签率为佳都转债 2.350 3%，最小中签率为乐歌转债 0.000 2%，我们选取最大中签率和最小中签率的前 5 只转债，组成表 4-12。

表 4-12　最大中签率和最小中签率前 5 只可转债列表

转债名称	发行日期	发行规模（亿元）	中签率(%)	满额申购中签数	中签缴款额（元）
乐歌转债	2020 年 10 月 21 日	1.42	0.000 2	0.001 9	1 000
国光转债	2020 年 7 月 27 日	3.20	0.000 4	0.004 0	1 000
威派转债	2020 年 11 月 9 日	4.20	0.000 6	0.005 5	1 000
泛微转债	2020 年 6 月 15 日	3.16	0.000 6	0.005 9	1 000
三超转债	2020 年 7 月 27 日	1.95	0.000 6	0.006 1	1 000
溢利转债	2018 年 12 月 20 日	6.55	1.273 2	12.731 8	13 000
凯龙转债	2018 年 12 月 21 日	3.29	1.442 2	14.421 9	14 000
万顺转债	2018 年 7 月 20 日	9.50	1.725 3	17.253 0	17 000
曙光转债	2018 年 8 月 6 日	11.20	1.932 4	19.324 0	19 000
佳都转债	2018 年 12 月 19 日	8.75	2.350 3	23.502 7	24 000

对于低中签率的可转债，中签后缴纳 1 000 元，投资者自然不必担心无钱缴款的问题；但是对于高中签率的可转债，如佳都转债，中签后需缴款 24 000 元，可能超出了很多普通投资者的承受能力。因此，为便于留足资金缴纳中签款，预测中签率是很有必要的。

一、预测方法

如前所述，中签率与网上发行额和网上申购额相关。而网上发行额是可转债发行规模减去原股东配售额、网下发行额之后的剩余发行额。用公式表示为：

网上发行额 = 发行规模 − 原股东配售额 − 网下发行额

因此，网上中签率公式变为：

网上中签率 =（发行规模 − 原股东配售额 − 网下发行额）÷ 网上申购额

发行规模由发行公告给出。

对于原股东配售额，其中的大股东参与配售额可以从发行公告和可转债发行网上路演中找到，其他小股东，可以从经验预估出一个比例区间。

至于网下发行额，某些可转债设计得比较复杂，如平银转债，按机构的种类划分出 A 类申购、B 类申购，A 类申购享受高于 B 类申购的中签率，这样就很难估算网下发行额，还好这种情况并不多见。

绝大多数可转债发行中，网上申购不区分机构类型，且采用网上和网下回拨机制，按照网上网下中签率趋于一致原则回拨，这样就变成网上和网下申购共享原股东配售剩余的发行额，可通过网上网下合计申购额预测中签率，则中签率预测公式变化为：

网上中签率＝网下中签率＝（发行规模－原股东配售额）÷网上网下合计

申购额

采用原股东配售比例，则中签率预测公式变化为：

网上中签率＝网下中签率＝发行规模×（1－原股东配售比例）÷网上

网下合计申购额

采用上述公式，我们来看看有网下申购和无网下申购的预测样例。

二、有网下申购类

以下是有网下申购的浦发转债的中签率预测实例。

2019 年 10 月 28 日，浦发银行公开发行 500 亿元可转换公司债券。仔细研究了 AAA 级可转债发行中签率，对申购浦发转债的中签率进行了推算。以下是推算过程。

图 4-21 是 2019 年以来 AAA 级可转债发行中签率数据。

转债代码	转债名称	发行日期	发行规模	股东配售率	网下申购户数	网下申购上限（亿元）	网下申购额（亿元）	网上申购户数	网上中签数
127010	平银转债	2019/1/21	260.00	68.95%	4 363	50.00	107 493.00	7.69	0.45
113021	中信转债	2019/3/4	400.00	73.88%	9 574	80.00	569 641.30	47.52	0.18
113022	浙商转债	2019/3/12	35.00	30.99%	9 366	16.00	133 447.00	60.80	0.17
110053	苏银转债	2019/3/14	200.00	26.97%	14 043	30.00	368 903.90	57.19	0.39
127012	招路转债	2019/3/22	50.00	7.50%	7 193	10.00	585 56.00	74.88	0.70
110057	现代转债	2019/4/1	16.16	32.79%	4 771	10.00	215 39.00	88.96	0.36
113024	核建转债	2019/4/8	29.96	70.29%	6 355	10.00	327 15.00	120.14	0.20
113026	核能转债	2019/4/15	78.00	79.23%	7 263	10.00	396 70.00	126.78	0.31
113028	环境转债	2019/6/18	21.70	56.57%	4 019	10.00	259 01.00	49.40	0.31

图 4-21　AAA 级可转债发行中签率数据

按理中信转债和浦发转债发行行业规模相近，套用中信转债网上网下申购数据即可得出浦发转债申购中签率。但是，中信转债是 2019 年 3 月 4 日发行，当时同一机构投资者可以动用多个账户进行网下申购，且无论机构资产规模，均顶格申购。所以网下账户高达 9 500 多个，申购额高达 56 万亿元，导致网上申购的投资者单账户中签数低至 0.18。

针对这一问题，2019 年 3 月 25 日，证监会通过《可转债发行承销相关问题的问答》指出，同一网下投资者的每个配售对象参与可转债网下申购只能使用一个证券账户；网下投资者申购可转债时应结合行业监管要求及相应资产规模，合理确定申购金额，不得超资产规模申购。

此后，从现代转债发行开始，网下申购乱象得到有效整治，网下申购户数和网下申购额出现明显下降。从数据中观察，可以发现整治后，核能转债发行中，最大有效申购账户数为 7 263 个，最大申购额为 39 670 亿元。因此，以核能转债样本作为参考，可能更有效一些。

中签率预测

仔细分析核能转债中签率公告，可以发现网下申购额共 39 670 亿元，有 1 926 个顶格申购账户，申购限额为 10 亿元，贡献了 19 260 亿元申购，其他 20 410 亿元申购额由 5 337 个账户贡献。

浦发转债网下申购限额为 50 亿元，假定申购核能转债的 1 926 个账户能做 50 亿元顶格申购，另外 5 337 个账户保持申购额不变，则在浦发转债发行中，网下申购额可达 1 926×50+20 410=116 710（亿元）。

对于网上申购户数，近期北方转债和华夏转债网上申购户数已经上升到 95 万。假定浦发转债网上申购户数达到核能转债发行时的数量，即 120 万，每户满额申购 100 万元，则网上申购额可达 12 000 亿元。

结合以上估计，网下网上申购额合计可达 128 710 亿元。

浦发转债发行中，上海国际集团及其一致行动人持有浦发银行 29.67% 的普通股股份，将全额参与本次发行的优先配售。即大股东配售约 30% 的可转债，假定其他股东优先配售 50%~80%，则可供网上网下投资者申购的可转债余额占比为 20%~50%，即 100 亿元 ~250 亿元可转债供网上网下投资者分享。可申购余额除以申购额，可以推算出中签率在 0.078%~0.194%，而网上投资者单账户可申购 1 000 手，则可中 0.78~1.94 签。留一点余量，网上申购的投资者准备 3 000 元应付 2019 年 10 月 30 日的中签缴款为妥。

以上预测中，数据假设有以下的不确定性：

（1）1 926 个能 10 亿元顶格的账户有部分很可能没有 50 亿元资产，无法实现 50 亿元的顶格申购浦发转债，网下申购额可能高估。

（2）浦发银行十大流通股中，机构共持 851 666.30 万 A 股，占流通 A 股
30.30%；而同期中国核电十大流通股中，机构共持 67 627.20 万 A 股，占流通 A
股 4.34%。明显浦发银行更受机构关注，网下申购机构账户理应更多一些，网下
申购额可能低估。

高估因素和低估因素两相抵消，11.67 万亿元的网下申购额可能比较接近。
至于 100 万还是 120 万户网上申购，只有 2 000 亿元级别的影响，相对于网下
10 万亿元级别的申购额，可以忽略不计。

其中，预测下限和上限的计算过程为：

预测中签率下限 = 500 ×（1−80%）÷（116 710+12 000）=0.078%

预期中签数下限 = 预测中签率下限 ×1 000 = 0.78

预测中签率上限 = 500 ×（1−50%）÷（116 710+12 000）=0.194%

预期中签数上限 = 预测中签率上限 ×1 000 = 1.94

2019 年 10 月 28 日，浦发银行公布的《浦发银行公开发行可转换公司债券
网上中签率及网下配售结果公告》显示：

原股东配售比例为 52.72%，在预测范围内；

网下有效申购额为 66 961 亿元，低于预测的 116 710 亿元；

网上申购额为 11 392 亿元，与预测的 12 000 亿元相近；

网上申购中签率为 0.30%，略超 0.078%~0.194% 的预测区间。

从上面的结果可以看出，超预期的原因是网下申购额大幅低于预测数。

正确估计出网下申购额，也是预测的难点。

三、无网下申购类

以下是无网下申购的东财转 2 预测中签率实例。

2020 年 1 月 13 日，东方财富公开发行 73 亿元可转换公司债券，简称为"东
财转 2"，债券代码为"123041"。

社会公众投资者可参加网上发行。网上发行申购简称为"东财发债"，申购
代码为"370059"。

原股东可参加优先配售，每股配售 1.087 元面值可转债，配售简称为"东财
配债"，配售代码为"380059"。

机构一致预期

发行日机构一致预期业绩增速为：64.23%。

长期净资产收益率

东方财富长期平均净资产收益率为 11.08%。

发行日净资产收益率

结合东方财富 2018 年和 2019 年前三季度财务数据，可以推算出平均净资产收益率为 7.76%。

发行日 PEG

采用发行日机构一致预期业绩增速，结合发行日市盈率，可以计算出 PEG 为 1.08。

合理定位

与同行业的可转债对比见图 4-22。

转债名称	代 码	评 级	配售率	转股价值	转 债 价	转股溢价率
国君转债	113013	AAA	73.41%	97.42	123.40	26.67%
浙商转债	113022	AAA	30.99%	86.92	117	34.61%
长证转债	127005	AAA	50.33%	97.71	122.01	24.87%
平均				94.02	120.8	28.71%
东财转2	123041	AA+	19.69%	102.09		

图 4-22　同行业的可转债对比

综合来看，如果可转债上市时正股股价不变，预期合理定位在 120 元附近，即每中一签盈利 250 元。

预期中签率

假定原股东优先认购 50%~80%，网上申购 1.6 万亿元，则预期满额申购中 0.91~2.28 签。

2020 年 1 月 14 日，东方财富公布的《创业板公开发行可转换公司债券网上发行中签率及优先配售结果公告》显示，原股东配售比例为 64.49%，在预测范围内；

网上申购额为 1.96 万亿元，与预测数 1.6 万亿元相近；

网上申购中签率为 0.13%，满额申购平均中 1.3 签，在预测的 0.91~2.28 签范围内。

第五章

投资可转债的九重境界

看完本书的前四章，读者就算掌握了可转债的基本知识，可以进行可转债投资了。投资可转债有从易到难的九种策略，我们称为投资可转债的九重境界。读者可以根据自身的投资经验和风险承受能力，选择相应的策略进行可转债投资。

看完本书的前四章，读者就算掌握了可转债的基本知识，可以进行可转债投资了。

但在投资可转债之前，投资者必须做好以下准备工作。

（1）可转债是上海交易所和深圳交易所都有的证券品种，需要开通这两个交易所的证券账户。

（2）2020 年 7 月 24 日，上海证券交易所发布"关于签署《向不特定对象发行的可转换公司债券投资风险揭示书》相关事项的通知"，深圳证券交易所发布"关于签署《向不特定对象发行的可转换公司债券投资风险揭示书必备条款》及相关事项的通知"。按通知要求，可转债投资者务必在 2020 年 10 月 26 日之前，签署《向不特定对象发行的可转换公司债券投资风险揭示书》。

（3）没有开通创业板交易权限的投资者，一样能进行创业板可转债的申购、买卖等交易操作，但不能转股；如果希望对创业板可转债转股，需开通创业板交易权限。

（4）截至 2020 年 12 月 31 日还没有发行科创板可转债。但按照 2020 年 12 月 4 日上海交易所发布的《关于科创板上市公司向不特定对象发行的可转换公司债券转股环节投资者适当性管理相关事项的通知》，没开通科创板交易权限的投资者，可以有交易科创板可转债的权限，但不能转股。

（5）存入一定的交易保证金到证券账户，以备中签和交易使用。

做好以上准备后，读者就可以尝试投资可转债了。

总结起来，投资可转债有从易到难的九种策略，我们称为投资可转债的九重境界。读者可以根据自身的投资经验和风险承受能力，选择相应的策略进行可转债投资。

第一节　第一重　网上申购套利

信用申购方式改革以来，火热的可转债发行，为投资者带来了难得的投资机遇。

既然是信用申购，申购时就不需要缴纳资金，也不受股票或者可转债市值约束，这点与新股申购截然不同。按目前的习惯做法，每一位投资者天然拥有 100 万元申购额度，即使有多只可转债同时发行，100 万元申购额度也可以重复用在每一只可转债申购上。

具体申购操作，参考网上发行一节。投资者申购新发行可转债后，如果有中签，再根据实际中签数量缴款。因此，网上申购可转债，上市卖出获利，可以说是最简单、最低成本、最有效的策略。

一、案例——中宠转债

2019 年 2 月 15 日，中宠股份发行 1.94 亿元中宠转债，发行公告显示："社会公众投资者通过深圳交易所交易系统参与网上发行。网上发行申购代码为'072891'，申购简称为'中宠发债'。网上投资者申购时，无须缴付申购资金。每个账户最小申购单位为 10 张（1 000 元），每个账户申购上限为 1 万张（100 万元），超出部分为无效申购。"

也就是说，普通投资者最大可以申购 1 万张可转债，当然也可以在 1 万张以内自主选择申购数量。

很显然，动用的申购额度越大，中签数越多。大多数情况下，投资者都会采用满额申购方法，以期获得最多的中签数量。

中宠转债发行申购后，中签率为 0.13%。据此可计算出每个满额申购的账户中 1~2 签，每签为 10 张，即 1 000 元，则单账户仅需缴款 1 000~2 000 元。

需要注意，在 T+2 日，即发行后的第二个工作日，投资者应及时查询中签情况，保留足够资金购买中签的可转债。

对于中宠转债，T 日为 2 月 15 日（星期五），跨过 2 月 16、17 日休息日，T+1 日为 2 月 18 日（星期一），T+2 日为 2 月 19 日（星期二），投资者根据中签数量计算出在证券账户中应保留的现金，大多数情况下是 1 000~2 000 元，以便证券公司划走现金购买中宠转债。

在 2 月 19 日（星期二），如果投资者没有留足现金，就意味着没有全额缴纳认购资金，将记投资者违约 1 次。

特别注意，要求全额缴纳资金，部分缴纳资金也记投资者违约 1 次。如果投资者在 12 月以内，出现 3 次违约，该投资者 6 个月内不允许参与网上新股、存托凭证、可转债、可交换公司债券等品种的申购。

违约次数按照投资者实际放弃认购的新股、存托凭证、可转债、可交换公司债券累计计算。

认购中签可转债之后，投资者等待可转债上市。在上市首日，因为可转债有转股选择权，市场行情只要不太差，一般都能获得一定的溢价，可转债首日收盘价高于面值，投资者卖出获取收益，此方法称为"上市首日卖出"。

例如，中宠转债 3 月 14 日上市，转股价值为 101.24 元，首日收盘价为 113 元，转股溢价率为 11.62%，单账户中 1.3 签，投资者收盘价卖出。

考虑到中签率因素，单账户平均获利（113-100）×10×1.3=169（元）。

二、上市首日卖出收益

信用申购改革以来，其中的 2021 年 12 月 31 日，上市首日卖出收益见图 5-1。

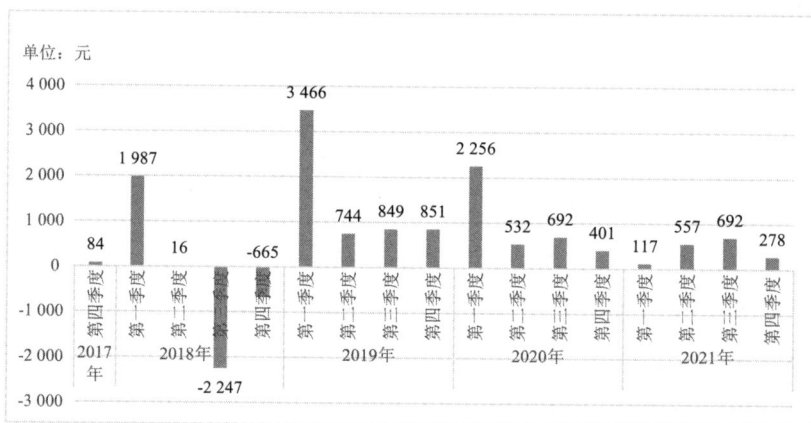

图 5-1　上市首日卖出收益

从图 5-1 可以看出，上市首日卖出策略在 2019 年取得的收益最高，2020 年其次，2018 年最低。

上市首日卖出，累计盈利 9 083 元，看起来还可以。但从图 5-1 可以看出，受可转债市场影响，2018 年第三、四季度分别亏损 2 247 元、665 元。亏损的原因是，2018 年是 A 股的熊市，在熊市行情中，上市了 77 只可转债，其中有 35 只破发，破发率高达 45%。

亏损了，投资者自然不痛快，但这是上市首日卖出要承担的主要风险。

对于这个风险，投资者可以采用有选择地申购来回避，选择评级较高的可转债进行申购，其他可转债放弃申购，在一定程度上避免申购到破发概率较大的可转债，从而避免上市首日卖出的亏损。

三、保本卖出收益

投资者还可以采用保本卖出策略来减少破发带来的亏损。

也就是说，如果上市首日可转债价格高于面值 100 元则卖出，否则持有到回到面值 100 元保本卖出。

采用这种卖出策略，理论上收益要好一点儿，实际效果见图 5-2。

图 5-2 保本卖出收益

从图 5-2 可以看出，采用保本卖出策略，每个季度都可以盈利，累计盈利高达 17 770 元，比上市首日卖出多赚 7 160 元。

2020 年，采用上市首日卖出策略，盈利 3 882 元，远低于 2019 年的 5 909 元；2020 年，采用保本卖出策略，盈利 3 887 元，远低于 2019 年的 6 744 元。是什么原因呢？

从上市可转债规模看，2019 年上市 2 477 亿元，略高于 2020 年上市 2 466 亿元规模，不足 1% 的规模差距不是主要原因，还有什么原因呢？

从投资者的直观感受看，主要原因应该是中签率越来越低。

2019 年上市可转债中，平均网上申购户数为 67 万，平均中签率为 0.1%，平均满额申购中 1 签。

到了 2020 年，上市可转债中，平均网上申购户数大幅上升，上升到 578 万，增加了 7 倍多；平均中签率下降到为 0.008 6%，平均满额申购下降到中 0.086 签，降低到十分之一。

2020 年 9 月 12 日发行的洽洽转债网上申购最多，高达 890 万户。

2020 年 10 月 21 日发行的乐歌转债，中签率最低，为 0.000 2% 满额申购中 0.002 签，大约 500 户才能中 1 签，难度可想而知。

2018 年 A 股市场熊市，网上申购的投资者逐渐减少，第三、四季度平均中签数大增，此时上市首日的可转债破发概率最高；

2019 年—2021 年，A 股市场逐渐走牛，网上投资者逐渐增多，单季度平均中签数逐渐降低，上市首日可转债破发概率较低。

资本市场都是逐利的，破发概率高时，资本会嫌弃，中签率高，收益也不会太高；破发概率低时，资本会追捧，中签率低，收益就降低。

这是市场因素引发的自我调节，高收益、低风险总是难以两全。

四、小　结

网上申购套利，无论是上市首日卖出还是保本卖出，持有可转债时间都极短，占用资金最少，资金要求评级为 1 星；

申购和卖出操作非常简单，技术要求评级为 1 星；

投资过程中，仅需承担首日破发的风险，投资风险最低，评级为 1 星；

从投资收益看，受限于中签率因素，收益总额较小，评级为 1 星，见表 5-1。

表 5-1　网上申购评级

项　　目	5 星评级
资金要求	*
技术要求	*
投资风险	*
投资收益	*

第二节　第二重　申购长持

网上申购套利受限于可转债的中签率因素，盈利金额较小，如何才能扩大盈利？再有，投资者中签的可转债上市后，希望短期内卖出，又担心卖出后上涨，错过盈利机会，因此而患得患失，如何破解？

答案是长期持有，持有到上市公司发出强赎公告后，再择机卖出。

一、累计收益

可转债能够穿越牛熊依赖的三大核心逻辑是："上市公司股权融资""上不封顶，下有保底""历史退市转债高收益"。

读懂上述三大核心逻辑，读者就会深刻理解，可转债不是只有上市首日的收益，还有更多的收益值得投资者去获取。

在历史退市可转债高收益的测算中，排除幸存者偏差影响，可以测算出申购长持年化收益率为 20.83%。

自信用申购改革以来的实际数据统计表明，如果投资者申购所有可转债，并坚定持有，按"三高"或强赎卖出，其他可转债持有到 2021 年 12 月 31 日，投资者能够盈利 342 505 元。

如果分季度按收益率计算，累计收益率高达 125.86%，时间跨度为 4.25 年，折算成年化收益率高达 21.13%。

所以，申购可转债并坚持长期持有，是普通投资者获取高收益的好机会。

二、小　　结

由于长持可转债占用了较多资金，因此资金要求评级为 2 星；

申购长持可转债，仅有申购、中签缴款、强赎卖出等操作，技术要求评级为 1 星；

投资者长持可转债，需要持续关注可转债动向，不承担首日破发风险，仅承担上市公司破产的风险，而这个风险，在可转债历史上从来没有发生过，这是可以接受的较小概率风险，投资风险评级为 1 星；

从理论和实际统计看，申购长持收益远高于网上申购套利，投资收益评级为 3 星，见表 5-2。

表 5-2　申购长持评级

项　　目	5 星评级
资金要求	**
技术要求	*
投资风险	*
投资收益	***

鉴于申购长持是普通投资者获取超额收益的交易系统，我们把它归纳成申购长持交易系统，并纳入价值可转债投资策略中，详见申购长持交易系统。

第三节　第三重　抢权配售套利

因为网下和网上申购投资者众多，可转债申购中签率持续走低。

例如，2020 年 7 月 27 日国光转债发行，中签率仅为 0.004%，单账户中签 0.04 签，即约 25 个账户中 1 签，可谓一签难求。有没有其他办法获得更多的可转债呢？

可转债发行时，对正股股东都设置有优先配售权，T-1 日持有正股的投资者，在申购 T 日可按配售比例认购可转债。

因此，在 T-1 日或之前买入将发行可转债的正股，获得配售认购权，在 T 日或者之后的交易日择机卖出正股，T 日认购可转债。

在假设正股不下跌的情况下，投资者可以获得可转债上市收益。当然，如果正股 T 日上涨，投资者可以获得更多的正股收益。

但如果正股下跌，正股下跌的损失不能覆盖可转债的收益，就会造成亏损。

一、成功案例——中信转债抢权

2019 年 2 月 28 日，中信银行发布的《公开发行 A 股可转换公司债券发行公告》显示："原 A 股普通股股东可优先配售的中信转债数量为其在股权登记日（2019 年 3 月 1 日，T-1 日）收市后登记在册的持有中信银行的 A 股普通股股份数量按每股配售 1.174 元面值可转债的比例计算可配售金额，再按 1 000 元 / 手的比例转换为手数，每 1 手（10 张）为一个申购单位。原 A 股普通股股东可根据自身情况自行决定实际认购的可转债数量。"

　　投资者在 28 日获悉中信银行发行中信转债后，以当日收盘价 6.03 元买入 10 000 股中信银行股票，持有到 T−1 日（2019 年 3 月 1 日），获得 12 手，即 12 000 元的可转债配额。

　　在 T 日（2019 年 3 月 4 日）以收盘价 6.36 元卖出 10 000 股中信银行股票，获利 3 600 元，并缴款 12 000 元认购中信转债，见图 5-3。

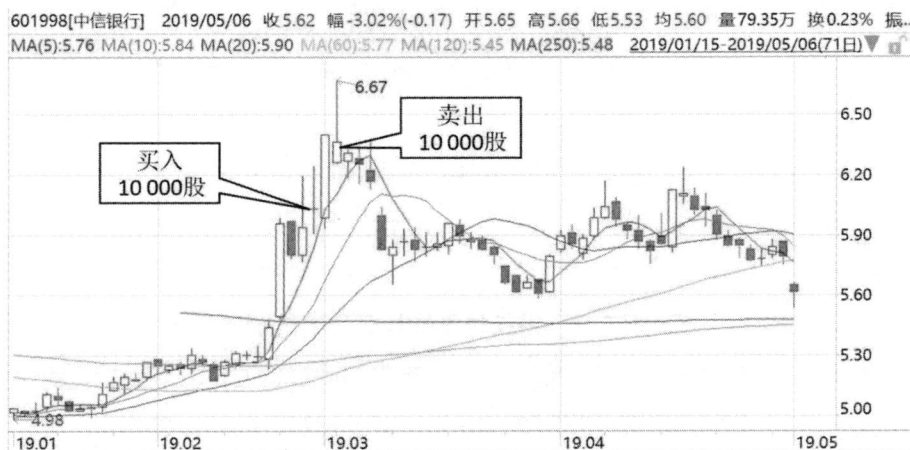

图 5-3　中信转债抢权配售案例

　　2019 年 3 月 19 日，中信转债上市，上市首日收盘价为 108 元，投资者卖出手中获配的 12 手中信转债，获利 960 元，再加上正股获利 3 600 元，共计获利 4 560 元，动用资金 60 300 元，短期投资收益率为 7.56%。

二、失败案例——国投转债抢权

　　2020 年 7 月 22 日，国投资本发布的《公开发行可转换公司债券发行公告》显示："原股东可优先配售的国投转债数量为其在股权登记日（2020 年 7 月 23 日，T−1 日）收市后登记在册的持有发行人股份数量按每股配售 1.892 元面值可转债的比例计算可配售可转债金额，再按 1 000 元 / 手的比例转换为手数，每 1 手（10 张）为一个申购单位。原股东可根据自身情况自行决定实际认购的可转债数量。"

　　投资者在 2020 年 7 月 22 日获悉国投资本发行国投转债后，以当日收盘价 15.61 元买入 10 000 股国投资本，持有到 T−1 日（2020 年 7 月 23 日），获得 19 手，即 19 000 元的可转债配额。

在 T 日（2020 年 7 月 24 日），缴款 19 000 元认购国投转债。但国投资本以 15.28 元开盘，14.32 元收盘，全天下跌 8.85%。假定投资者以当日均价 14.78 元卖出 10 000 股国投资本，亏损 8 300 元，见图 5-4。

图 5-4　国投转债抢权配售案例

2020 年 8 月 20 日，国投转债上市，上市首日收盘价为 116 元，投资者卖出手中获配的 19 手国投转债，获利 3 040 元，算上正股亏损的 8 300 元，共计亏损 5 260 元，动用资金 156 100 元，短期投资收益率为 −3.37%。

如果投资者果断地在 24 日以开盘价 15.28 元卖出 10 000 股正股，则短期亏损降低到 260 元，投资收益率为 −0.17%。

三、收益测算

一般来说在做抢权配售套利之前，都要做收益测算。测算采用以下公式：

含权比例 = 发行规模 ÷ 总市值 = 每股配售额 ÷ 正股价

抢权收益率 = 含权比例 × 预测可转债上市首日收益率

例如，中信转债发行中，2019 年 2 月 28 日收盘价 6.03 计算，每股配售 1.174 元面值可转债，中信银行含权比例为：

中信银行含权比例 = 每股配售额 ÷ 正股价 = 1.174 ÷ 6.03 = 19.47%

预期上市上涨 10%，这预测收益率为 10%，则抢权收益率为：

中信转债抢权收益率 = 含权比例 × 预估的可转债上市首日收益率 = 19.47% × 10% = 1.95%

1.95% 的抢权收益率，意味着正股抢权前后，正股不涨不跌，抢权中信转债获得的收益；也意味着如果正股下跌超过 1.95%，抢权配售亏损。

同理，假定国投转债上市收益率为 16%，可以计算出国投转债抢权收益率。

国投转债抢权收益率 = 含权比例 × 预测的可转债上市首日收益率 = $1.892 \div 15.61 \times 16\% = 1.94\%$

也就是说，只要正股下跌 1.94%，抢权国投转债亏损。而实际上，2020 年 7 月 24 日，国投资本开盘下跌 2.11%，收盘下跌 13.26%，下跌幅度均超过了 1.94%，所以抢权国投转债亏损。

这也暴露出了抢权配售方法的风险，即存在"偷鸡不成蚀把米"的可能。

四、"一手党"

对于不足 1 手的零散配额，上海交易所的方法是把零散配额从大到小排序，依次分配 1 手可转债，所以实际结果是，大于 500 元的零散配额有较大概率获配 1 手可转债。

例如：中信转债在发行过程中，持有 500 股的投资者，理论配额为 587 元，按理不能获配 1 手中信转债；但根据零散配额排队原则和经验，大概率可以获配 1 手。

以获得 1 手可转债而买入少量正股的做法，俗称为"一手党"。

用"一手党"方法计算，抢权中信转债一手的收益率为：

中信转债 1 手抢权配售收益率 = 1 手可转债盈利 ÷ 最低配 1 手股票市值 = $100 \div (6.03 \times 500) = 3.32\%$。

国投转债 1 手抢权配售收益率 = 1 手可转债盈利 ÷ 最低配 1 手股票市值 = $160 \div (15.61 \times 300) = 3.42\%$。

两者计算出收益率均大于普通抢权配售收益率，明显提高了抢权配售的安全垫。

所以，"一手党"的这种小技巧，可以降低抢权配售套利中的正股波动风险，但仅用于抢权 1 手，难以扩大盈利规模。

特别注意的是，在深市可转债配售过程中，精确到 1 张，"一手党"方法不适用。

五、被利用的抢权

既然有投资者喜欢抢权配售，而抢权配售又会引起股价上涨。那么就有部分精明的投资者，专门"埋伏"在可能发行可转债的股票中，一旦该股票宣布发行可转债，在抢权配售的 T-1 日，或者之前的交易日，利用股价大幅上涨机会抛售获利。

2020 年 11 月 18 日，洪城水业发布《水业股份有限公司公开发行可转换公司债券发行公告》，11 月 20 日，洪城水业公开发行 18 亿元可转换公司债券，简称为"洪城转债"，债券代码为"110077"。

经测算，抢权配售收益率为 4.02%。11 月 18 日，洪城水业大涨 2.12%，11 月 19 日继续上涨 0.55%，抢权完成，11 月 20 日，不含权的股票大跌 4.54%。

埋伏洪城水业的投资者已经在 11 月 18 日、19 日的上涨过程中，获利出逃，见图 5-5。

图 5-5　洪城转债抢权被利用

这种盈利方法就是典型的跳出抢权的第一层思维，利用第二层思维盈利，相当于"螳螂捕蝉，黄雀在后"。

那么为了抢权配售，哪里能找到即将发行的可转债呢？

只要可转债发行方案经过证监会核准，随时都会发行，所以利用抢权的股票就在已核准待发行的股票中。

截至 2021 年 12 月 31 日，待发行的可转债列表见表 5-3。

表 5-3 待发行可转债列表

名称	板块	核准日期	发行规模	总市值（亿元）	含权比例	市盈率 PE（TTM）	PEG
纽威股份	专用机械	2021 年 1 月 16 日	7.00	82.13	8.52%	19.77	0.51
永艺股份	家居用品	2021 年 2 月 9 日	4.90	37.42	13.09%	20.12	0.49
赛腾股份	专用机械	2021 年 3 月 9 日	3.03	53.51	5.66%	29.48	2.01
新城市	建筑工程	2021 年 4 月 16 日	4.60	25.04	18.37%	29.08	3.22
豪美新材	铝	2021 年 4 月 17 日	8.24	48.02	17.16%	33.94	0.57
久量股份	家用电器	2021 年 5 月 10 日	4.38	23.06	19.00%	79.08	29.21
湘佳股份	农业综合	2021 年 6 月 4 日	6.40	49.77	12.86%	−323.69	
华正新材	元器件	2021 年 7 月 21 日	5.70	59.34	9.61%	23.83	0.78
永吉股份	广告包装	2021 年 8 月 3 日	1.50	40.52	3.70%	22.09	1.34
民和股份	农业综合	2021 年 9 月 14 日	5.40	59.89	9.02%	38.80	0.67
盘龙药业	中成药	2021 年 10 月 28 日	2.76	27.26	10.13%	31.62	2.67
上机数控	电气设备	2021 年 11 月 6 日	24.70	459.20	5.38%	28.81	0.52
双箭股份	橡胶	2021 年 11 月 18 日	5.14	33.29	15.43%	14.90	0.42
天奈科技	化工原料	2021 年 12 月 1 日	8.30	346.35	2.40%	147.90	1.64
中天精装	装修装饰	2021 年 12 月 2 日	5.77	38.19	15.11%	25.52	2.74
聚合顺	化工原料	2021 年 12 月 2 日	2.04	50.31	4.06%	19.86	0.57
丝路视觉	软件服务	2021 年 12 月 11 日	2.40	34.97	6.86%	64.98	8.41
苏利股份	化工原料	2021 年 12 月 18 日	9.57	34.52	27.73%	18.76	2.06
胜蓝股份	元器件	2021 年 12 月 24 日	3.30	45.18	7.30%	43.69	17.76
通威股份	电气设备	2021 年 12 月 24 日	120.00	2024.10	5.93%	32.54	0.92
永东股份	化工原料	2021 年 12 月 24 日	3.80	36.94	10.29%	10.33	0.77
风语筑	文教休闲	2021 年 12 月 24 日	5.00	114.78	4.36%	25.02	1.15
成都银行	银行	2021 年 12 月 28 日	80.00	433.44	18.46%	6.23	0.34
山石网科	软件服务	2021 年 12 月 30 日	2.67	53.39	5.01%	61.76	1.30
中信特钢	特种钢	2021 年 12 月 31 日	50.00	1033.63	4.84%	13.35	1.27

表面上看，抢权配售套利被其他投资者利用，导致经常亏损，被网络上戏称为"亏钱的小手艺"。更深层次的原因在于，随着移动互联网普及，自媒体的宣传推广，知道抢权配售的投资者太多了。

以博弈论的观点来看，某种短期盈利技术，使用的投资者多了，技术就不灵，也就是说技术钝化了。

具体到可转债抢权，很多投资者都知道抢权可以配售可转债，那么就在上市公司发布可转债发行公告后，T 日之前，一大批投资者紧紧盯住正股股价，时刻准备抢权，导致短期资金涌入，正股短期上涨，一旦在 T 日含权消失，股价自然大幅回落，抢权配售亏损，抢权技术钝化。

有投资者为规避这种钝化，把抢权的时间前移，但这样一来，就要承担股票波动的风险了，与低风险可转债投资背道而驰。

所以，抢权配售不要轻易使用，否则就是"亏钱的小手艺"。

六、小　　结

投资者要动用资金买入正股，资金要求较高，资金要求评级为 2 星；

投资者要在恰当的时间低价买入正股，技术要求高，技术要求评级为 4 星；

投资者要冒正股下跌的风险，以及被其他投资者利用的风险，投资风险高，投资风险评级为 4 星；

由于正股市值配售比例通常不太高，转债涨幅也不高，获取的收益有限，投资收益评级为 2 星。评级结果如表 5-4 所示。

表 5-4　评级结果

项　　目	5 星评级
资金要求	**
技术要求	****
投资风险	****
投资收益	**

第四节　第四重　网下申购套利

投资者可能觉得网上申购的中签率太低，抢权配售风险太高，那么还有网下申购方式满足中签数量和低风险的要求。

在评级高、融资规模大的可转债发行中，一般都安排网下申购。

机构投资者只需 50 万元保证金，就可做几十亿元顶格申购网下发行的可转债，在网上网下回拨趋于一致的规则下，网下中签数远大于网上。上市卖出后，获取几乎无风险，收益率极高。

一、案例——平银转债

2019 年 1 月 17 日，平安银行发布的《公开发行可转换公司债券发行公告》显示："参与网下申购（包括 A 类申购和 B 类申购）的产品网下申购的下限为 10 万张（1 000 万元），上限为 5 000 万张（500 000 万元），超过 10 万张（1 000 万元）的必须是 10 万张（1 000 万元）的整数倍。每一参与网下申购的机构投资者应及时足额缴纳申购保证金，申购保证金金额为每一网下申购账户（或每个产品）50 万元。"

1 月 21 日，平安银行发布的《平安银行：公开发行可转换公司债券网上中签率及网下发行配售结果公告》显示，顶格 50 亿元网下申购的投资者中 22 470 张，即 2 247 手平银转债。

2 月 18 日，平银转债上市首日收盘价为 114.07 元，上涨 14.07%。顶格网下申购的机构投资者，获利 316 152.9 元，不到 1 个月，收益率高达 14.07%。

二、收益累计

虽然可转债不能做到"不破发"，但对于 AAA 级可转债，上市首日破发的概率极低，是低风险套利方式，所以机构投资者对于 AAA 级可转债网下申购积极参与。

表 5-5 列出了 2019 年上半年，机构网下申购可转债的收益。

表 5-5　2019 年上半年机构网下申购可转债收益

转债名称	发行日期	发行规模（亿元）	评级	网下顶格中签数	上市首日价（元）	收益额（万元）
平银转债	2019 年 1 月 21 日	260.0	AAA	2 247	114.07	31.61
中信转债	2019 年 3 月 4 日	400.0	AAA	1 455	108.00	11.64
浙商转债	2019 年 3 月 12 日	35.0	AAA	277	106.77	1.88
苏银转债	2019 年 3 月 14 日	200.0	AAA	1 170	109.14	10.69
招路转债	2019 年 3 月 22 日	50.0	AAA	701	100.00	0.00
现代转债	2019 年 4 月 1 日	16.2	AAA	357	106.39	2.28
核建转债	2019 年 4 月 8 日	30.0	AAA	199	103.00	0.60
核能转债	2019 年 4 月 15 日	78.0	AAA	310	102.71	0.84
总计						59.54

仅 2019 年上半年，如果机构顶格申购，可以获得累计高达 59.54 万元收

益，以最大占有资金 224.7 万元计算，收益率高达 26.4%，换算成年化收益高达 60%。

三、整顿网下申购

面对如此高的低风险收益率，部分机构更是以多账户、超过自身资产规模申购。

例如，400 亿元的 AAA 级中信转债发行，吸引了 9 574 个机构账户，申购额高达 57 万亿元，如此高的申购额度直逼沪深 A 股总市值，网上网下中签率低至 0.018 2%。

虽然中信转债的发行公告要求机构投资者不能超过相应的资产规模和资金规模，但是从《网下配售结果公告》中可以明显发现，机构多账户和超规模网下申购现象，这招致市场人士质疑和网上投资者的不满。

网下申购乱象也引起了证监会的重视。证监会通过组织券商座谈，调查了解情况后。在后续可转债发行中，明确要求保荐机构（联合主承销商）不允许一个机构多账户申购，且在提交材料中，新增提供资产规模或资金规模的证明文件，申购额不能超过文件中的规模。

上述改革效果明显，在 2019 年 10 月 28 日浦发银行发行 500 亿元 AAA 级浦发转债中，网下申购户数下降到 7 015 个，网下申购额下降至 6.7 万亿元，约为中信转债网下申购额的 1/10；申购中签率上升到 0.3%，是中信转债的 16 倍，利好网上的投资者。

在 2020 年的可转债发行中，由于网上申购平均户数高达 600 万，有足够的承接能力，仅大秦转债、搜特转债两只安排了网下申购，其余 193 只仅安排了网上申购，机构的网下申购武器几乎没有用处，再一次利好网上投资者。

四、小　　结

网下申购需机构投资者，因此需要有限公司或合伙企业开设机构账户，同时公司的维护费用和税收等也有较高的成本，资金要求评级为 4 星；

网下申购相对网上申购更复杂烦琐，技术要求评级为 2 星；

机构投资者参与网下申购也不是没有风险的。如果获得配售的可转债过多，机构投资者未能在 T+2 日 17：00 之前足额补足申购资金，其配售资格将被取消，其所缴纳的申购保证金不予退还，即 50 万元保证金将血本无归。如果遇上股市行情低迷，可转债上市破发，亏损额较大，投资风险评级为 2 星；

从实际效果看，申购成功，投资收益较高，投资收益评级为 4 星。评级结果见表 5-6 。

表 5-6　评级结果

项　　目	5 星评级
资金要求	****
技术要求	**
投资风险	**
投资收益	****

第五节　第五重　折价套利

前文从网上申购套利到网下申购套利，阐述的是可转债发行的一级市场投资策略。受限于可转债发行节奏、中签率等因素，投资者难以扩大投资规模，每年的收益难以进行再投资。

所以，要达到长期可复利增长的投资效果，投资者必须做可转债的二级市场投资。

从第五重境界起，我们来看看可转债的二级市场投资策略。

当可转债的溢价率为负数，就是折价，此时如果可转债在转股期，且没有暂停转股，则可以做折价套利。

折价套利的基本原理是：

（1）套利者在 T 日买入处于折价的可转债，同时进行转股；

（2）套利者在 T+1 日获得转股所得股票，择机卖出，获取套利收益。

卖出股票和买入转债之间的差额，就是套利收益。

一、成功案例——蔚蓝转债套利

2020 年 12 月 25 日，蔚蓝转债价格收盘价为 136.3 元，转股价为 9.25 元，正股蔚蓝锂芯收盘价为 13.03 元，蔚蓝转债转股价值为 140.86 元，转股溢价率为 −3.17%，即折价 3.17%。

T 日（12 月 25 日）套利者以 136.3 元的价格买入 100 张蔚蓝转债，投入本金 13 640 元，当日以 9.25 元每股转换为正股，获得蔚蓝锂芯 1 081 股；

T+1 日（12 月 28 日）蔚蓝锂芯股份到账，当天先跌后涨，套利者以均价 13.54 元价格卖出，所得收入为 14 636.74 元。

减去成本 13 640 元，忽略交易费用，短短一个交易日收益 996.74 元，收益率高达 7.3%，见图 5-6。

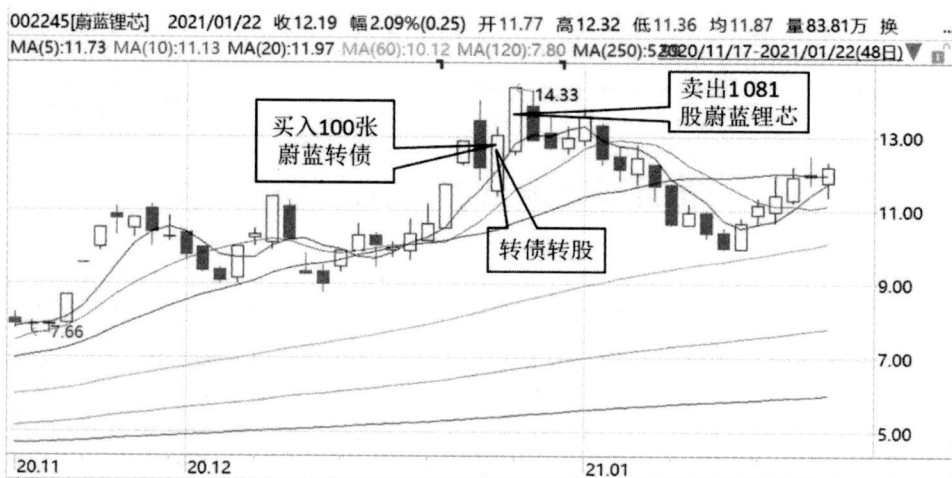

图 5-6　蔚蓝转债折价套利

从图 5-6 可以看出，12 月 25 日发起的折价套利，还要有较好的卖出技术配合；28 日蔚蓝锂芯开盘价为 12.62 元，较前一日收盘价下跌 3.15%，如果以开盘价卖出，收入 13 642.22 元，减去成本 13 640 元，基本上没有收益。

所以，操作的风险是，如果 T+1 日股票下跌幅度大于折价，套利者有亏损的可能。

二、失败案例——奥佳转债套利

2020 年 9 月 2 日，奥佳转债进入转股期第一天，收盘价为 169.51 元，转股价为 10.69 元，正股奥佳华收盘价为 18.84 元；奥佳转债转股价值为 176.24 元，转股溢价率为 −3.82%，即折价 3.82%，套利者的正股保本价为 18.12 元。

T 日 (9 月 2 日) 套利者以 169.51 元的价格买入 100 张奥佳转债，投入本金 16 951 元，当日以 10.69 元每股转换为正股，获得 935 股奥佳华；

T+1 日 (9 月 3 日) 奥佳华股份到账，当天向下跳空低开持续下跌，套利者以均价 17.58 元价格卖出，所得收入为 16 437.3 元。

减去成本 16 951 元，忽略交易费用，短短一个交易日亏损 513.7 元，收益率低至 −3.03%，见图 5−7。

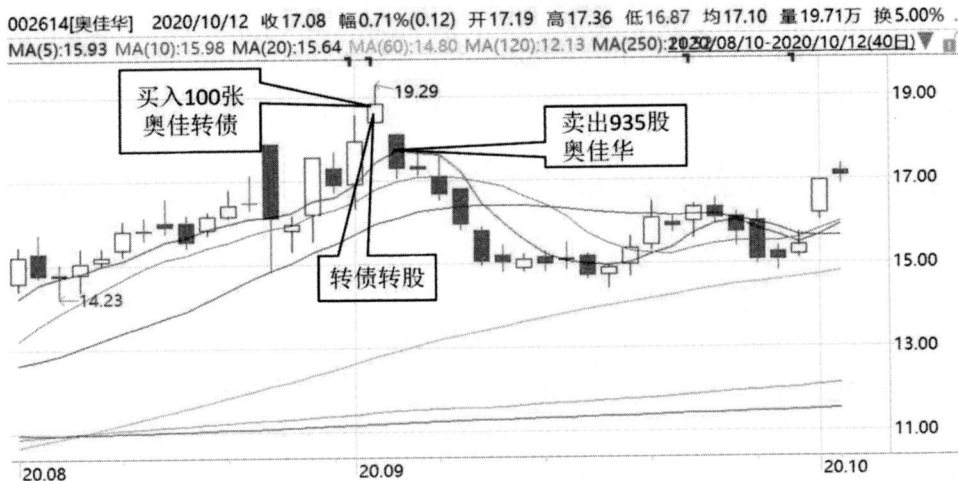

图 5−7 奥佳转债折价套利

从图 5−7 可以看出，9 月 2 日发起的折价套利，即使套利者有幸在 9 月 3 日奥佳华开盘价 18.1 元卖出，收入 16 923.5 元，扣除成本 16 951 元，亏损 27.5 元。

奥佳华开盘价下跌 3.93%，大于奥佳转债折价率 3.82%，自然折价套利失败。

如果套利者无奈在收盘价 17.31 元卖出，亏损 766.15 元，收益率低至 −4.52%。

与奥佳转债类似，12 月 3 日是福莱转债转股起始日，福莱转债收盘价 251.36 元，转股价值 262.76 元，转股溢价率 −4.34%，有 4.34% 的套利空间，套利者的正股保本价为 33.88 元。

然而，12 月 4 日，正股福莱特开盘 33.53，最高上冲到 33.8 元，最后一路下跌，以跌停价 31.88 元收盘，收盘跌停板上还躺着 2.7 万手抛单。

如果套利者不能以 33.8 元微亏 0.25% 出局，则至收盘，亏损幅度达 5.9%。又因为跌停板上的抛单，不出意外，下周开盘将继续下跌，套利者的亏损将进一步扩大。

为什么折价套利频频变成"亏钱的小手艺"？

原因是这些操作技术并非独家，而是在公开信息基础之上的，其他套利者很快会学会，然后短期操作技术就会钝化，套利者就无利可套，甚至亏损。

在9月2日之前多个交易日奥佳转债出现大幅折价，引发了市场相当多的套利者关注，而且9月2日是奥佳转债转股起始日，这也是公开的信息，所以在9月2日，大批套利者买入奥佳转债套利，成交额高达17亿元，是平时成交额的10倍。

到了9月3日，这批套利者要转股获利，导致正股奥佳华低开低走，成交额高达6.95亿元，约为平时成交额的5倍，见图5-8。

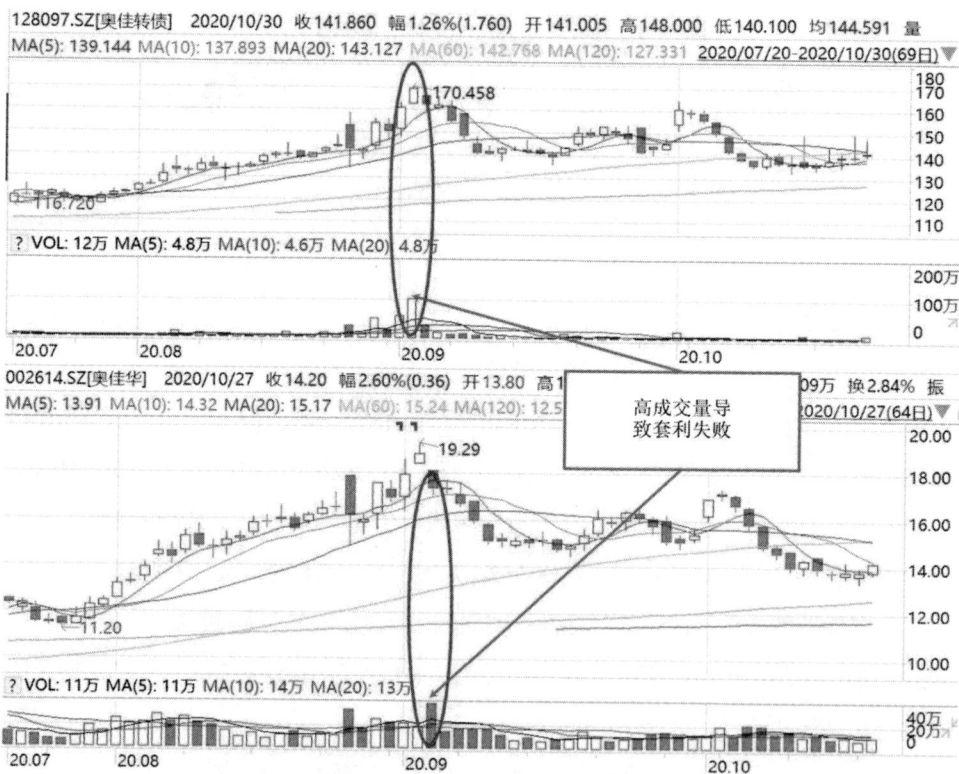

图 5-8　奥佳转债折价套利失败原因

奥佳转债失败的折价套利过程，形象地展现了折价套利计算是如何钝化的，变成了"亏钱的小手艺"。

那么折价套利真的没有操作技巧吗？

当然有操作技巧，但不是普通套利者能轻易使用的。据观察，折价套利其实在转股期内的可转债中不断地发生，一般发生在折价不高时。例如，0.5%~2%的折价，普通套利者不太关注，但专注于折价的套利者、量化交易基金会捕捉这些机会，综合判断正股走势后，就做折价套利，导致第二天折价率迅速收窄到0.5%以内。

最终，套利者促使转债价格围绕转股价值附近波动，间接利于可转债投资者。

通常来说，可转债折价套利是针对不持有正股股票的套利者，由于不持有正股，无法进行对冲，获利没有保证，是有风险的正向套利，俗称"裸套利"。

而对于持有正股的，或者有融券能力的套利者，可以采用"反向套利"或者"对冲套利"方法进行无风险套利。

三、反向套利

正向套利适用于在转股期的折价可转债，还有很多可转债，未在转股期，但折价率高企，有没有办法套利呢？有，但只能针对持有正股的长期投资者，他们可以做反向套利。

（一）反向套利的方法

反向套利的方法是卖出正股，买入折价可转债持有。

案例：蓝帆转债

发行于2020年5月28日的蓝帆转债，6月19日上市，上市首日收盘价为141.06元，正股蓝帆医疗29.11元，转股价17.79元，转股价值为163.63元，转股溢价率为-13.82%，即折价13.82%。第二个交易日（6月22日），蓝帆转债折价率更是达到了惊人的15.13%，见图5-9。

6月19日，距蓝帆转债转股期2020年12月3日尚远，无法进行正向套利操作。

如果投资者持有蓝帆医疗，并且打算持有半年以上，此时卖出蓝帆医疗正股，并买入等额的蓝帆转债可以实现反向套利。

6月19日收盘前，投资者以29.11元卖出蓝帆医疗9 700股，获得资金282 367元；立即以141.06元买入2 000张蓝帆转债，消耗资金282 120元，剩余247元现金。

持有到2020年12月31日，蓝帆转债现价121.10，市值为242 200元，加上现金 247 元，共计市值 242 447 元，亏损 39 920 元，收益率为 –14.14%。

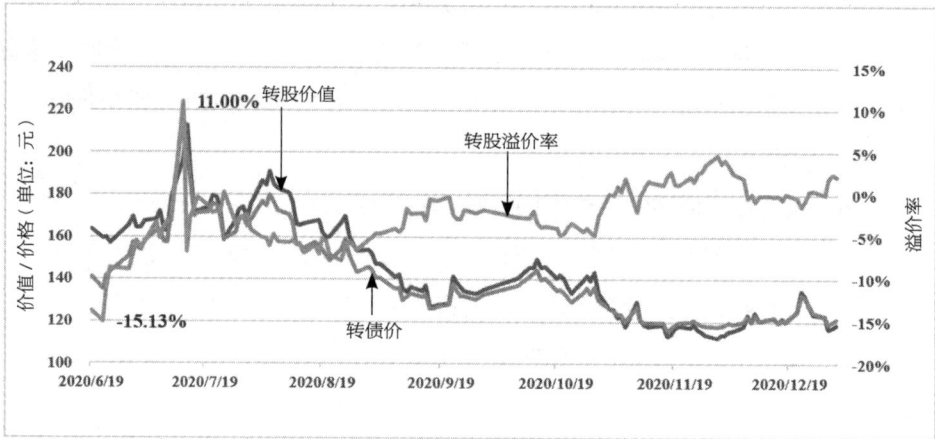

图 5–9　蓝帆转债上市后溢价率变动

而如果持有正股，12 月 31 日，收盘价为 21.09 元，亏损 77 794 元，收益率为 –27.55%，明显低于做了反向套利的投资者。

以比例法计算反向套利相对收益率为：

反向套利相对收益率 = ［（1–14.14%）÷（1–27.55%）–1］× 100% = 18.51%。

也就是说，通过反向套利，蓝帆医疗的长期投资者取得了 18.51% 的相对收益。

对于蓝帆转债，绝对收益为负数。原因是 2020 年第四季度，蓝帆医疗心脏支架业务受到集采影响，产品价格跌幅达到 90% 以上，股票遭遇市场抛售，2020 年下半年跌幅高达 28.31%。

这次下跌完全是行业因素。乐普医疗也有心脏支架业务，受集采影响，同期跌幅高达 25.58%。

（二）反向套利与相对收益

很多短期投资者只关注绝对收益率，但对于长线投资者来说，相对收益也很重要。

如果投资者对上市首日折价率在 5% 以上的，且已经公告强赎的可转债实施反向套利，并持有到最后交易日，反向套利效果见表 5–7。

表 5-7　实施反向套利且强赎的可转债列表

转债名称	上市日期	首日收盘价（元）	首日溢价率	最后收盘价（元）	相对收益率	绝对收益率
富祥转债	2019 年 3 月 29 日	115.00	−7.33%	217.52	6.13%	89.15%
中环转债	2019 年 7 月 1 日	110.65	−6.41%	117.79	2.97%	6.35%
环境转债	2019 年 7 月 8 日	117.09	−5.75%	114.22	5.85%	−2.45%
圣达转债	2019 年 7 月 26 日	108.80	−8.44%	161.51	8.15%	48.45%
平均					5.77%	

截至 2020 年 12 月 31 日，投资者对上市首日折价率在 5% 以上的、还未公告强赎的可转债实施反向套利，效果见表 5-8。

表 5-8　截至 2020 年 12 月 31 日，实施反向套利可转债列表

转债名称	上市日期	首日收盘价（元）	首日溢价率	最后收盘价（元）	相对收益率	绝对收益率
特发转债	2018 年 12 月 25 日	102.34	−5.72%	243.01	55.46%	137.45%
凯龙转债	2019 年 1 月 21 日	105.86	−6.38%	290.32	107.12%	174.25%
尚荣转债	2019 年 3 月 7 日	118.20	−5.36%	148.20	18.05%	25.38%
贵广转债	2019 年 3 月 29 日	118.26	−6.20%	101.68	58.43%	−14.02%
未来转债	2019 年 4 月 24 日	122.40	−7.54%	106.54	33.72%	−12.88%
联得转债	2020 年 1 月 22 日	133.01	−5.11%	122.00	19.20%	−8.28%
汽模转 2	2020 年 1 月 23 日	130.20	−7.22%	123.08	9.42%	−5.47%
蓝帆转债	2020 年 6 月 19 日	141.01	−13.82%	121.10	18.54%	−14.12%
上机转债	2020 年 7 月 7 日	142.88	−5.80%	414.87	5.95%	190.36%
平均					36.21%	

从表 5-7 和表 5-8 可以看出，实施反向套利后，投资者可以明显取得较高的相对收益。而绝对收益率取决于正股行情，不在反向套利考虑范围内的。

四、对冲套利

对冲套利的意思是买入折价转债转股，同时卖出手中对应数量的正股做对冲，达到增加正股数量或者现金的目的，完成无风险套利操作。

与正向套利一样，需要转股期可转债折价，再加上与反向套利一样的条件，即投资者手中持有正股，且计划长期持有，则投资者可实施对冲套利操作。

对冲套利方法：套利者在 T 日卖出正股，并全部或部分使用卖出资金，买入折价可转债，买入数量保证转股后的股数大于或等于卖出的正股数量，并立即转股；在 T+1 日，获得转股的正股，正股数量增多或者现金增多。

案例：福莱转债

2020 年 12 月 3 日是福莱转债转股起始日，福莱转债收盘价 251.36 元，正股福莱特收盘价为 35.42 元，转股价为 13.48 元，转股价值 262.76 元，转股溢价率 -4.34%，有 4.34% 的套利空间。

此时，假如有福莱特的长期投资者发现这个套利机会，立即以 35.42 元卖出福莱特 10 000 股，获得现金 354 200 元，再以 251.36 元买入 1 400 张福莱转债，动用现金 351 904 元，余现金 2 296 元；再立即把 1 400 张福莱转债转股。

12 月 4 日，投资者获得 10 385 股福莱特和现金 10.2 元。尽管当日福莱特收盘跌停，但从股票数量来说，投资者盈利 385 股福莱特；余下现金 2 306.2 元按 31.88 元折算成股票约 72 股，合计增加 457 股。因此，套利操作与持有福莱特不做操作相比，获得超额收益为 4.57%，见图 5-10。

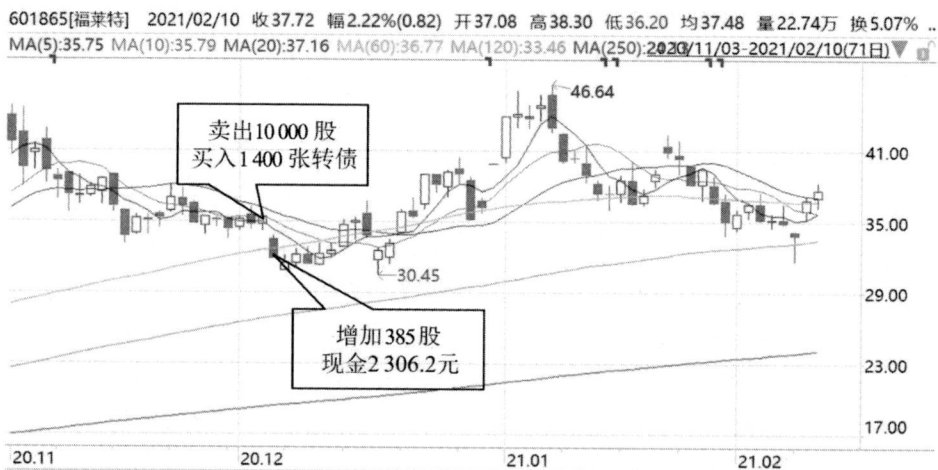

图 5-10　福莱转债对冲套利

上市操作案例中，如果投资者仅买入 1 350 张福莱转债，动用现金 339 336 元，余现金 14 864 元；转股后获得福莱特 10 014 股，外加 11.28 元；则投资者在股票数量基本不变的情况下，盈利为现金 14 875.28 元，收益率为 4.2%，与折价空间一致。

对于长期持有正股的投资者，把握机会实施可转债对冲套利，在不承担市场风险的情况下，增加股票数量或现金，起到降低持有成本的作用。

如果投资者没有持有正股，还是想做对冲套利，有没有办法？

有，但仅对正股是融资融券标的有用。

案例：浙商转债

浙商证券 2020 年 8 月 3 日发布浙商转债赎回公告，其转股溢价率走势见图 5-11。

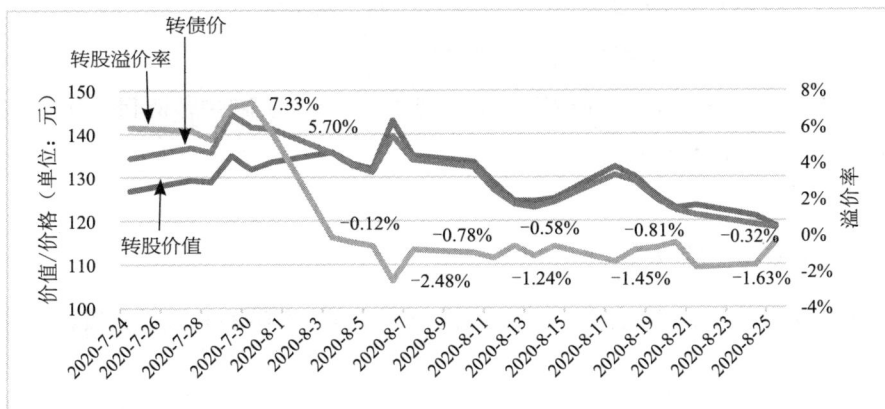

图 5-11　浙商转债赎回公告后溢价率变动

从图 5-11 可以看出，8 月 3 日，浙商证券发布提前赎回浙商转债提示性公告后，8 月 6 日，浙商证券暴涨 8.46%，超过浙商转债 6.37% 的涨幅，浙商转债出现 2.48% 的套利空间；8 月 11 日，浙商证券发布提前赎回浙商转债实施公告，确定赎回价为 100.227 元 / 张，赎回登记日为 8 月 25 日，当日转债下跌 3.85%，大于正股 3.57% 的跌幅，转股溢价率下降为 -1.24%，即折价 1.24%，有套利空间。

此后，浙商转债还多次出现 1.45%、1.63% 的套利空间。

因为浙商证券是融资融券标的物。如果某机构在 8 月 6 日观察到 2.48% 的套利空间，做如下操作：

（1）8 月 6 日融券卖出浙商证券，买入对应折价转债并转股；

（2）8 月 7 日用转股的股票还券。

扣除融券利息和交易成本，在 2 个交易日内，实现近 2% 的套利收益。如果机构多次把握类似的对冲套利机会，无风险年化收益可以达到 20% 以上。

当然对于个人投资者，比较难做这种对冲套利，但专门做量化对冲交易的机构会迅速捕捉这个投资机会，最终的效果是可转债折价率迅速收窄。

图 5-11 也显示了对冲套利，使得浙商转债折价率迅速回到 1% 以内的作用。

如果可转债的折价率过大，即使不在转股期，投资者也可以通过融券对冲套利，套利步骤为：

（1）假如 T 日，可转债折价 x%，投资者融券卖出可转债正股，同时用卖出的资金大部分买入折价可转债，确保可转债转股股数略大于融券股数；

（2）在 N 日后到转股起始日，即 T+N 日，立即转股；

（3）在 T+N+1 日用转股获得的股票还券。

通过以上三个步骤，投资者可以获得折价率（x%）减去融资利息率（n%）的收益率，即收益率为（$x-n$）%。

五、小　　结

折价套利适合小资金运作，否则冲击成本较高，影响套利收益，资金要求评级为 2 星；

折价套利要求能及时捕捉套利时点，对技术要求较高；反向套利、对冲套利适合于长期投资者和量化对冲机构，也要求极高的操作技术，技术要求评级为 4 星；

对于正向折价套利，要承担短期股票波动风险；

至于反向套利、对冲套利，要承担长期股票波动风险；

融券对冲套利需要承担不能融券，以及融资利息过高的风险，投资风险评级为 3 星。

由于套利是基于可转债折价的状态，随着可转债市场的成熟，折价的可转债将会逐渐减少，影响套利收益，总的来说套利收益不会太多，投资收益评级为 2 星，折价套利评级见表 5-9。

表 5-9　折价套利评级

项　　目	5 星评级
资金要求	**
技术要求	****
投资风险	***
投资收益	**

第六节　第六重　可转债轮动

折价套利的机会不常有，也存在失败的可能；而无风险的反向套利、对冲套利，又有较高的投资门槛；所以，对于普通投资者，折价套利难以成为主要的投资策略。

那么，普通投资者还有什么二级市场投资策略呢？

在历史退市转债收益统计中，我们看到截至 2020 年 12 月 31 日，累计有203 只可转债退市，平均上市首日收盘价为 115.64 元，平均最低价为 102.72 元，平均最高价为 203.57 元，平均退市收盘价为 157.04 元，平均利息为 1.32 元，平均存续期为 1.85 年。

结合转股溢价率和上市首日定位预测两节，我们可以看到可转债上市后会产生溢价，所以，投资者难以在二级市场以 100 元面值买入可转债。

如果我们把买入条件放宽一点儿，如以 110 元买入，能下手的机会就很多了；投资者买入后，持有到最后平均收盘价 157 元卖出，则依然有较大的盈利空间。

显然，买入价格高的偏股型转债，转股溢价率低，跟涨性好，短期达到强赎的可能性大，但投资收益率低；买入价格低的偏债型转债，转股溢价率高，跟涨性差，短期达到强赎的可能性小，但安全性高，风险较低，总体收益率偏低；而买入价格适中，转股溢价率不高的平衡型转债，同时具有较好的跟涨性和安全性，能完美地解决上述的两难问题，投资收益率也在可接受的范围内。

所以，我们选择平衡型转债作为可转债轮动策略的标的。

考虑到买入单只平衡型转债，并不能确保短期内上涨，那么投资者可以买入多只平衡型转债构成组合，然后耐心持有，如果组合中有可转债达到强赎，则可卖出，再低价买入另外一只平衡型转债加入组合，这样就形成了可转债轮动策略。

一、操作模型

用可转债轮动策略投资可转债，简易操作模型见图 5-12。

操作步骤总结如下：

（1）投资者用现金买入多只平衡型转债，

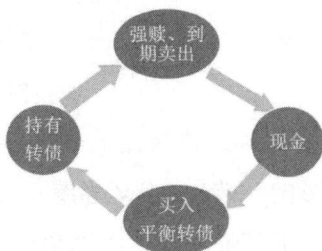

图 5-12　可转债轮动操作模型

构成平衡型转债组合；

（2）耐心持有可转债；

（3）等待可转债强赎或者到期，择机卖出；

（4）再买入其他平衡型转债加入组合。

二、案例——圣达转债

圣达生物属于食品行业，主要从事食品和饲料添加剂的研发、生产及销售。

2019 年 7 月 3 日，圣达生物公开发行 2.99 亿元圣达转债。

7 月 26 日圣达转债上市。上市首日，圣达转债收盘价为 108.8 元，低于保本价 121.6 元；转股价值为 118.83 元，转股溢价率为 −8.44%，即折价 8.44%。

圣达转债属于典型的平衡型转债，转债价不高，且还处于折价状态，是相当不错的"双低"可转债，其跟涨性为 118.44%，安全性为 62.96%。

上市后，圣达转债长时间震荡小涨，2020 年 2 月踏上大涨之路，最高上涨到 216 元。

3 月 2 日，圣达生物宣布 3 月 10 日赎回圣达转债。

3 月 10 日为圣达转债的最后交易日，圣达转债最后收盘价为 161.51 元，见图 5-13。

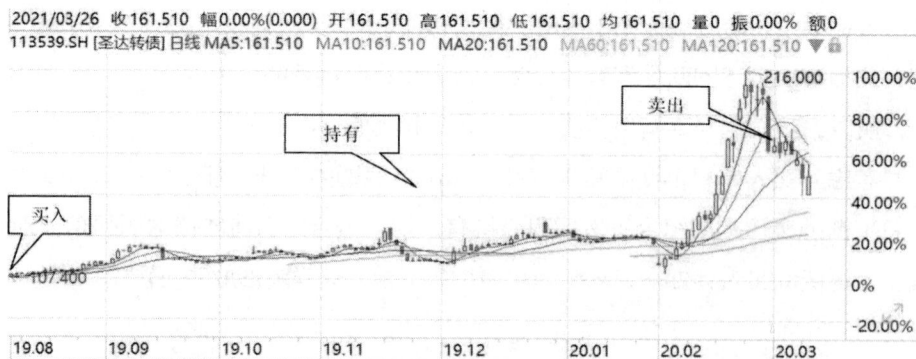

图 5-13　圣达转债历史走势

如果投资者在上市首日以收盘价 108.8 元买入，持有到最后交易日收盘以 161.51 元卖出，则收益率为 48.44%，持有时间 0.62 年，年化收益率高达 89.12%。

同期正股圣达生物涨幅为 37.26%，低于圣达转债涨幅，充分显示了圣达转债上市首日 124.37% 的跟涨性。

由此可见，买入平衡型转债，如果能顺利实现强赎，能达到惊人的年化收益率。

三、收益测算

当然，我们不能指望每一次买入平衡型转债，都能有圣达转债一样高的收益率。但我们按照可转债轮动策略，用历史赎回可转债数据，可以测算收益率。

1. 收益测算策略及样本说明

可转债轮动策略，是从二级市场买入可转债做轮动交易，其收益与买入时间、买入价格、卖出时间、卖出价格有关，而可转债上市后价格持续波动，转股溢价率也随正股波动变化，难以有统一的方法确定买入、卖出时间和价格，所以无法精确测算收益。

但是，如果我们假定投资者从上市首日买入平衡型双低可转债，持有到强赎，这样就极大地简化了收益测算。

直觉上，我们应该选择截至 2021 年 3 月 31 日所有 227 只退市可转债，作为收益测算样本。但考虑到 2015 年 12 月 31 日至 2021 年 3 月 31 日之间发行的可转债，有很多正在交易中，如果我们选取其中提前赎回的可转债纳入统计，等于我们把表现较好的可转债纳入统计，即作为"幸存者"统计进去，而同期未实现强赎，仍然在交易的可转债无法进入统计样本，这种统计无疑将带来幸存者偏差效应，统计结果不客观，影响投资判断。

因此，为避免幸存者偏差效应，同时考虑到可转债最长期限为 6 年，我们把截止时间提前 6 年，即选择截至 2015 年 12 月 31 日的退市可转债数据，共计 112 只。

其中，有南化转债、丝绸转债、茂炼转债 3 只可转债，正股未上市，无法确定可转债溢价率；再有宝安转债、机场转债、鞍钢转债、阳光转债、云化转债、复星转债 6 只可转债，没有债券评级，无法确定纯债价值；剔除这 9 只可转债，剩余的 103 只可转债纳入考察范围。

在这 103 只可转债中，有 48 可转债上市首日收盘价高于保本价，这类可转债属于偏股型转债，不是轮动标的平衡型转债，剔除这些可转债，剩余 55 只。

在这 55 只可转债中，新钢转债首日溢价率高达 37.00%，首日跟涨性太低，

価值可転債投資策略 ●

排除新钢转债作为轮动标的，剩余 54 只可转债作为测算标的，不再剔除。

2.收益的具体测算

测算收益中，统一用首日收盘价作为买入价。但在卖出价上，将最后交易日收盘价和历史最高价用于测试。

由于在最后交易日，投资者获利卖出的意愿比较强烈，往往导致收盘价为退市前的短期低点，所以，用收盘价作为卖出价可能导致收益率偏低，可用作低收益率估算。

显然，能卖到历史最高价的收益率最高，也是最难的，可用作高收益率估算。而以最高价和收盘价的均价卖出，比较符合实际情况，可用作中等收益率估算。各类收益估算方式总结成表 5-10。

表 5-10　各类收益估算方式

	低收益率	中收益率	高收益率
买入价	首日收盘价	首日收盘价	首日收盘价
卖出价	最后收盘价	收盘价与最高价平均值	最高价

在持有期限上，由于难以确定最低价和最高价出现的日期，统一用上市日期到退市日期之间的时间，这个时间必然大于实际持有期限，年化收益率会降低少许，但基于谨慎考虑，这点降低还是可以接受的。

表 5-11 是中等收益率计算结果。

表 5-11　中等收益率计算结果

转债名称	行 业	上市日期	退市方式	存续年限	买入价（元）	卖出价（元）	期间利息	收 益 率
万科转债	全国地产	2002 年 6 月 28 日	强赎	1.81	101.90	156.89	0.00	26.91%
水运转债	交通运输	2002 年 8 月 28 日	强赎	4.58	99.27	215.15	0.00	20.74%
丝绸转2	化纤	2002 年 9 月 24 日	强赎	3.96	98.52	152.15	3.00	17.16%
燕京转债	啤酒	2002 年 10 月 31 日	强赎	3.47	96.39	135.60	0.00	15.41%
钢钒转债	小金属	2003 年 2 月 17 日	强赎	1.04	100.42	149.40	0.00	17.35%
...	...	...	...	...	...	...	...	...
国金转债	证券	2014 年 6 月 3 日	强赎	0.63	107.57	223.83	0.00	108.07%
长青转债	农药化肥	2014 年 7 月 9 日	强赎	0.82	105.30	151.89	0.00	44.25%
东方转债	电气设备	2014 年 7 月 25 日	强赎	0.61	106.35	185.94	0.00	74.83%
冠城转债	全国地产	2014 年 8 月 1 日	强赎	0.76	118.01	180.95	0.00	53.33%
浙能转债	火力发电	2014 年 10 月 28 日	强赎	0.62	107.38	166.75	0.00	55.29%

把表 5-11 中 54 只可转债投资当作时间上独立的事件，再一只接着一只串联起来计算，累计收益率高达 1.43×10^{12} 倍，累计存续年限为 118.97 年，换算成年化收益率为 26.53%。

尽管在事实上，投资者是采用组合轮动投资，但采用单一轮动投资可以很方便地模拟投资行为，测算投资收益率，从理论上说，结果与实际的投资相差不大。

用表 5-11 的类似方法，分别把卖出价换成高、低收益率假设，可以分别计算出年化收益率平均值为 31.79%、20.57%。

把高、中、低年化收益率计算结果合并起来，见图 5-14。

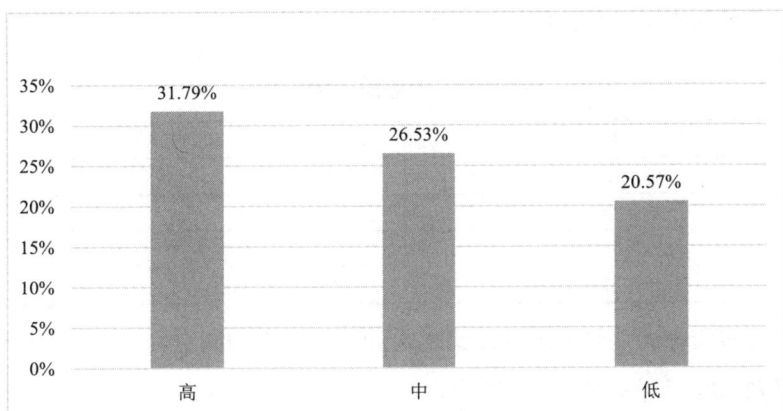

图 5-14　可转债轮动年化收益率测算结果

从测算上看，在 2002 年至 2015 年间发行的可转债，应用可转债轮动策略，在中等收益率假设下，年化收益率高达 26%。

这个高收益率结果不能理解为随便买入平衡型转债轮动，必然有 26% 的收益率，那样就太僵化了。而是有的可转债收益率高，有的可转债收益率低，总的来说，可以达到 26% 的收益率。

需要注意的是，统计结果总是事后的，只能起到参考作用。并不能说现在交易的可转债中，采用可转债轮动方法，就一定能达到 26% 的年化收益率，只能说大概率能达到比较高的年化收益率。

至于精确的结论，只能等现在的可转债全部到期或者赎回后才能得出。

沃伦·巴菲特说过："模糊的正确远胜于精确的错误"。所以，这里的可转债轮动策略收益统计不精确，并不影响它有高收益的模糊正确性。

四、小　结

可转债轮动是在二级市场买入，组合均衡投资，资金要求稍微高一点，资金要求评级为 2 星；

在技术上，要求能正确判断可转债价格高低、转股溢价率、债券收益率等信息，准确地选出市场中低价格、低溢价率的平衡型转债，技术要求评级为 3 星；

买入并持有平衡型转债，在有较好的跟涨性的同时，也有相对较低的安全性，可能下跌的幅度较大，投资者需要承担较大的波动风险，投资风险评级为 3 星；

从投资收益看，因为可能需要持有不短时间才能获得收益，年化收益率尚可，投资收益评级为 4 星，可转债轮动评级见表 5-12。

表 5-12　可转债轮动评级

项　　目	5 星评级
资金要求	**
技术要求	***
投资风险	***
投资收益	****

鉴于可转债轮动是简单的双低策略轮动，但低价和低溢价并不意味着可转债有上涨潜力，反而可能陷入低价陷阱。

为改进这个缺陷，结合正股低估值因素，把双低策略加上正股低估值，形成三低策略。更进一步完善得到价值可转债轮动交易系统，并纳入价值可转债投资策略中，详见价值可转债轮动交易系统。

第七节　第七重　转股价下修博弈

在可转债轮动中，投资者买入可转债，并未过多考虑可转债的债券收益率，一旦市场波动，可能影响持有的心态。

有没有一种投资策略，让风险承受能力低的投资者，能以较低价格买入可转债，平常享受可转债债券利息收益，特殊情况下也能享受正股上涨的收益？

有，就是本节所述的转股价下修博弈策略。

转股价下修是上市公司促进可转债转股，实现股权融资的方法之一。

在发行条款中的初始转股价格的确定及其调整一节中，读者也看到上市公司费尽心机在转股价的确定和调整上下功夫，其目的还是在于促进转股，实现股权融资。

但是正股走势未必会如上市公司所愿。正股可能会因为货币政策波动、短期业绩不佳、股票市场情绪等因素大幅下跌，且在可以预见的较长时间内，难以上涨触发提前赎回的条件，此时，上市公司就会动用转股价下修条款，向下修正转股价，以促进可转债转股。

既然转股价下修发生在正股大幅下跌之后，所以在转股价下修前，可转债的转股价值很低，可转债价格也较低，此时，可转债为偏债型转债。

与可转债轮动中所述的组合一样，投资者考虑到风险和收益的平衡，采用买入多只偏债型转债构建转股价下修博弈组合；买入之后，耐心持有组合；组合中有可转债发生转股价下修，并最终实现强赎卖出时，再买入其他偏债型转债加入组合，构成转股价下修博弈轮动简易操作模型。

一、操作模型

用转股价下修博弈策略投资可转债，简易操作模型见图 5-15。

操作步骤总结如下：

（1）投资者用现金买入多只偏债型转债，构成转股价下修博弈组合；

（2）耐心持有可转债；

（3）上市公司对可转债转股价进行下修；

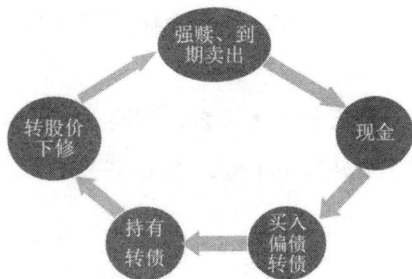

图 5-15　转股价下修博弈操作模型

（4）等待可转债强赎或者到期，择机卖出；

（5）再买入其他偏债型转债加入组合。

二、下修可转债画像

截至 2020 年 12 月 31 日，已经退市的 203 只可转债中，累计发生了 67 次转股价下修，涉及的可转债多达43只，占比为21%。

那么什么时间、什么行业的可转债容易引发转股价下修呢?

对上述43只可转债做分析统计，可以大致勾画出做过转股价下修可转债的特征。

图5-16展示了下修可转债上市时间和市场牛熊的关系。

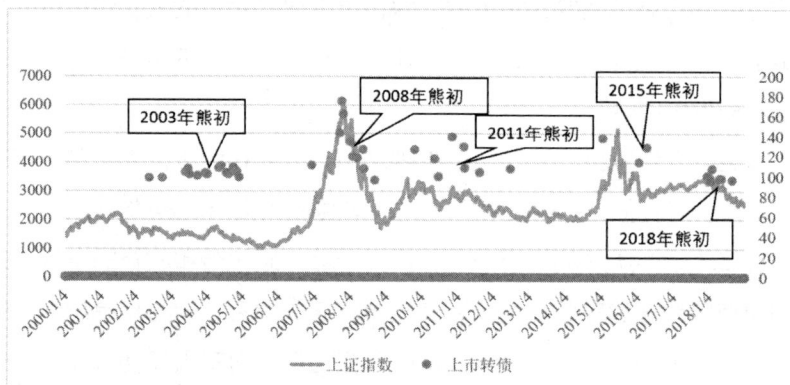

图 5-16　下修可转债上市时间和市场牛熊的关系

从图5-16可以明显看出，在熊市初期上市的可转债，容易发生转股价下修。逻辑很显然，熊市初期可转债上市后，有近6个月的转股期，等到了转股期之后，市场进入熊市，正股下跌幅度较大，符合下修条件，上市公司就有可能启动转股价下修。

从行业统计来看，钢铁、造纸、环境保护、汽车整车等强周期行业可转债容易出现转股价下修，见图5-17。

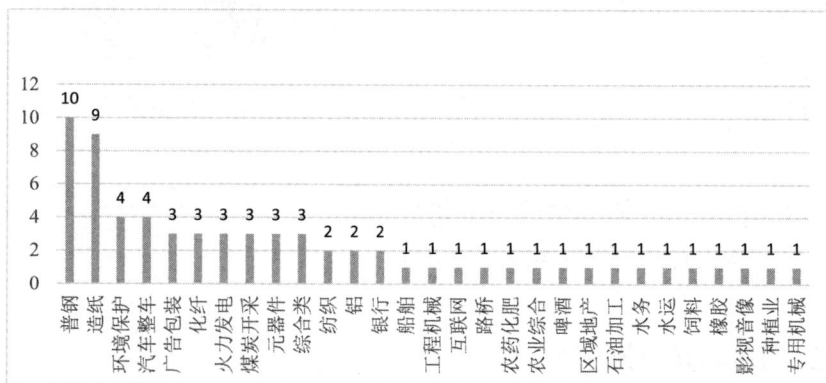

图 5-17　下修可转债行业特点

从图 5-17 还可以看出，感觉从不下修转股价的银行业可转债，也有 2 次转股价下修；此外，互联网、影视音像等热门行业可转债，也出现过转股价下修。

三、案例——天马转债

天马科技属于饲料行业。2018 年 4 月 17 日发行 3.05 亿元天马转债，并于 2018 年 5 月 7 日上市，初始转股价为 11.04 元。

上市首日，天马转债收盘价为 98.2 元，正股收盘价为 10.29 元，距离初始转股价 11.04 元较远，转股价值为 93.21 元，转股溢价率高达 5.36%。

天马转债上市后，天马科技股价持续下跌，至 2019 年 1 月 16 日，转股价值在 70 元附近，距离提前赎回的 130 元条件尚远。

2019 年 1 月 16 日，天马科技董事会提出转股价下修议案。

2019 年 1 月 31 日，公司召开了 2019 年第二次临时股东大会，审议通过了《关于向下修正"天马转债"转股价格的议案》。

同日，公司宣布将转股价从 10.92 元 / 股，下修到转股价格 7.37 元 / 股。

当日天马科技收盘价为 7.3 元，转股价下修将天马转债转股价值从 66.85 元抬升到 99.05 元。

随后，天马科技正股随大盘持续上涨，在 2019 年 5 月份连续涨停，天马转债转股价值得到提升，转债价跟随上涨，一度冲高到 225.7 元最高价。

2019 年 10 月 29 日，公司宣布提前赎回天马转债，最后交易日为 2019 年 11 月 4 日，当日天马转债收盘价为 123.29 元，见图 5-18。

假如投资者在 2019 年 1 月 16 日之前以收盘价 94.87 元买入，在最后交易日以收盘价卖出，在不到一年的时间内，可以实现 30% 的收益率，最高可以实现 138% 的高收益。

由此可见，投资者买入市场存续较久的破发可转债，博弈转股价下修，持有到强赎，也能取得较高的年化收益率。

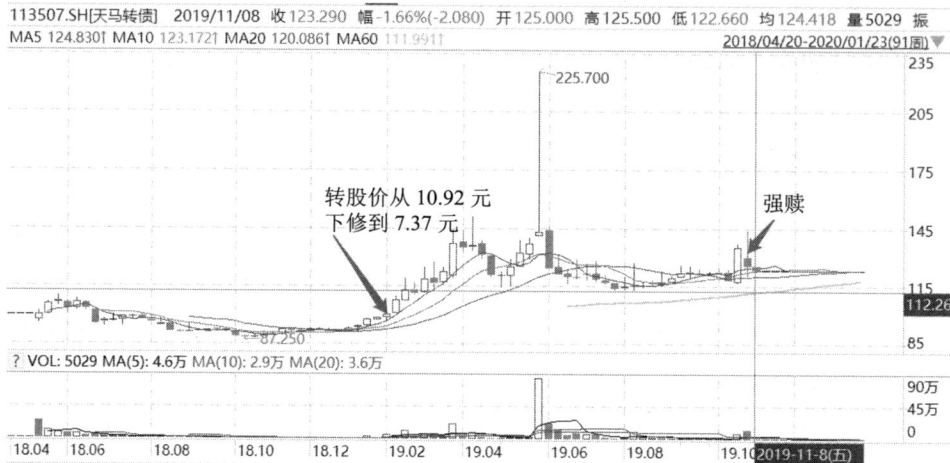

图 5-18　天马转债转股价下修后强赎

四、收益测算

如果投资者能从最低点买入，最高点卖出，无疑收益率是最高的，但有多少人能做到精准抄底和逃顶呢？

另外，转股价下修博弈是采用多只转债构成组合，并通过卖出和买入进行轮动交易。但卖出强赎或到期的可转债后，存在选择新买入可转债的最佳时机问题。

为避免上述复杂的回测难题，我们采用区间收益率估算方法。

在买入价上，既然转股价下修博弈中买入标的是偏债型转债，投资者买入可转债的价格自然不会太高，但肯定在保本价以内、最低价以上。

我们可以合理假设，高收益率估算用最低价作为买入价，中等收益率估算用保本价和最低价的平均价作为买入价，低收益率估算用保本价作为买入价。

注意，为简化起见，这里的保本价是指初始保本价，即在发行时计算的待支付利息和赎回价之和。

在卖出价上，可转债赎回或到期时，投资者可能卖在最高价，也可能卖在最后交易日的收盘价，但大概率会卖在最高价和收盘价之间。

所以，我们可以合理假设，高收益率估算用最高价作为卖出价，中等收益率估算用最高价和收盘价的平均价作为卖出价，低收益率估算用收盘价作为卖出价。

各类收益估算方式总结成表 5-13。

表 5-13　各类收益估算方式

	低收益率	中收益率	高收益率
买入价	保本价	保本价与最低价平均值	最低价
卖出价	收盘价	收盘价与最高价平均值	最高价

这里统一用上市日期到退市日期之间的时间作为计算依据。

同样，为避免幸存者偏差效应，只选取 2015 年 12 月 31 日之前的可转债，作为测算标的，共计 35 只。

表 5-14 是中等收益率计算结果。

表 5-14　转股价下修博弈中等收益率计算表

转债名称	行 业	上市日期	退市方式	存续年限	买入价（元）	卖出价（元）	期间利息	下修次数	收 益 率
阳光转债	纺织	2002 年 5 月 16 日	到期	2.89	99.50	118.25	2.00	1	20.85%
丝绸转 2	综合类	2002 年 9 月 24 日	强赎	3.96	102.15	152.15	5.40	3	54.23%
丰原转债	农业综合	2003 年 5 月 20 日	强赎	2.40	105.95	158.81	3.80	1	53.47%
华电转债	火力发电	2003 年 6 月 18 日	强赎	3.95	104.25	304.49	4.50	3	196.39%
山鹰转债	造纸	2003 年 7 月 1 日	强赎	2.80	106.44	126.12	3.30	5	21.48%
华西转债	化纤	2003 年 9 月 16 日	强赎	2.90	104.85	160.14	3.40	3	55.97%
邯钢转债	普钢	2003 年 12 月 11 日	强赎	3.22	103.60	197.00	4.00	1	94.01%
首钢转债	普钢	2003 年 12 月 31 日	强赎	3.26	101.40	214.50	4.50	4	115.98%
江淮转债	汽车整车	2004 年 4 月 29 日	股改	1.63	105.81	152.40	1.20	2	45.17%
歌华转债	影视音像	2004 年 5 月 28 日	股改	1.78	106.80	126.51	1.30	1	19.77%
创业转债	环境保护	2004 年 7 月 19 日	强赎	3.11	108.20	313.79	5.70	3	195.28%
华菱转债	普钢	2004 年 8 月 3 日	强赎	2.82	105.98	258.03	2.50	1	145.84%
金牛转债	煤炭开采	2004 年 8 月 26 日	股改	0.84	106.30	126.75	0.00	1	19.24%
晨鸣转债	造纸	2004 年 9 月 30 日	强赎	2.61	106.94	215.33	3.30	1	104.44%
南山转债	铝	2004 年 11 月 3 日	强赎	1.77	105.74	158.42	1.50	1	51.24%
包钢转债	普钢	2004 年 11 月 25 日	股改	1.34	105.83	133.44	1.30	1	27.32%
金鹰转债	纺织	2006 年 12 月 6 日	强赎	2.43	108.43	187.89	2.80	1	75.87%
山鹰转债	造纸	2007 年 9 月 17 日	强赎	2.37	107.15	172.17	3.10	1	63.58%
恒源转债	煤炭开采	2007 年 10 月 12 日	强赎	2.19	112.05	301.81	3.30	2	172.29%
赤化转债	农药化肥	2007 年 10 月 23 日	强赎	1.58	110.10	153.20	1.50	1	40.50%
大荒转债	种植业	2007 年 12 月 28 日	强赎	2.19	109.33	174.78	3.30	1	62.89%
海马转债	汽车整车	2008 年 1 月 30 日	强赎	1.32	109.50	163.71	1.50	2	50.87%
五洲转债	路桥	2008 年 3 月 14 日	强赎	1.30	103.20	151.02	1.30	1	47.60%

转债名称	行 业	上市日期	退市方式	存续年限	买入价（元）	卖出价（元）	期间利息	下修次数	收 益 率
柳工转债	工程机械	2008 年 5 月 6 日	强赎	1.12	111.36	164.26	1.00	1	48.41%
南山转债	铝	2008 年 5 月 13 日	强赎	1.35	97.20	168.98	1.00	1	74.88%
新钢转债	普钢	2008 年 9 月 5 日	到期	4.92	102.30	147.33	7.80	3	51.64%
博汇转债	造纸	2009 年 10 月 16 日	到期	4.89	104.04	129.61	5.30	2	29.67%
双良转债	环境保护	2010 年 5 月 14 日	回售	1.59	100.60	116.46	0.50	1	16.36%
中行转债	银行	2010 年 6 月 18 日	强赎	4.72	100.40	173.85	3.80	1	76.94%
燕京转债	啤酒	2010 年 11 月 3 日	强赎	4.57	101.90	168.49	5.00	1	70.26%
中鼎转债	橡胶	2011 年 3 月 1 日	强赎	3.42	106.95	151.30	3.30	1	44.55%
石化转债	石油加工	2011 年 3 月 7 日	强赎	3.94	99.13	138.85	2.20	1	42.30%
中海转债	水运	2011 年 8 月 12 日	强赎	3.50	99.25	145.40	2.10	1	48.61%
重工转债	船舶	2012 年 6 月 18 日	强赎	2.45	105.00	141.70	1.00	1	35.90%
格力转债	区域地产	2015 年 1 月 13 日	到期	4.91	105.70	215.75	3.90	1	107.80%

把表 5-14 中 35 只可转债投资当作时间上独立的事件，再一只接着一只串联起来计算，累计收益率高达 $2.46×10^7$ 倍，累计存续年限为 96.04 年，换算成年化收益率为 19.39%。

用表 5-14 的类似方法，分别把买入价、卖出价换成高、低收益率假设，可以分别计算出年化收益率平均值为 23.59%、13.68%。

把高、中、低年化收益率计算结果合并起来，见图 5-19。

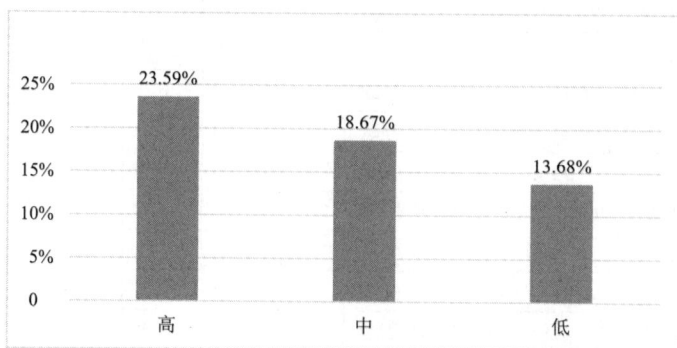

图 5-19　转股价下修博弈年化收益率测算结果

从图 5-19 可以看出，只要投资者放低预期，在保本价以内低价买入偏债型转债，博弈转股价下修，持有到强赎或到期；即使投资者在 35 只可转债中，遭遇到 4 只到期、4 只股改、1 只回售等低收益率退市情况，总的来说，大约能获得 13.68%~23.59% 的年化收益率。

当然，上述收益率测算中，没有考虑组合投资轮动时，有没有合适的偏债型转债选择问题；但鉴于目前市场有 300 多只可转债交易，即使在 2020 年 10 月份可转债市场行情火爆时，依然有多达 70 多只偏债型转债可供选择，可以做到不间断连续轮动。

所以，长期看，转股价下修博弈策略有不错的年化收益率。

五、小　　结

转股价下修博弈是在二级市场买入，组合均衡投资，资金要求稍微高一点儿，资金要求评级为 2 星；

在技术上，要求能正确判断可转债的评级、存续期限、债券收益率、纯债价值、下修条款、回售条款等，技术要求评级为 3 星；

一般来说，转股价下修博弈，是低价买入可转债，最大的风险就是上市公司退市或者破产等极小概率风险，如果发生，投资者只能收回破产债务重组或清算的部分本金；但如果做多只可转债组合投资，可以分散风险，投资风险评级为 2 星；

从投资收益看，因为可能需要较长时间才能获得收益，年化收益率不会太高，投资收益评级为 3 星，转股价下修博弈评级结果见表 5-15。

表 5-15　转股价下修博弈评级

项　　目	5 星评级
资金要求	**
技术要求	***
投资风险	**
投资收益	***

鉴于转股价下修博弈是低风险盈利的可靠方式，我们把它改进完善后，形成转股价下修博弈交易系统，并纳入价值可转债投资策略中。

第八节　第八重　转股长持

可转债在满足上涨赎回条件后，上市公司会发出提前赎回公告，变相强制可转债投资者卖出或转股。

那么可转债投资者除了卖出可转债外，可不可以选择转换为股票呢？

这确实是一个问题，转换为股票后，可转债投资者就变成股票投资者了。既然是股票投资者，就需要按照股票价值投资方式来考虑问题。

因此，投资者需要回答以下问题：

（1）上市公司处于什么行业？行业前景如何？

（2）在行业中，上市公司处于什么地位？

（3）上市公司的竞争优势如何？护城河是否牢固？

（4）上市公司历史净资产收益率如何？上市公司近期净资产收益率变动如何？

（5）股票的静态估值是否存在低估？上市公司分红策略是否有利于投资者？

（6）上市公司未来几年净利润增长如何？驱动力是什么？

（7）股票的成长性估值是否合理？

如果上面的问题都能得到积极正面的答案，投资者可以选择转股，获取跟随上市公司成长的收益。

一、案例——招行转债

2004 年 11 月 10 日招商银行发行了 65 亿元可转债，至 2006 年 9 月 28 日前转股价值高达 170.73 元，并在当日停止交易。

如果投资者在停止交易之前转股，并持续持有招商银行，没有享受股改的特殊红利。

截至 2021 年 12 月 31 日，投资者可获得高达 969.52% 的收益。算上可转债的收益，累计收益高达 1 726%，时间长达 17.17 年，年化收益率高达 18.66%，见图 5-20。

招商银行在多年不融资的情况下，每年业绩增长保持在 15% 左右。

2021 年业绩快报显示，实现营业收入 3 312.34 亿元，同比增长 14.03%；净利润 1 199.22 亿元，同比增长 23.20%。不良贷款率 0.91%，较上年末下降 0.16 个百分点；拨备覆盖率 441.34%，较上年末上升 3.66 个百分点；贷款拨备率 4.03%，较上年末减少 0.64 个百分点。

图 5-20 招行转债转股长持收益

招商银行作为公认的全国性零售银行标杆，内生性增长良好，机构认可度高，股价涨幅也较高。所以，转股长持的投资者取得了较高的长期年化收益率。

二、转股长持收益列表

我们把发行额不低于 50 亿元的可转债，按照最后交易日前转股长持策略，统计截至 2021 年 12 月 31 日，投资者获得的年化收益率，见表 5-16。

表 5-16 转股长持年化收益率列表

转债名称	发行日期	最后交易日	收盘转股价值（元）	转股后收益率	年化收益率
招行转债	2004 年 11 月 4 日	2006 年 9 月 28 日	170.73	969.52%	18.44%
中行转债	2010 年 6 月 2 日	2015 年 3 月 6 日	146.20	1.69%	3.48%
工行转债	2010 年 8 月 31 日	2015 年 2 月 12 日	132.70	48.81%	6.18%
石化转债	2011 年 2 月 23 日	2015 年 2 月 11 日	116.60	9.22%	2.25%
国电转债	2011 年 8 月 19 日	2015 年 2 月 26 日	170.00	−0.84%	5.16%
重工转债	2012 年 6 月 4 日	2014 年 11 月 28 日	133.30	−32.79%	−1.14%
南山转债	2012 年 10 月 16 日	2015 年 3 月 10 日	153.20	40.76%	8.70%
民生转债	2013 年 3 月 15 日	2015 年 6 月 24 日	121.00	−38.19%	−3.25%
平安转债	2013 年 11 月 22 日	2015 年 1 月 9 日	176.70	62.90%	13.92%
浙能转债	2014 年 10 月 13 日	2015 年 5 月 26 日	166.10	−41.78%	−0.46%
宁行转债	2017 年 12 月 5 日	2019 年 8 月 21 日	125.70	85.41%	23.08%
平银转债	2019 年 1 月 21 日	2019 年 9 月 18 日	123.90	17.25%	13.52%

转债名称	发行日期	最后交易日	收盘转股价值（元）	转股后收益率	年化收益率
通威转债	2019 年 3 月 18 日	2020 年 3 月 16 日	109.50	241.21%	60.34%
顺丰转债	2019 年 11 月 18 日	2020 年 8 月 3 日	176.70	−2.34%	29.34%
东财转 2	2020 年 1 月 13 日	2020 年 8 月 27 日	194.40	74.78%	86.22%
隆 20 转债	2020 年 7 月 31 日	2021 年 3 月 30 日	166.60	38.04%	79.83%
紫金转债	2020 年 11 月 3 日	2021 年 6 月 25 日	145.00	−14.55%	20.31%

从表 5-16 可以看出，并非每一只转债都适合转股长持，表中 14 只转债中，有招行转债、平安转债、宁行转债、平银转债、通威转债、顺丰转债、东财转 2、隆 20 转债 8 只可转债转股长持年化收益率较高。它们共同的特征是行业前景好，是行业龙头、竞争力强的上市公司。

所以，转股长持需要谨慎使用，否则会削弱可转债的收益，甚至导致亏损。

三、小　　结

转股长持对资金要求不高，无论多少资金的可转债，只要正股符合要求，都可转股长持，资金要求评级为 2 星；

转股长持技术要求不在操作上，而是在基本面分析技术上，要求对上市公司做深入的分析，才能做转股长持的选择，技术要求 5 星；

转股长持的风险在于，如果投资者看错了股票，则难以获得希望的收益，导致收益比较平庸；极端情况下，如果遭遇股票退市，则曾经取得的可转债收益就颗粒无收了，所以投资风险评级为 4 星；

投资收益上，依据基本面分析转股选择，大概率能获得长期的高年化收益率，投资收益评级为 5 星，转股长持评级结果见表 5-17。

表 5-17　转股长持评级

项　目	5 星评级
资金要求	***
技术要求	*****
投资风险	****
投资收益	*****

第九节　第九重　弹性资产配置

前面所述的八个可转债投资境界，是针对可转债投资的某一面的战术性操作，而要穿越牛熊，取得长期较好的投资收益，必须借助于战略上的资产配置，综合运用可转债和股票投资策略。

一、弹性资产配置思路

业绩优秀，估值较低的股票，虽然没有债性保底，但也没有强赎的条款，如果长期持有，可获得上市公司成长带来的投资收益，因此优质股票组合可作为资产配置的核心。

价值可转债轮动交易系统，在牛市行情中，有较大的上涨弹性，为资产配置带来高收益；如果在轮动过程中，正股下跌较大，变成偏债型转债，又可成为转股价下修博弈交易系统标的。因此可转债轮动交易系统可以作为资产配置的次核心。

转股价下修博弈交易系统具有较高的债性，同时又能获得转股价下修的收益；另外，下修转股价之后的可转债，由偏债型变为平衡型，为价值可转债轮动提供标的，因此转股价下修博弈交易系统可以纳入资产配置外围。

采用优质股票组合、价值可转债轮动交易系统及转股价下修博弈交易系统，就能构建可以穿越牛熊的弹性资产配置体系。

资产配置相关市场和操作见图 5-21。

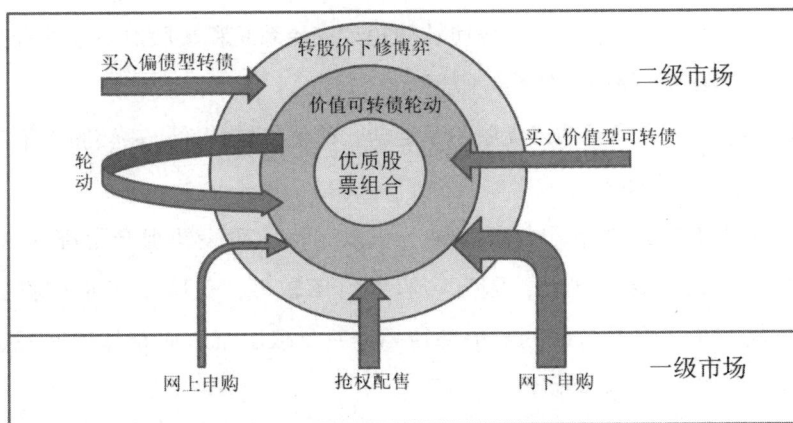

图 5-21　弹性资产配置图

操作详解：

（1）价值可转债轮动交易系统中，价值型可转债来自从二级市场买入的正股低估的平衡可转债；

（2）转股价下修博弈交易系统中，可转债来自从二级市场买入的精选的偏债型转债；

（3）对于普通投资者，网上申购是其小部分可转债来源，用于申购长持；

（4）对于有丰富经验的投资者，抢权配售也需谨慎使用，其提供部分可转债来源，用于申购长持；

（5）对于机构投资者，网下申购可转债，是可转债申购长持的一大来源；

（6）有些可转债，因为正股下跌影响而跌幅较大，自动进入转股价下修博弈交易系统，按交易系统策略处理；

（7）有些可转债，因为正股上涨或者是市场偏好原因而大涨，自动进入价值可转债轮动交易系统，按交易系统策略处理；

（8）在价值可转债轮动交易系统的可转债，如果上涨达到卖出标准，或者面临赎回又不适合转股长持，则卖出，并买入价值型可转债；

（9）对于面临强赎的可转债，经评估，如果适合纳入优质股票组合，则转股进入优质股票组合；同时卖出组合中相对较差的股票，并买入价值型可转债，或者转股价下修博弈可转债，以保证资产配置的比例，避免股票配资过重的风险。

二、弹性资产配置假想效果

以下根据优质股票组合、价值可转债轮动交易系统和转股价下修博弈交易系统在牛市、震荡市、熊市的特性，假想组合效果。

假定在弹性资产配置中，优质股票组合、价值可转债轮动和转股价下修博弈分别配置为总资产的33%。

如果股票市场是牛市，大盘指数上涨20%，优质股票组合上涨30%超越指数收益；价值可转债轮动，因为转股溢价率较低，获取市场平均收益，上涨20%；转股价下修博弈因为溢价率较高，只上涨10%，则整体资产配置收益20%。

如果股票市场是震荡市，大盘指数持平，优质股票组合上涨10%超越指数收益；价值可转债轮动，因为债性和股性同时作用，获取略高于市场平均收益的收益，上涨5%；转股价下修博弈因为下修转股价和债性因素，上涨5%；则整体资产配置仅上涨8%。

如果股票市场是熊市，大盘指数下跌20%，优质股票组合下跌20%，持平于大盘；价值可转债轮动，买入价格稍高，有较弱的债性保护，下跌10%；转股价下修博弈，因为买入价格低，有较强的债性保护，仅下跌5%，则整体资产配置仅下跌12%。

上述假设数据见表5-18。

表5-18 弹性资产配置假想数据演示

项　　目	占　比	牛　市	震荡市	熊　市
优质股票	33%	30%	10%	−20%
价值可转债轮动	33%	20%	10%	−10%
转股价下修博弈	33%	10%	5%	−5%
总资产配置收益	100%	20%	8%	−12%
大盘指数		20%	0%	−20%

图5-22展示了弹性资产配置与牛市、震荡市、熊市假想的收益比较。

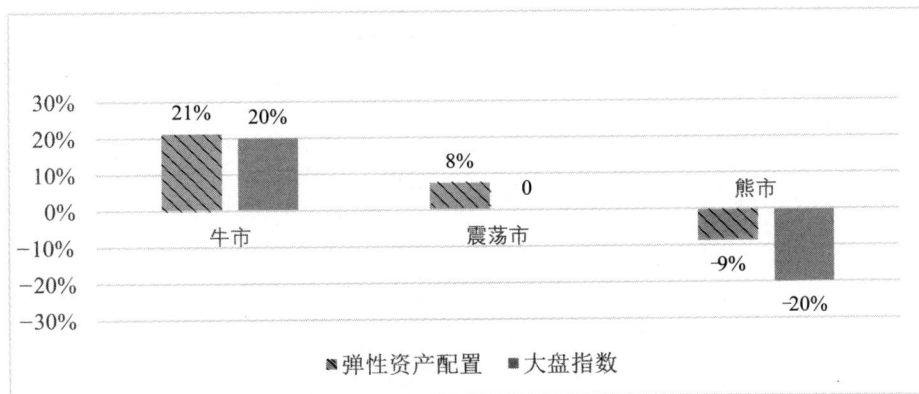

图5-22 弹性资产配置与大盘指数比较

由此我们可以看出，把价值可转债轮动和转股价下修博弈加入到资产配置中，将增强资产配置的上涨弹性，同时也增强抵抗市场下跌的能力，可以带领投资者穿越牛熊，取得长期高年化收益。

三、小　结

弹性资产配置要求股票、平衡型转债、偏债型转债多品种组合，资金要求评级为5星；

弹性资产配置要求投资者能横跨股票和可转债两种投资标的，需要有很强的股票基本面分析能力，能深刻理解可转债的知识，并且能及时跟踪股票和可转债动向，技术要求评级为5星；

弹性资产配置的风险有，优质股票选择失败，可转债轮动失败，可转债上市公司破产等；但总的来说，弹性资产配置风险要小于完全的股票资产配置，投资风险评级为4星；

弹性资产配置适合于大资金运作，力图取得长期复合高收益，投资收益评级为5星，弹性资产配置评级结果见表5-19。

表5-19　弹性资产配置评级

项　　目	5星评级
资金要求	*****
技术要求	*****
投资风险	****
投资收益	*****

第六章

价值可转债投资策略

　　本章从投资可转债的九重境界中，提炼出价值可转债投资策略。可依据转债穿越牛熊的三大核心逻辑，围绕债券价值、转股价值、博弈价值和正股价值展开价值可转债轮动投资，就能在厚厚的湿雪、长长的山坡中，把雪球越滚越大，带来丰厚的回报。

"人生就像滚雪球，最重要之事是发现湿雪和长长的山坡"

——沃伦·巴菲特

沃伦·巴菲特先生把雪球比作财富，雪球在厚厚的湿雪和长长的山坡的作用下越滚越大，就像财富通过复利的长期作用实现积累。

如果想在股市中实现财富的巨大增长，投资者所投资的企业，必须具备厚厚的湿雪和长长的山坡，就是能长期增长的伟大公司。

那么把价值投资引入到可转债投资中，厚厚的湿雪、长长的山坡又在哪里呢？

诚然，单只可转债最长的存续期为 6 年，它的山坡太短了。但 A 股市场每年发行 100 多只可转债，投资者可以买入低价可转债，持有到高价卖出，实现盈利后，再次买入低价可转债；如此循环投资，把短山坡的单只可转债连接起来，就成了长长的山坡，实现长期的复利增长。

所以，把全体可转债当作一只股票看，可转债就有长长的山坡。

可转债的厚厚湿雪在于 "穿越牛熊的三大核心逻辑"和"四大价值"，如果采用价值可转债投资策略，单只可转债大概率会带给投资者不错的回报。投资者再进行多只可转债组合轮动操作，就能在厚厚的湿雪、长长的山坡中，把雪球越滚越大，获得丰厚的回报。

第一节　穿越牛熊的三大核心逻辑

前面简单地介绍了可转债能够穿越牛熊的三大核心逻辑，以下是进一步详述。

一、上市公司股权融资

可转债从发行到可转债退市的过程是：

首先，上市公司向可转债投资者发行可转债，投资者拿出资金换取可转债，相当于借出资金给上市公司，上市公司获得债权融资资金。

其次，可转债投资者可以用可转债转换为正股，转换的正股来源于新发行的增量股份，上市公司就减少了债权，同时以增发新股实现了股权融资，随后可转债退出市场。

根据 2018 年 10 月 26 日通过的《中华人民共和国公司法（2018 修正）》（以下简称《公司法》），上市公司回购的股份，也可以作为可转债转股的来源，即用于换出回购库存股。

同时《公司法》也规定，根据不同的回购目的，上市公司可持有回购库存股有十日、六个月、三年不等的时间，且不能参与利润分配，也没有表决权。因此，换出回购的库存股，相对于对库存股的二次发行，也是股权融资。这两个过程见图 6-1。

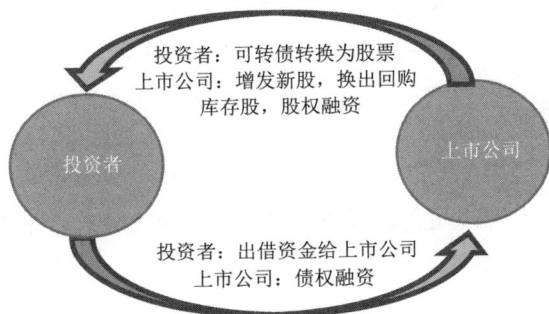

图 6-1　上市公司发行可转债与投资者的关系

上市公司发行可转债，表面上是债权融资，但转股后就形成了股权融资。

相对于股权融资，债权融资有支付利息的压力，又有融资到期支付本金的压力，再有加大财务杠杆的风险。因此，上市公司喜好股权融资，不愿意债权融资，这种偏好表现在可转债上，就是有促进转股的动力。

根据可转债发行条款，在正股价上涨超过转股价 130% 时，上市公司有提前赎回可转债的权利。

如果上市公司决定提前赎回，即强赎，则正股价上涨已经超过转股价 130%。这也意味着可转债的转股价值在 130 元以上，可转债的价格也在 130 元以上，而赎回价仅为 100 元加少许利息，理性的投资者应该把可转债卖出或者转股，以实现 30% 以上的收益。

如果投资者卖出可转债，似乎没有转股，但总会有最后接盘的投资者。对于最后接盘的投资者，同样面对较高的可转债现价和很低的赎回价，自然不会被动持有等待低价赎回，就只能转股了。

投资者的可转债转股后，上市公司就实现了股权融资。所以强赎就是上市公司促进可转债转股的有力措施。

从强赎的条件看，正股价上涨超过转股价 130% 时，才能达到强赎条件，进而促进转股。所以，上市公司有动力来推动正股价上涨，或者转股价下修。

上市公司可以通过业绩增长、概念迎风两种方式推动正股价格上涨，实现可转债的强赎。

如果上市公司无法通过以上两种方式促进正股上涨，反而因为业绩、行业和市场等因素，正股长期下跌，难以达到强赎条件，上市公司还可以通过转股价下修方式，拉平正股价与转股价的差距，一旦正股反弹，容易达到强赎条件，有助于实现强赎。

（一）业绩增长

上市公司业绩超预期增长，引发市场追捧正股，正股股价大涨；可转债达到提前赎回条件后，上市公司实施可转债的赎回。这就是依靠业绩增长方式实现可转债的提前赎回。

案例：日月转债

日月转债发行于 2019 年 12 月 23 日，发行时转股价为 19.68 元 / 股，提前赎回触发条件为转股价的 130%，即 25.58 元。

2020 年 1 月 14 日，日月转债上市，日月股份收盘价为 22.24 元，高于 19.69 元的转股价，但距离 25.58 元相去甚远，日月转债收盘价为 129.5 元。

4 月 28 日，日月股份发布 2020 年一季度报，净利润增长 57.15%，股价收盘于 20.01 元，日月转债收盘价为 122.6 元。

6 月 3 日，因日月股份分红除权，日月转债转股价调整为 13.84 元 / 股，其 130% 为 17.99 元。

7 月 14 日，日月股份发布 2020 年半年度净利润增长中值为 90% 的预告。日月股份上涨到 20.95 元，高于 17.99 元的提前赎回条件，日月转债收盘价为 149.34 元。

7 月 22 日，日月股份发布强赎公告。

8 月 20 日，日月转债停止交易并退市，停止交易前收盘价为 150.44 元。

日月转债从发行到退市，历时 0.65 年，投资者收益率为 50.44%，换算成年化收益率高达 86.48%，远高于同期上证指数 15.03% 的收益率，见图 6-2。

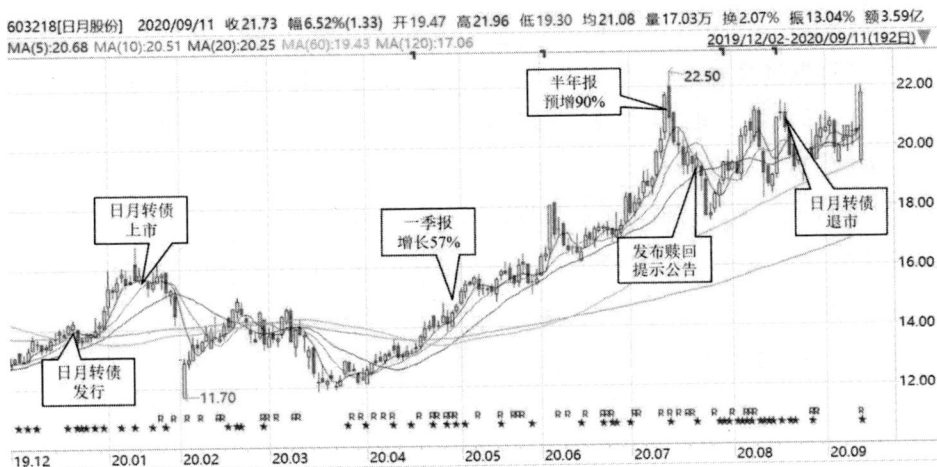

图 6-2 日月转债提前赎回过程

日月股份依托 2020 年第一季度和半年报良好的业绩增长，股价大幅上涨，在 0.65 年的时间内就实现了日月转债的提前赎回。

这就属于业绩增长推动正股上涨，从而促进可转债转股，上市公司实现股权融资的典型案例。

（二）概念迎风

上市公司业绩不增长，但上市公司因为涉及股权收购、重组并购、热门业务等，引发市场追捧正股，正股股价大涨，可转债达到提前赎回条件后，上市公司实施可转债的赎回。

这就是依靠概念迎风方式实现可转债的提前赎回。

案例：国轩转债

国轩转债发行于 2019 年 12 月 17 日，发行时转股价为 12.21 元/股，提前赎回触发条件为转股价的 125%，即 15.26 元。

2020 年 1 月 10 日，国轩转债上市，国轩高科收盘价为 15.48 元，超过了 15.26 元的提前赎回条件，国轩转债收盘价为 127.8 元。

1 月 20 日，国轩高科发布《关于媒体报道的澄清公告》，承认了公司正在和大众汽车就未来可能开展的技术、产品、资本等方面的战略合作进行探讨，收盘价为 20.67 元，国轩转债收盘价为 162.5 元。

5 月 20 日，国轩高科发布《关于筹划重大事项停牌的公告》。停牌前收盘价为 25.24 元，大幅超越 15.26 元，国轩转债收盘价为 200.2 元。

5月29日，国轩高科发布《简式权益变动报告书》。正式宣布大众中国以非公开发行和股份转让方式，将持有国轩高科26.37%的股份，成为公司第一大股东，并拥有13.20%的表决权。随后，国轩高科连续3个涨停，最高上涨到36.18元，国轩转债最高上涨到348元。

6月23日，国轩转债进入转股期，国轩转债转股价之前因为正股现金分红调整为12.19元，其125%的强赎条件为15.24元。此后，国轩高科股价有所回落，但最低下跌到24元附近，也远高于15.24元的提前赎回条件。

8月6日，国轩高科宣布赎回国轩转债。

8月28日，国轩转债停止交易并退市，停止交易前收盘价为201.87元。

国轩转债从发行到退市，历时0.7年，投资者收益率为101.87%，换算成年化收益率高达174.4%，远高于同期上证指数10.84%的收益率，见图6-3。

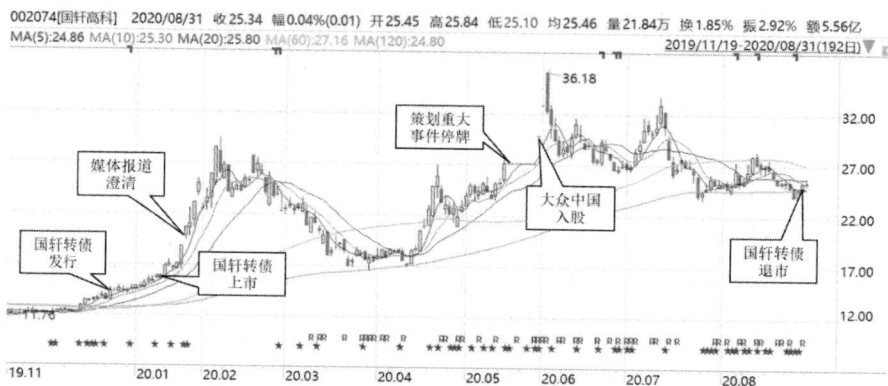

图6-3　国轩转债提前赎回过程

在国轩转债发行到退市期间，正股国轩高科的业绩并没有增长，反而是2020年第一季报净利润下降83.31%，2020年半年报净利润下降89.72%。

大众中国入股上市公司，推动上市公司业绩上涨，毕竟需要一个较长的过程，但概念炒作不管这些，先炒作起来，股价上涨100%以上，透支了未来数年的业绩，但在客观上也促使了国轩转债在短短0.7年内就实现了提前赎回。

国轩转债短期因为正股概念炒作实现强赎，就是概念迎风推动正股上涨，从而促进可转债转股，上市公司实现股权融资的典型案例。

（三）转股价下修

如果上市公司业绩一般，也没有激动人心的概念，正股价大幅低于转股价，短期难以达到强赎条件，上市公司可利用可转债转股价下修规则，下修可转债的转股价，下修后拉平正股价与转股价的差距。

随后，正股因为市场波动，股价稍有上涨即可达到提前赎回条件，上市公司便可强赎。这就是依靠转股价下修方式实现可转债强赎。

案例：常熟转债

___

常熟转债发行于 2018 年 1 月 19 日，发行时转股价为 7.61 元 / 股，提前赎回触发条件为转股价的 130%，即 9.89 元；转股价下修触发条件为转股价的 80%，即 6.09 元。

2 月 6 日，常熟转债上市，常熟银行收盘价为 7.83 元，低于 9.89 元的提前赎回条件，常熟转债收盘价为 107.91 元。

5 月 18 日，因为常熟银行年度现金分红，转股价格调整为 7.43 元，提前赎回触发条件变为 9.66 元，转股价下修触发条件变为 5.94 元。常熟银行收盘价为 6.75 元，低于 7.43 元的转股价，常熟转债收盘价为 101.18 元。

7 月 26 日，常熟转债进入转股期。常熟银行收盘价为 5.85 元，远低于转股价 7.43 元，常熟转债收盘价为 100.87 元。

8 月 27 日，因为常熟银行股价持续低于转股价下修触发条件 5.94 元，满足下修转股价条款，经过股东大会批准后，转股价下修为 5.76 元，相应的提前赎回条件变更为 7.49 元。常熟银行收盘价为 5.79 元，常熟转债收盘价为 106.25 元。

2019 年 3 月 19 日，因常熟银行股价持续高于提前赎回条件 7.49 元，常熟银行宣布提前赎回常熟转债。

5 月 17 日，常熟转债停止交易并退市，停止交易前收盘价为 131.63 元。

常熟转债从发行到退市，历时 1.32 年，投资者收益率为 31.63%，换算成年化收益率高达 23.35%，远高于同期上证指数 -15.26% 的收益率，也高于同期常熟银行 -9.99% 的收益率，见图 6-4。

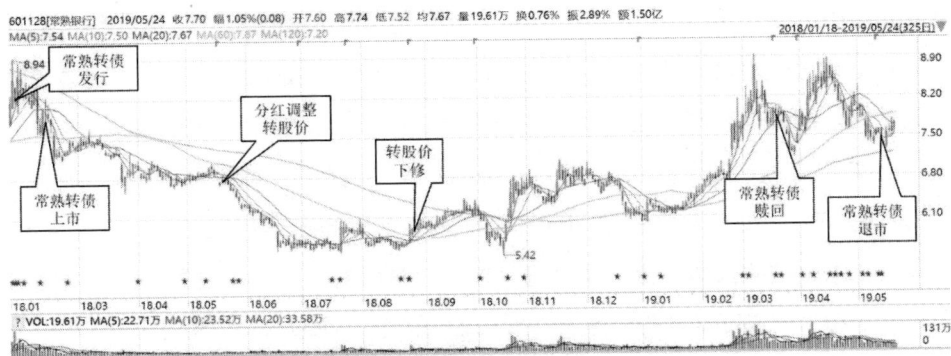

图 6-4　常熟转债提前赎回过程

从图 6-4 可以明显看出，在常熟转债发行和退市期间，常熟银行股价并没有上涨，反而有所下跌，尤其是在 2018 年 7、8 月跌幅较大；而常熟银行 2018 年半年度净利润增长 24.55%，2018 年年度净利润增长 17.53%，2019 年一季度净利润增长 20.96%，业绩平稳，可见股价的下跌并非业绩因素，而是市场因素引起的。

常熟银行抓住股价低迷时期，及时向下修正转股价，把转股价从 7.43 元下修到 5.76 元，也就是把提前赎回触发条件由 9.66 元下修到 7.49 元。

在随后的 2019 年，股市走好，常熟银行股价轻松上涨超过 7.49 元后，顺利实现了提前赎回，常熟银行完成了股权融资。

这是通过转股价下修，从而促进可转债转股，上市公司实现股权融资的典型案例。

综上所述，上市公司发行可转债是为了实现股权融资，有促进可转债转股的内在动力，这构成了可转债穿越牛熊核心逻辑之一。

因为大多数可转债强赎条件是正股达到转股价的 130% 以上，也就是转股价值达到 130 元，此时可转债的价格高达 130 元以上。

所以，可以得出推论，可转债价格上涨到 130 元是大概率事件。

二、上不封顶，下有保底

从另一个角度理解可转债，可转债是可转债持有人与上市公司签订的一项对赌协议，以下是对赌条款。

前置条件：投资者在发行初期以 100 元每张的价格获得可转债。

对赌条款：在约定的期限内，正股股价超过转股价的 130% 以上，即正股上涨超过转股价 30% 以上。

对赌成功：如果正股上涨超过转股价 30% 以上，对赌成功。上市公司通过赎回条款提前赎回可转债，迫使投资者把可转债转换为股票。上市公司获得股权融资，充实资本金，投资者获得 30% 以上的收益，实现了"双赢"。

对赌失败：如果正股在约定的期限内，无法上涨超过转股价的 130%，对赌失败。上市公司向投资者支付赎回价，加上持有期间的利息，投资者仅获得债券收益。上市公司未能实现股权融资，投资者未能获得超额收益，变成了"双输"。

值得注意的是，在这个对赌条款中，对赌条款要求正股价超过转股价 130%

以上，这里的"以上"二字是重点。也就是说，可能是转股价的150%，也可能是200%。相对应的是投资者获得50%、100%的收益，这个收益是"上不封顶"的。

如果投资者对赌失败，投资者拿回本金，取得利息收益，这形成"下有保底"。

图6-5是2020年12月31日的可转债散列图。图中的横坐标为转股价值，纵坐标为转债价格。散列图展示了当时市场上所有可转债的转股价值与转债价格的横向比较关系。

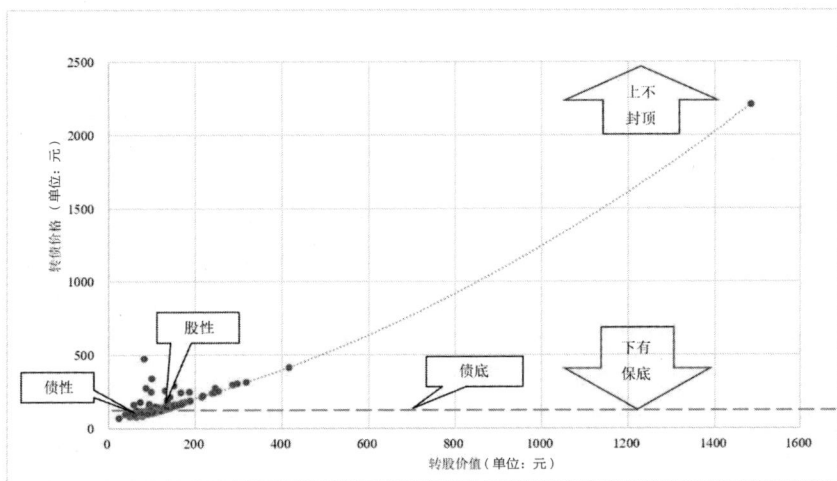

图6-5　上不封顶，下有保底

注意，转股价值是正股价与相对于转股价的比值乘以100，用于衡量正股价相对于转股价的比值。

从图6-5可以看出，可转债的债底约在100元以下的90元附近。

即使转股价值大幅低于100元，转债价也只是停留在90元附近，不再继续下跌，表现出"下有保底"；对于转股价值大于110元的转债，随着转股价值的上涨，转债价格也同步上涨，转股价值最高的是英科转债，转股价值高达1 485元，其转债价格也高达2 209元，充分展现了可转债"上不封顶"。

所以，从可转债市场散列图分布看，可转债具有"上不封顶，下有保底"的特点，这构成了可转债穿越牛熊核心逻辑之二。

三、历史退市可转债高收益

可转债发行时，公告中约定的存续期为5年或6年，但实践中，因为提前赎回的原因，平均存续期仅为 2 年左右。

与收益测算中统计方法类似，我们选取 2015 年 12 月 31 日以前发行的可转债，共计 112 只，这些可转债无疑都以强赎、回售、到期等方式退市，把它们作为统计样本，就不存在幸存者偏差问题，统计结果更客观。

这 112 只退市可转债的平均存续期为 2.38 年。存续期中，平均上市首日收盘价为 117.98 元，平均最低价为 102.37 元，平均最高价为 206.90 元，平均退市收盘价为 162.31 元，平均利息为 2.21 元。

设想一种理想的情况，投资者都能以发行面值 100 元买入，以最后收盘价卖出，再加上持有期间的利息，再把这 112 只可转债投资当作时间上独立的事件，再一只接着一只串联起来计算，累计收益率高达 8.20×10^{21} 倍，累计存续年限为 266.65 年，换算成年化收益率为 20.83%，见图 6-6。

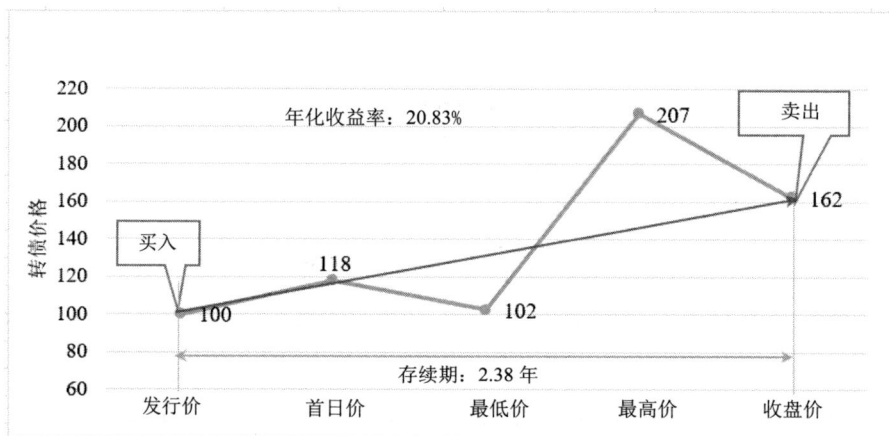

图 6-6 历史退市可转债走势统计

表面上看，年化收益率 20.83% 看起来不太高，但这个统计阶段从 1992 年宝安转债发行开始至 2021 年 5 月 28 日航信转债退市结束，时间跨度长达 29 年，期间经历了股票市场多次牛熊的转换，最终年化收益率超过 20%，与沃伦·巴菲特先生的长期收益率 20.2% 相比，已经是很难得了。

取得这个高收益的根源在于，绝大部分可转债，都实现了提前赎回。

统计表明，其中有 94 只可转债实现了强赎，占全部退市可转债 112 只的 84%，见图 6-7。

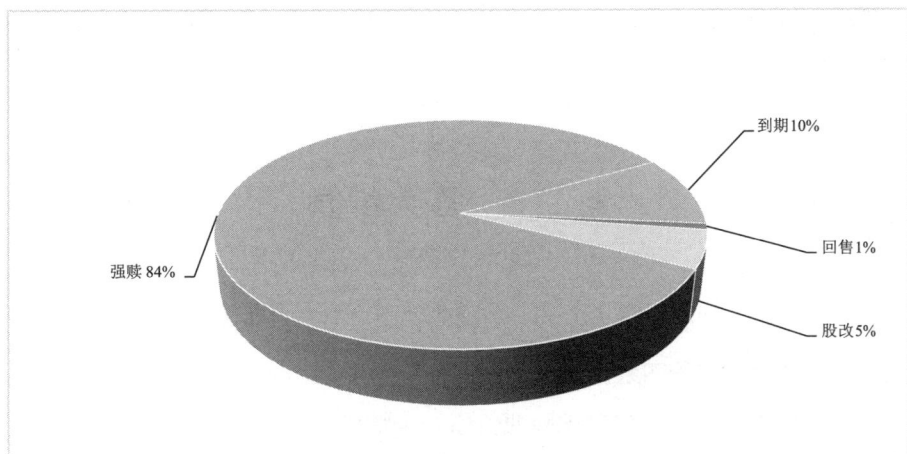

图 6-7 历史可转债退市方式统计

其中，有 11 只可转债到期赎回退市，投资者收回利息和本金，占比 10%。

有 6 只可转债因为股改原因转股退市，占比 5%。它们是民生转债、铜都转债、江淮转债、歌华转债、金牛转债、包钢转债。

值得注意的是，股改就是上市公司股权分置改革的简称，是通过非流通股股东向流通股股东让利的方式，即非流通股支付对价，非流通股获得流通权。但可转债不是股票，不能获得非流通股支付的对价，因此可转债投资者不得不把可转债转股，以获得非流通股这部分对价，保证自己的利益。大量的可转债转股后，可转债流通面值低于 3 000 万元，上市公司对剩余的可转债实施了赎回。

这是 2005 年股改启动后 1、2 年内存在的特殊情况。目前，除极个别的上市公司以外，所有上市公司都是全流通，不会再有股改。因此，不会再有可转债因为股改原因赎回。

具体分析这 6 只股改原因退市的可转债，即使没有股改，在随后 2006 年至 2007 年的大牛市中，也会因为强赎退市，所以撇开股改的特殊历史原因，算作强赎退市更为合理。

剩下双良转债这 1 只可转债因为回售原因退市，占比 1%。与到期赎回不同的是，投资者以回售价拿回了高于本金和当期利息之和的款项。

如果把股改退市归属于强赎，则有高达 89% 的可转债实现强赎，使得可转债平均年化收益约为 21%。

这就在纵向统计上说明了可转债的高收益特点，构成了可转债穿越牛熊的核心逻辑之三。

第二节　四大价值

我们知道可转债有穿越牛熊的三大核心逻辑，但要用于指导价值可转债投资，还需要搞清楚可转债的四大价值。

股票投资中，投资者仅考虑股票价值一个维度。而可转债是股票的衍生品，比股票投资考虑维度更多，除了具有股票价值以外，还要考虑债券价值、转股价值和博弈价值这三个维度，总共四大价值，四个维度。

$$可转债的价值 = MAX（纯债价值，转股价值）+ 转股期权价值 +$$
$$博弈价值……\qquad ①$$

这里的纯债价值就等于债券价值。

由于期权价值需要完善的做空机制才能实现，当前 A 股市场还不具备完善的做空机制，所以忽略转股期权价值，公式①可以简化为：

$$可转债的价值 = MAX（债券价值，转股价值）+ 博弈价值……\qquad ②$$

公式中，没有列出正股价值，但实际上，正股价值是通过驱动转股价值来间接影响可转债的价值的。

一、债券价值

债券价值是可转债的评级、剩余期限、债券收益率、同类债券市场利率的综合体现，用纯债价值来度量，这些因素对可转债的纯债价值影响见表6-1。

表6-1　纯债价值的影响因素

评　　级	剩余期限	债券收益率	同类债券市场利率	纯债价值
越高	越短	越高	越低	越高
越低	越长	越低	越高	越低

此外，我们还引入纯债溢价率、风险等级等指标来综合度量当前转债价是否低估了纯债价值。

纯债溢价率计算公式为：

纯债溢价率＝（转债价格 ÷ 纯债价值 － 1）×100%

对于投资者来说，溢价率越低越好，溢价率为负值，相当于折价，即折价买入纯债，且将来可以转股。

表 6-2 是截至 2020 年 12 月 31 日纯债溢价率最低的 20 只可转债列表。

表 6-2　纯债溢价率最低的 20 只可转债列表

转债名称	评级	转债价（元）	纯债价值（元）	保本价（元）	债券收益率	纯债溢价率	风险等级	剩余期限
本钢转债	AAA	79.50	105.68	128.60	9.47%	−24.77%	R1	5.50
鸿达转债	AA	81.13	99.97	124.40	9.20%	−18.84%	R2	4.96
维格转债	AA	82.86	100.96	120.20	9.83%	−17.93%	R2	4.07
国城转债	AA	84.00	89.54	115.10	5.97%	−6.19%	R2	5.54
广汇转债	AA+	86.59	90.61	114.50	5.14%	−4.32%	R2	5.63
天创转债	AA	86.75	90.56	115.30	5.44%	−4.20%	R2	5.48
岭南转债	AA	91.28	95.25	111.30	5.75%	−4.16%	R2	3.62
搜特转债	AA	89.60	93.31	117.30	5.44%	−3.97%	R2	5.20
亚药转债	A−	68.99	71.46	119.80	14.20%	−3.47%	R2	4.25
长久转债	AA	98.13	101.03	119.30	5.30%	−2.87%	R2	3.85
大业转债	AA	96.29	98.53	113.10	4.99%	−2.27%	R2	3.35
大丰转债	AA	99.28	101.38	121.60	5.02%	−2.07%	R2	4.24
游族转债	AA	95.60	97.30	119.90	5.00%	−1.75%	R2	4.73
岩土转债	AA	97.00	98.53	112.30	4.79%	−1.56%	R2	3.21
亚太转债	AA	97.50	98.69	111.30	4.70%	−1.20%	R2	2.93
吉视转债	AA+	96.70	97.23	108.80	4.08%	−0.55%	R2	2.99
众信转债	AA	96.15	96.38	108.80	4.39%	−0.34%	R2	2.92
航信转债	AAA	106.08	105.45	107.00	1.95%	0.59%	R1	0.45
杭电转债	AA	99.26	98.63	112.30	4.05%	0.63%	R2	3.18
洪涛转债	AA−	100.68	100.02	109.80	5.72%	0.66%	R2	1.58

如果简单用保本价代替利息和赎回价，从表 6-2 可以看出：

（1）本钢转债保本价最高，评级也是最高，所以纯债价值最高；

（2）广汇转债保本价低于国城转债，但评级较高，所以纯债价值高于国城转债；

（3）亚药转债评级最低，尽管保本价较高，但纯债价值最低；

（4）用纯债溢价率进行比较，溢价率越低，债券价值越高。

投资者评判可转债是否在债券价值上值得持有或买入时，用纯债溢价率来度量，溢价率越低越值得买入和持有。

此外，投资者对于低评级的可转债，如亚药转债，还应考察为什么评级那么低，是否正股有高风险的利空因素？事实上，亚药转债正股亚太药业，确实有子公司失去控制，收到《行政处罚及市场禁入事先告知书》，控股股东股权被拍卖等诸多利空消息。对于这类可转债，在没有新的基本面改善之前，投资者还是远离为好。

风险等级和纯债溢价率等指标，主要用于转股价下修博弈交易系统中选择标的，也在价值可转债轮动交易系统中起辅助作用。

二、转股价值

转股价值是最好理解的价值，就是不管正股价值如何，只要可转债转股，就可获得正股，而正股对应的市值，就是转股价值。转股价值计算公式为：

$$1 张可转债的转股价值 = 正股价 \div 转股价 \times 100$$

此外，我们还用转股溢价率和跟涨性来衡量转债价与转股价值的关系。

转股溢价率计算公式为：

$$转股溢价率 = （转债价 \div 转股价值 - 1） \times 100\%$$

转股溢价率越高，表明当前转债价相对于转股价值溢价越高，买入和持有越吃亏；反之转股溢价率越低，表明当前转债价相对于转股价值溢价越低，如果为负值，表示折价，买入和持有就越划算。

溢价率越高的转债，正股上涨时，越难以带动转债上涨，跟涨性越差。

案例：泰晶转债

2020年1月至3月中旬，泰晶转债未受疫情的影响，呈现冲高回落调整的走势。

3月18日，受投机资金驱动，泰晶转债连续大涨冲高到420元，涨幅高达128%，同期正股虽然上涨，但涨幅仅为17%。随后2天，泰晶转债大幅回落。

3月24日，泰晶转债继续冲高，之后保持在350元高位震荡。

正当投资者在获利的喜悦中憧憬泰晶转债上涨更高时，不料5月6日晚，泰晶科技发布《关于提前赎回"泰晶转债"的提示性公告》，而泰晶转债当日收盘价为364.94元，转股价值仅134.75元，转股转债溢价率高达170.83%。

一旦赎回，投资者如果不及时卖出，只能转股，获取转股价值收益，在转债价 364 元远高于转股价值 134 元的情况下，理性的选择应该是卖出。

显然这个逻辑大多数投资者都能考虑到，因此，5 月 7 日开盘，泰晶转债暴跌，见图 6-8。

```
113503.SH[泰晶转债]  2020/05/26  收125.470  幅0.22%(0.270)  开123.990  高127.790  低123.100  均125.887  量12.40万  振
MA5 130.668↓ MA10 143.450↓ MA20 214.634↓ MA60 247.574↓ MA120 195.287↓ MA250 155.778↓      2019/12/24-2020/05/26(100日)▼
```

图 6-8　高溢价泰晶转债赎回暴跌

可见追求稳健投资的投资者应避免买入高溢价的可转债。

三、博弈价值

博弈价值是可转债特有的价值，包括转股价下修博弈价值和回售博弈价值。

（一）下修博弈价值

转股价下修博弈价值来源于转股价下修条款，当正股股价低迷，上市公司又希望尽快促进转股，上市公司就有可能下修转股价。

我们知道转股价值的计算公式为

$$转股价值 = 正股价 \div 转股价 \times 100$$

正股价上涨，转股价值上涨；转股价下修，转股价下降，转股价值的计算公式中，转股价作为分母，分母降低，自然转股价值就升高。

一方面，转股价下修是上市公司的权利，也就是说，即使满足下修条件，上市公司也可以不提出转股价下修议案，所以，提出转股价下修议案具有不确定性；

另一方面，即使上市公司提出转股价下修议案，是否能获得股东大会通过也是不确定的；

再有，即使股东大会通过下修议案，转股价下修多少和能否下修到底也是一个问题。上市公司董事会决定转股价下修幅度，对投资者又是不确定的。

所以，转股价下修是上市公司股东和可转债投资者博弈的结果，综合了各相关利益主体的利益诉求，最终结果具有不确定性，是一种博弈价值。

（二）回售博弈价值

回售博弈价值来源于回售条款，回售条款分为有条件回售和附加回售。有条件回售条款一般是在到期前 2 年，正股价低于转股价的 70%，且持续达到三十个交易日，投资者有权把可转债按照回售价回售给上市公司。

可转债满足回售条件，投资者有权利回售，上市公司只能被动接受回售。而回售意味着上市公司必须还钱给投资者，对上市公司经营有一定压力。所以大多数上市公司，在可转债可能满足回售条件以前，提前进行转股价下修，转股价下修后，缩小了正股价与转股价的差距，就可避免回售。

这种基于有条件回售压力，迫使上市公司下修转股价，投资者获益，就是可转债的回售博弈价值。

附加回售条款是上市公司改变可转债募集资金用途而触发的回售条款。如果可转债转股价值大幅低于面值，转债价可能低于面值，上市公司为避免回售，很可能不会改变募资用途，避免触发附加回售；有少数上市公司，在这种情况下还是希望改变募资用途，这会采用转股价下修来确保不触发附加回售。这也是可转债的回售博弈价值。

投资者依据可转债博弈价值判断，在转股价下修博弈交易系统买入合适的投资标的。

（三）热点博弈价值

中国 A 股市场经过三十多年的高速发展，成为了世界市值第二的大市场。虽然 A 股市场与发展初期相比已经很成熟了，但还是广泛存在行业、概念、风格、地区、小盘、重组、控股权转让等热点投机炒作现象。

在 2021 年 12 月 31 日的可转债市场中，扣除少量上市公司同时有两次发行的可转债在交易的重复记数，377 只可转债对应 375 家上市公司。这些上市公司正股的热点炒作，同样极大引发可转债暴涨。

除穿越牛熊的三大核心逻辑中提到的国轩转债因热点炒作暴涨强赎以外，还有以下样例：

2021 年 3 月至 4 月期间，小康股份与华为合作造新能源汽车形成热点，股价暴涨 152.40%，带动小康转债暴涨 244.22%；

2021 年 5 月 19 日，特一药业宣布进军医美行业，形成热点，当日股票一字板涨停，特一转债当日暴涨 45.29%；

2021 年 6 月 21 日，众兴菌业宣布收购茅台镇酒企，进军白酒行业，形成热点，当天股票一字板涨停，其后连续五个涨停，累计上涨 77.17%，众兴转债当日暴涨 44.60%。

此外，由于可转债具有 T+0 交易方式、低廉的交易费用、宽松的涨跌幅限制等特点，也时常出现小盘热点炒作现象。

例如：在上市首日定位预测中提到的乐歌转债，在 2020 年 11 月 10 日至 12 日的上市 3 个交易日期间，累计暴涨 130%，而同期正股乐歌股份反而下跌 11.43%，收盘乐歌转债溢价率高达 207%。乐歌转债发行规模仅 1.42 亿元，属于微盘转债；显然乐歌转债的暴涨与正股走势无关，完全是资金集中买入微盘转债，形成热点，产生流动性溢价的结果。

尽管各类媒体为吸引读者眼球，热衷于报道热点炒作引发的暴涨，普通投资者也对热点炒作津津乐道；但是对于上述热点博弈价值，投资者如果不计成本去追逐热点，必然失去了投资的初心，变成了随波逐流的投机者，最终的结果就是"七亏二平一赚"。

而作为理性的投资者，不以炒作为目的，在选择转股价下修博弈和价值可转债轮动交易系统中的投资标的过程中，适当地考虑热点博弈价值标的。这是一种客观、理性、适合市场的投资态度。

如果后期有热点炒作产生，投资者利用"三高"卖出方法获利，可以收获意外的惊喜；即使后期没有热点炒作，依靠正股价值和其他博弈价值，也能实现盈利。

四、正股价值

正股价值就是发行可转债的上市公司所对应的股票价值。

在投机者看来，股票有波动的价格，不用过多考虑股票是否有价值，直接通过技术指标、趋势分析等方法来进行"低买高卖"，获取价差收益。

在投资者看来，股票就是公司的一部分股权，买股票就是买公司，股票的价值就是上市公司的价值，投资股票就是投资上市公司，获取上市公司经营成果的收益。

既然本书讨论的是"价值可转债投资策略"，我们当然站在投资者角度，坚信正股的价值就是所对应的上市公司价值。

我们可以从定性分析和定量分析两方面来评估上市公司价值。

（一）定性分析

在定性分析上，我们首先要考察上市公司所在的行业。需要分析以下问题：

是新兴行业还是夕阳行业？新兴行业公司价值高。

行业发展空间如何？发展空间越大的行业，公司价值越高。

当前行业处于周期的底部还是顶部？处于行业周期底部的公司价值高。

行业集中度在上升过程中吗？一般上市公司比非上市公司资金雄厚，集中度上升，有利于上市公司的发展。所以，集中度上升的行业，公司价值高。

此外，还可以用波特五力模型从供应商的议价能力、购买者的议价能力、新进入者的威胁、替代品的威胁和同业竞争者的竞争程度五个方面，对上市公司竞争力做出定性分析。竞争力越强的上市公司，价值越高。

（二）定量分析

在定量分析上，我们可以从上市公司报表中，摘取公司市场占有率、毛利率、总资产收益率、净资产收益率等指标和竞争对手进行定量对比分析。指标越好的公司，价值越高。

对比公司和竞争对手的现金流量表分析，可以得出公司的盈利质量水平。

自由现金流量，就是公司在满足了再投资需要之后剩余的现金流量，这部分现金流量是在不影响公司持续发展前提下可供分配的最大现金额。自由现金流越高，盈利质量越高，公司价值越高。

对比公司和竞争对手的资产负债表，可以得出公司的经营风险。资产负债率越低，经营风险越低，公司价值越高。

在股票估值上，把公司和竞争对手进行对比分析。即对滚动市盈率PE（TTM）、市净率PB、市盈率相对盈利增长比例PEG等静态估值和动态估值进行综合对比，估值越低越好。

总之，行业空间大、竞争力强、经营质量高、经营风险低、股票估值低、成长性高的股票价值高。

以上对股票价值的思考，是完全站在价值投资者的角度上，基于长期股票投资所考虑的。但是因为可转债存续期最长是 6 年，且可转债有强赎的条款，平均来说上涨 60%，即 160 元就会强赎；且实际平均存续期仅有 2 年左右，在这样较短的期限内，采用长期股票投资思路并不太适合。

所以，对于可转债投资者，总是希望在较短的时间内，可转债能达到强赎条件，尽早获得收益，从而长期取得较高年化收益率。

因此，在可转债投资的正股价值中，还要增加以下因素：

（1）最近一两年，甚至最近一两个季度业绩是否增长？业绩增长驱动力是什么？

（2）这种驱动力在未来一两个季度是否存在？如果存在，可能的业绩增长潜力如何？如果业绩增长潜力较大，正股价值越高。

（3）资产负债率是否过低？如果是，上市公司不差钱，促进转股的动力就弱，在正股低于转股价时，可能无心下修转股价，宁愿回售可转债，或者让可转债到期赎回。这种情况下，虽然投资者可以拿回本金，获得利息收益。但收益率不高，反而不利于转债投资者。

股票的长期投资价值和短期业绩成长构成可转债正股价值。高正股价值的可转债，是价值可转债轮动交易系统中选择的标的。

在学习了"穿越牛熊的三大核心逻辑"和"四大价值"之后，我们可以用来构建三大价值可转债投资交易系统，即"申购长持交易系统""转股价下修博弈交易系统"和"价值可转债轮动交易系统"。

第三节　申购长持交易系统

很多投资者知道可转债上市后，可转债价格大概率会高于 100 元面值。事实上从截至 2015 年 12 月 31 日退市的历史可转债统计来看，可转债的平均最低价为 102.37 元，高于面值。

所以申购可转债，相当于以 100 元面值价格买入可转债，买入价格低于可转债的平均最低价，是比较划算的。

投资者申购中签可转债后，可以上市卖出，获取上市首日上涨的利润。

但是通过可转债穿越牛熊的"三大核心逻辑"的梳理，我们对可转债有了更深刻的理解，知道上市首日上涨卖出并非最佳策略。

事实上，截至 2021 年 12 月 31 日，共计有 655 只可转债上市，其中 377 只尚在交易中，其余 278 只已经退市。

我们对这 655 只可转债进行简单算数平均，可以看到，上市首日可转债平均收盘价仅为 115.03 元，而在截止日或者最后交易日的平均收盘价为 156.59 元，超过首日平均收盘价近 40 元。

所以，申购长持可以让投资者的收益最大化，也正因如此，我们把申购长持交易当作交易系统来考虑。

一、交易模型

申购长持的交易系统模型见图 6-9。

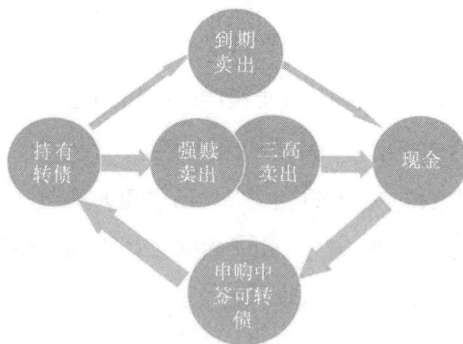

图 6-9　申购长持交易模型

申购长持交易系统比较简单，只需要以下三个步骤：

（1）上市公司发行可转债时，投资者不需要考虑可转债投资价值，一律申购，中签多少就拿多少现金缴款；

（2）申购中签后就一直持有，持有过程遇到多少波折，都不动摇，坚持持有；

（3）遇到可转债满足强赎条件，上市公司发出强赎公告，就在强赎最后交易日之前择机卖出；遇到可转债突然因为某种原因上涨，而正股上涨不大，出现"三高"现象，即高价格、高溢价和正股高估值，就卖出可转债；可转债在存续期内，达不到强赎条件，上市公司无法强赎，则持有至到期卖出，这种情况概率较小，图中用细箭头表示。

二、收益测算

根据申购长持交易模型，可以统计出自可转债信用申购改革以来，截至 2021 年 12 月 31 日的申购长持收益数据。

这期间共计上市 524 只可转债，有 158 只可转债强赎退市，其余可转债处于交易中。

观察这 158 只强赎退市可转债，有部分可转债因为赎回转股，正股流通数量增加，股价承压下跌，或者市场风格转换，股价下跌，致使最后交易日收盘价很低。

案例：圆通转债

2018 年 12 月 18 日，圆通转债上市；2020 年 2 月 21 日，可转债满足赎回条件，上市公司发出赎回圆通转债的提示性公告，公告当日，圆通转债下跌 2.78%。

随后圆通转债一路下跌，至 3 月 20 日最后交易日，收盘价下跌到 100.2 元，低于赎回价格 100.27 元，见图 6-10。

图 6-10　圆通转债赎回公告后的走势

由此我们可以看出，赎回公告后，可转债价格有可能大幅下跌。

另外，在可转债赎回之前，有部分可转债成为"三高"的可转债，按照图 6-9 中的交易模型，投资者可以在"三高"卖出，而不是等到强赎公告后卖出，"三高"卖出价格高于强赎卖出，大幅提高投资收益。

案例：凯龙转债

2020 年 4 月 24 日，凯龙转债收盘价为 366.05 元，转股价值为 154.51 元，转股溢价率高达 136.91%，正股凯龙股份静态估值 PE 高达 85.70 倍，成长性估值 PEG 高达 31.23 倍，明显是进入"三高"区域，见图 6-11。

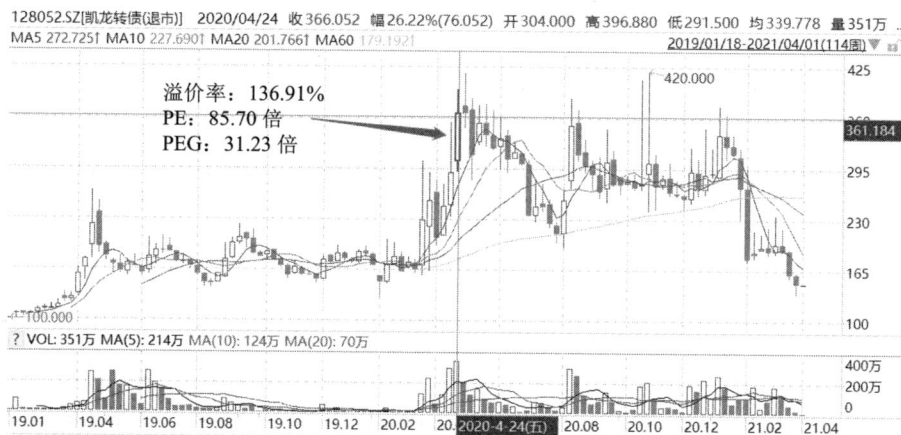

图 6-11　凯龙转债进入"三高"区域

凯发转债转股价值在 154.51 元，如果溢价 10%，转债价则是 170 元，再加上正股高估值，所以 170 元以上就符合交易模型中的"三高"标准了。

按照"三高"卖出策略，投资者完全有可能在 170 元至 420 元卖出，具体卖出价是多少，取决于投资者的市场经验和运气，但卖出价肯定高于凯发转债的最后收盘价 148.3 元。

所以，为使测算收益率更真实，我们把最高价与最后收盘价的平均价作为卖出价，由此可以计算得出申购长持收益。

对于持有期间发放的税前利息，由于只有持有到最后收盘才能拿到，而"三高"卖出时，时间不具有确定性，无法估计是否收到利息。因此，假定"三高"卖出没有利息收益，这样卖出平均价计算公式如下：

卖出平均价 =（最高价 + 最后收盘价 + 持有期间利息）÷ 2

投资者在申购可转债时，并不是申购就能中签，当申购的投资者较少时，中签很容易；当申购的投资者较多时，申购难以中签。

所以，在收益测算中，都假定投资者用足额度申购可转债，再按照中签率测算出平均中签数量。即使中签数量不足1签，也按照小数计算出中签市值，以此作为测算依据。

用以上方法可以计算出，信用申购改革以来至2021年12月31日的4.25年期间，采用申购长持交易系统，可以获得的收益为342 506元，约34万元。

分季度统计数据见表6-4。

表6-4　申购长持分季度收益列表

季　　度	收益（元）	收益率	累计收益（元）	累计收益率	占用资金（元）
2017Q4	67	0.28%	67	0.28%	24 048
2018Q1	2 484	5.96%	2 551	6.25%	41 625
2018Q2	−2 396	−3.63%	155	2.39%	63 374
2018Q3	−2 219	−1.22%	−2 064	1.15%	182 212
2018Q4	−2 410	−0.76%	−4 474	0.37%	318 290
2019Q1	77 398	23.09%	72 924	23.55%	340 195
2019Q2	−19 837	−4.80%	53 087	17.62%	340 598
2019Q3	11 338	2.89%	64 425	21.01%	344 981
2019Q4	17 265	4.16%	81 690	26.05%	357 112
2020Q1	57 886	14.69%	139 576	44.57%	320 238
2020Q2	14 201	3.56%	153 776	49.71%	293 318
2020Q3	29 936	8.35%	183 712	62.21%	251 554
2020Q4	49 990	13.79%	233 703	84.58%	229 708
2021Q1	−20 744	−5.45%	212 959	74.52%	194 469
2021Q2	21 707	6.61%	234 666	86.05%	189 036
2021Q3	23 649	6.97%	258 314	99.02%	180 980
2021Q4	46 938	13.49%	305 252	125.86%	177 399

从表6-4可以看出：

2018年因为A股市场低迷，属于小熊市，申购长持累计收益小幅亏损4 474元；

2019年第一季度，低迷的可转债市场迎来暴涨行情，单季度盈利为最多，即约7.7万元，收益率为最高，即约23%；

2019年第四季度，占用资金高达约35.7万元，其后随着可转债赎回，资金回笼，且中签新发行可转债的数量走低，占用资金逐步降低；

2020年第四季度，累计收益约23万元创新高，累计收益率近84.58%，创下新高；

2021年第一季度，由于市场调整，收益率下跌约5.5%，绝对收益为亏损约2.1万元，亏损额最大；

2021年第四季度，可转债市场加速上扬，单季度盈利约4.7万元；收益率上涨13.49%，累计收益率高达125.86%，再创新高。

三、收益比较

把上证指数和申购长持收益率绘制在一张图上，可以把申购长持交易系统与市场指数的收益率做对比，见图6-12。

从图6-12可以看出，申购长持收益率风险较低。例如，2018年第四季度，同期上证指数下跌25.53%，申购长持依然保持累计0.37%的小幅盈利；在2021年，上证指数上升的过程中，申购长持收益率大幅上升，最高累计收益达到125.86%，超越同期上证指数涨幅近117个百分点。

从年化收益率来看，申购长持年化收益率高达21.13%，大幅高于同期上证指数1.98%的年化收益率。

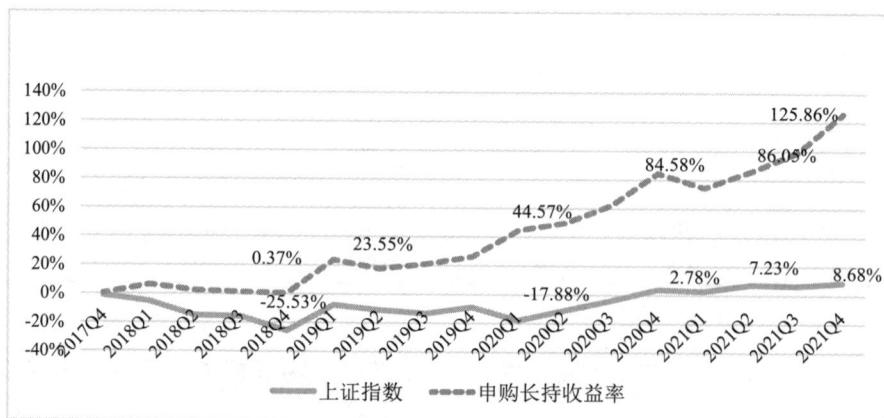

图6-12 申购长持收益率与上证指数收益率比较

一般来说，从申购可转债到卖出可转债有3种流行的策略，即网上申购套利中谈到的上市首日卖出、保本卖出，还有网上比较流行的"上涨30%卖出"。

"上涨30%卖出"策略，顾名思义就是申购中签可转债后，一直持有到上涨30%卖出。其理论依据是上涨30%后，上市公司可能实施强赎，出于回避风险考虑，无论上市公司是否强赎，投资者都提前卖出可转债。

按照这3种策略方法，我们同样可以计算出累计收益，然后与申购长持交易系统收益比较，见图6-13。

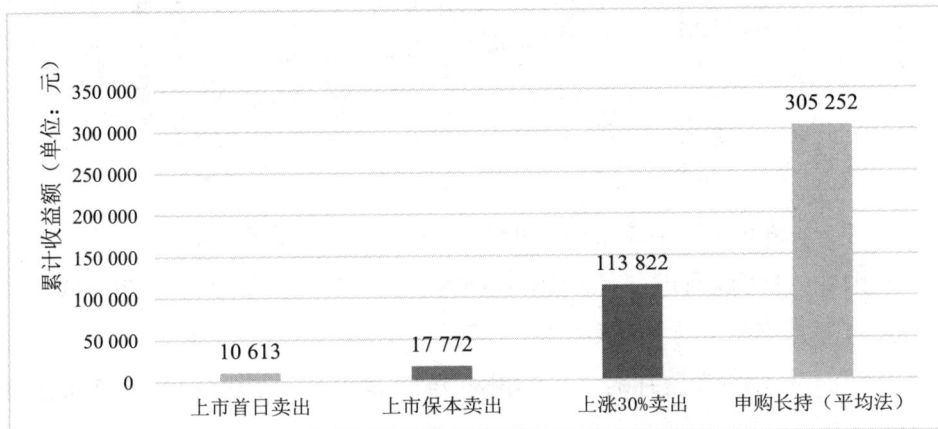

图 6-13　四种可转债申购卖出策略收益比较

从图6-13可以看出，申购长持收益额约30.53万元最高，比30%卖出策略高出168%。

原因是可转债赎回时最后收盘价比130元高，平均来说大约在160元，所以累计收益额大幅高于上涨30%卖出策略。

上市首日卖出和首日保本卖出收益比较已经在第一重网上申购套利中详述，此处不赘述。

四、评　价

申购长持策略年化收益率为21.13%，接近于历史退市可转债高收益中测算的21.31%年化收益率。

申购长持可转债具有低风险、高收益的特点。对投资者来说是"香饽饽"，随着A股投资者逐渐认识到可转债的价值，参与申购的投资者越来越多，中签率越来越低，中签的可转债数量相应降低，见图6-14。

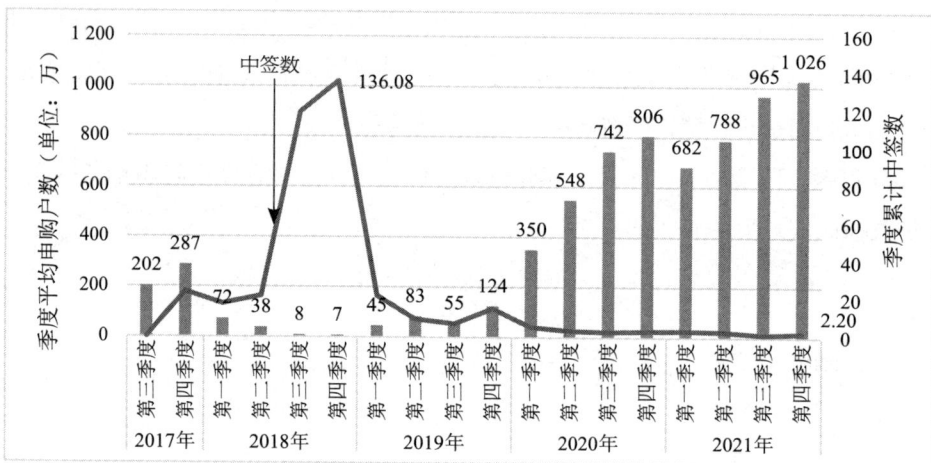

图 6-14　单季度平均申购户数和满额申购累计中签数

从图 6-14 可以看出，在 2018 年下半年至 2019 年初，平均申购户数不到 20 万，单季度满额申购中签数高达 136 签；

从 2020 年第一季度开始，平均申购户数逐渐上升到 1 000 万，单季度满额申购中签数低至 2 签附近。

图 6-15 显示了单季度累计发行规模和满额申购中签数的关系。

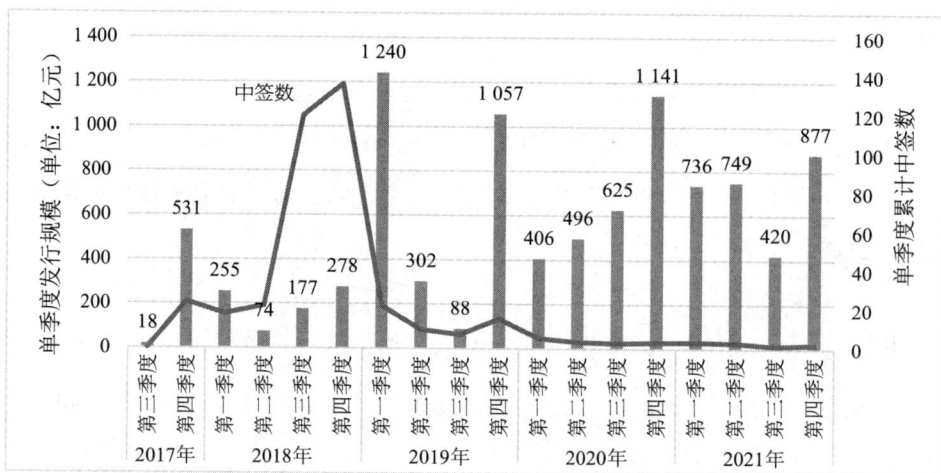

图 6-15　单季度累计发行规模和中签数

由此我们可以看到，申购长持交易系统最大的缺陷就是，卖出可转债后，难以再次中签足额的新发行可转债，交易系统难以形成闭环，所以难以扩大资金规模，盈利规模有限，雪球难以滚大。

　　要解决这个问题，必须进入更高一级的交易系统，即下面谈到的"转股价下修博弈交易系统"和"价值可转债轮动交易系统"。

第四节　转股价下修博弈交易系统

　　"转股价下修博弈交易系统"这个词听起来比较拗口，其实是从偏债型可转债投资演变而来。

　　正如偏债型可转债一节所述，偏债型转债总体来说价格较低，主要由纯债价值支撑转债价格，转股溢价率较高。

　　如果我们不加以区分，只是根据低价买入，极有可能陷入正股有问题的亚药转债，以及到期赎回的唐钢转债、江南转债等低价转债陷阱。

　　迄今为止，虽然正股有问题的可转债目前还没有让投资者吃大亏，但随着可转债发行数量越来越多，基数越来越大，在退市概率一定的情况下，出现一家退市公司的可能性越来越大，一旦出现，投资者将大亏，所以投资者需要对有问题的正股保持警惕。

　　很显然，投资者买入这类可转债，可能陷入期限较长、收益率不高、违约风险高的低价转债陷阱。

　　投资者投资偏债型可转债，期望可转债上涨到强赎和"三高"，并不是希望获得可转债的债券收益率。那么，由于偏债型可转债的转股价值远低于 100 元，转股溢价率较高，上市公司期望短期通过正股上涨达到强赎条件并不现实。在这种情况下，上市公司可以动用转股价下修条款，大幅度下修转股价，这样就容易让正股价达到强赎条件了。

　　所以，投资者投资偏债型可转债，不应该简单基于低价格、高债券收益率的考虑，还要考虑可转债评级，转股价下修可能性和回售博弈等因素，才能取得低风险和高收益的综合平衡，使雪球越滚越大。

　　这是本节的交易系统取名为"转股价下修博弈交易系统"的原因。

一、交易模型

转股价下修博弈交易系统模型见图 6-16。

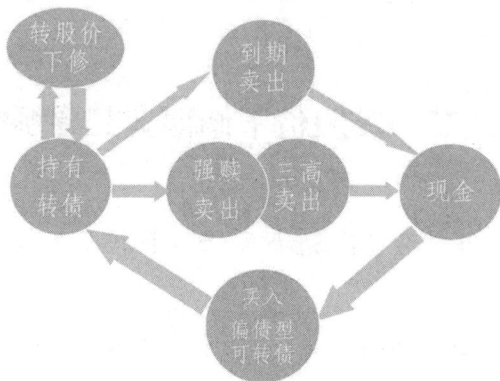

图 6-16　转股价下修博弈交易系统模型

相对于申购长持交易系统，转股价下修博弈交易系统模型比申购长持交易系统模型复杂一些，其步骤如下：

（1）对二级市场交易的偏债型可转债，综合考虑其债券收益率、剩余期限、评级、纯债溢价率、下修条款、回售条款、行业分散、短期业绩影响原因等多种因素，选择 10 只以上可转债买入，以均等持仓比例构成转股价下修博弈组合。

（2）跟申购长持交易系统一样，买入后一直持有，持有过程遇到多少波折，都不动摇，坚定持有。

（3）持有期间，由于正股价大幅低于转股价，上市公司下修可转债的概率较高。转股价下修后，投资者继续持有。

（4）持有期间，有些可转债在转股价下修后，一旦正股从底部反弹，可转债极容易达到强赎或"三高"卖出条件，投资者可以卖出锁定高收益，收回现金。

（5）持有期间，有些可转债未进行转股价下修，但正股从底部上涨幅度较大，也能使可转债达到强赎或"三高"卖出条件，投资者可以卖出锁定高收益，收回现金。

（6）持有期间，少部分可转债，无论是否进行转股价下修，最后都没有达到强赎或"三高"，投资者只能到期卖出，获得本金和利息收益，收回现金。

（7）在以上三种卖出路径中，投资者最后都收回现金；收回现金后，投资者再根据当前可转债市场状况，选择可转债；如果选择的可转债已经持有，则看当前仓位是否达到均等持仓仓位比例，没有达到就加仓，否则就不操作；如果选择的可转债不持有，则尽可能按均等持仓仓位比例建仓；继续重复（2）中持有操作。

从交易模型的步骤中可以看出，关键是（1）和（7）中，选择适合的偏债型可转债买入，构成和补充可转债组合；其他步骤都是被动等待或者卖出实现收益，相对来说难度不高。所以下面专门谈一下如何选择偏债型可转债。

二、如何选择下修博弈可转债

在转股价下修博弈交易系统模型的（1）中，看起来要考虑的因素很多，但归结起来就 3 点，即债券价值、博弈价值和业绩影响。

（一）债券价值

纯债价值其实已经包含了债券收益率、剩余期限、评级等因素；把纯债价值与可转债价格比较，可以得出纯债溢价率和风险等级。

纯债溢价率越低，表明以当前转债价买入可转债越划算。

所以在债券价值上，尽可能选择纯债溢价率低、风险等级低的可转债。

（二）博弈价值

转股价下修是上市公司、正股投资者和转债投资者多方博弈的结果。

1. 低下修阈值

可转债的下修条款中，正股价低于转股价的百分比值是下修阈值，只有低于这个阈值的可转债才有下修的可能。

从已经发行的可转债下修条款看，有 70%、80%、85%、90%、95% 这 5 种阈值。我们再筛选出最低价低于 100 元的可转债，再分别筛选出"至少下修转股价 1 次"和"未下修转股价"的可转债，把它们的下修阈值各自统计对照，见表 6-5。

表 6-5 转股价下修与下修阈值分类统计

下修阈值	70%	80%	85%	90%	95%	总　　计
已下修转股价	0	17	27	31	1	76
占　　比	0	22.37%	35.53%	40.79%	1.32%	100.00%
未下修转股价	2	67	107	72	2	250
占　　比	0.80%	26.80%	42.80%	28.80%	0.80%	100.00%

从表 6-5 可以看出，实施过转股价下修的可转债，下修阈值为 90% 的占比高；

与此对照的是，未实施过转股价下修的可转债，下修阈值为 85% 的占比高。

由此可见，有些上市公司在发行可转债时，故意设置下修阈值为高百分比，意味着正股价下跌容易达到阈值以下，潜在含义是希望能随时使用转股价下修权利，通过转股价下修，促进可转债尽快转股。

所以，投资者在转股价下修博弈交易系统中，选择下修条件宽松，下修阈值为高百分比的可转债为佳。

2. 有回售压力

很多可转债在正股价低迷时并不会进行转股价下修，原因在于上市公司并不急于促进转股，可转债到期时间还长，有钱付利息。

但可转债有回售条款，在回售条款即将被触发时，且正股价满足转股价下修条件，则上市公司进行转股价下修的可能性较大。

因为正股价低迷，可转债的转股价值较低，转债价格很可能在面值以下运行。此时如果可转债满足回售条件，投资者很可能选择回售，上市公司就面临较大的回售压力，而如果上市公司下修转股价，就会提高转股价值，转债价格随之上涨，尽可能高于面值，即使回售，也不会有较多的投资者选择；另外，转股价值提高后，极大可能不会满足有条件回售中的条件，回售压力自然化解。

回售是投资者的权利，所以在面临回售的压力下，上市公司只能选择面对或者是转股价下修。

依据可转债是上市公司股权融资的核心逻辑，大多数上市公司会选择转股价下修，这就导致上市公司提出的转股价下修有了一定的必然性。

回售条款有 2 种，即附加回售和有条件回售。附加回售是改变募资投向触发的回售；有条件回售是在回售期限，正股股价达到回售条件触发的回售，大多数可转债的回售期限为到期前 2 年，也有少部分可转债的回售期限为转股期。

所以，投资者在转股价下修博弈交易系统中，选择有改变募资投向事件发生，或者即将到回售期的偏债型可转债为佳。

3. 少下修限制

在发行条款中的转股价格向下修正条款中，我们也看到关于下修转股价的最低限制："修正后的转股价格不低于前项规定的股东大会召开日前二十个交易日该公司股票交易均价和前一个交易日的均价。"

此外，部分上市公司，还附加有"下修后的转股价不低于最近一期经审计的每股净资产和股票面值"。

股票的面值一般为 1 元，而股价在 1 元以下面临退市风险，所以股价都在 1 元以上运行，投资者无须担心转股价不低于面值的限制。

最近一期经审计的每股净资产，就是最近年度报告中公布的每股净资产。

粗略统计所有发行的可转债，转股价下修有每股净资产限制的可转债约占发行总额的 60%，其余 40% 可转债无每股净资产限制。

考虑到每股净资产限制，有些可转债实际上已经无下修空间。

截至 2021 年 12 月 31 日，筛选出有下修和每股净资产限制，转股溢价率大于 10%，转股价高于每股净资产的可转债，见表 6-6。

表6-6 无转股价下修空间的可转债列表

名 称	行 业	评 级	转债价（元）	溢 价 率	债券收益率	纯债溢价率	转股价（元）	每股净资产
中信转债	银行	AAA	109.62	59.68%	2.43%	3.10%	6.73	10.39
浦发转债	银行	AAA	105.86	73.37%	2.68%	3.46%	13.97	18.99
上银转债	银行	AAA	105.81	57.75%	2.75%	4.45%	10.63	13.01
本钢转债	普钢	AA+	118.5	28.38%	1.79%	8.09%	4.55	5.25
紫银转债	银行	AA	108.8	31.53%	1.37%	11.69%	4.05	4.25
大秦转债	铁路	AAA	109.46	22.80%	0.82%	14.45%	7.18	8.14
青农转债	银行	AA+	110	23.11%	0.39%	15.81%	4.32	5.16
苏行转债	银行	AAA	113.2	35.44%	0.32%	18.53%	8.1	9.68
东湖转债	园区开发	AAA	112.05	25.07%	0.52%	21.88%	6.05	7.35

很显然，对于无转股价下修空间的可转债，没有转股价下修博弈价值，不适合纳入转股价下修博弈组合。

当然，如果作为纯债券投资，如债券收益率高达 2.75% 的上银转债，也是可以考虑的。

上市公司董事会提出下修预案，并不意味着必定能通过股东大会批准。

案例：蓝思转债

2017 年 12 月 8 日，蓝思科技发行 48 亿元蓝思转债，发行前，大股东将认购 36 亿元可转债。

但在实际的发行过程中，大股东因为外汇审批的问题，资金无法及时到账，没有认购，导致蓝思转债网上中签率高达 0.33%，即满额申购中 3.3 签。

部分中签的中小投资者对蓝思科技大股东的行为不满，放弃缴款，弃购总金额高达 6.07 亿元，由承销商包销。

2017 年 12 月 16 日，或许是为了平息投资者的不满，公司实际控制人宣布增持蓝思转债，总金额不低于 5 000 万元。

2018 年上半年，受第一季度业绩大幅下降 50.15% 影响，股价持续低迷，蓝思转债价格在 100 元附近，转股价值低于 70 元。

6 月 9 日，蓝思科技董事会提出向下修正可转换公司债券转股价格的议案。

6 月 26 日，蓝思科技召开《2018 年第二次临时股东大会》审议了《关于向下修正可转换公司债券转股价格的议案》。

表决结果：同意 28 492 608 股，占出席会议有效表决权股份总数的 65.204 4%；反对 15 201 761 股，占出席会议有效表决权股份总数的 34.788 7%。

其中，中小股东投票表决结果：同意 25 489 528 股，占出席会议中小股东所持股份的 62.636 6%；反对 15 201 761 股，占出席会议中小股东所持股份的 37.356 0%。

持有"蓝思转债"的股东回避了对该议案的表决。

同意表决票占比小于 2/3，因此本次议案没有通过。

8 月 14 日，蓝思科技召开 2018 年第三次临时股东大会第二次审议了《关于向下修正可转换公司债券转股价格的议案》。

结果表明，同意 93 623 718 股，占出席会议有效表决权股份总数的 68.467 2%，同意表决票占比略微超过了 2/3，涉险过关。

从此案例可以看出，由于蓝思科技大股东增持了"蓝思转债"，在股东大会中无表决权，仅小部分中小股东的反对表决权，就否定了转股价下修议案。

由此可见，如果大股东持有可转债，不利于转股价下修议案在股东大会通过。

对于无每股净资产限制或者每股净资产低于正股股价的可转债，下修的转股价不低于"股东大会召开日前二十个交易日该公司股票交易均价和前一个交易日的均价"，则前二十个交易日均价和前一个交易日均价的较高者为转股价下修的最低价。

多数可转债的转股价下修议案通过后，上市公司将会把转股价下修到最低，称为"下修到底"。转股价下修到底，对可转债投资者最好。

但是也有上市公司在实施转股价下修时，出于避免大幅摊薄正股股东利益方面的考虑，以及未来正股股价上涨的信心，并不会把转股价下修到底。

案例：水晶转债

2017 年 11 月 17 日，水晶光电发行了 11.8 亿元水晶转债。

2018 年 11 月 2 日，公司召开 2018 年第二次临时股东大会审议通过了转股价下修议案。

11 月 6 日，公司发布《关于向下修正"水晶转债"转股价格的公告》：

股东大会召开日前二十个交易日公司股票交易均价为人民币 9.37 元 / 股，前一个交易日公司股票交易均价为人民币 10.02 元 / 股，因此，公司本次向下修正后的"水晶转债"转股价格不低于人民币 10.02 元 / 股。

公司经 2018 年 11 月 5 日召开的第四届董事会第五十二次会议审议通过了《关于向下修正"水晶转债"转股价格的议案》，在综合考虑前述底价和公司股票价格情况下，董事会确定"水晶转债"转股价格由人民币 22.90 元 / 股向下修正为人民币 16.00 元 / 股。

消息公布后，市场有点儿失望，当日水晶转债下跌 3.08%，以 92 元收盘。

2020 年 1 月 31 日，水晶转债停止交易，停止交易前收盘价为 134 元，2 月 14 日被强赎。

如果投资者在转股价下修实施公告日后以 92 元买入，持有到最后交易日 2020 年 1 月 23 日卖出，持有期为 1.21 年，期间获得利息 1.3 元，收益率为 47%，年化收益高达 37.41%。

从水晶转债下修案例可以看出，尽管水晶转债转股价格未下修到底，但在一年多以后，依然达到了强赎条件，投资者收益依然不菲。

由于转股价下修幅度由上市公司决定，无规律可循，可转债投资者无法博弈，只能相信上市公司促进转股，实现股权融资的逻辑。所以，投资者应尽可能分散投资，形成组合，降低持有中的波动风险。

（三）业绩影响

股票投资者比较担心公司业绩爆雷，一旦出现爆雷，投资者大多用脚投票，导致亏损。

2019 年 1 月底，有 260 家上市公司预亏超 1 亿元，其中，87 家预亏超 10 亿元，35 家预亏超 20 亿元，20 家预亏超 30 亿元，可谓业绩爆雷。

其中最大的"雷"是天神娱乐，预亏至少 73 亿元，主要原因是预计计提商誉减值准备约为 49 亿元，而该公司市值才 40 亿元，令人大跌眼镜。

1 月 31 日午间，又有多家公司业绩预告爆雷，预计亏损 1 亿元~17 亿元不等，大多数由商誉减值引起。

如此多的公司修正预告为大额亏损，引发了财经媒体集中报道。面对这么多利空刷屏，吓得投资者赶紧用脚投票，1 月 31 日收盘，有约 120 只股票跌停。

而可转债投资者不一样，如果确定业绩爆雷是一次性的因素，反而是一个很好的投资机会。

既然很多业绩爆雷是商誉减值引起的，那么投资者就需要搞清楚：什么是商誉呢？为什么要减值？

商誉：是指能在未来期间为企业经营带来超额利润的潜在经济价值，或一家企业预期的获利能力超过可辨认资产正常获利能力（如社会平均投资回报率）的资本化价值。商誉是企业整体价值的组成部分。在企业合并时，它是购买企业投资成本超过被合并企业净资产公允价值份额的差额。比如，美的集团收购德国库卡集团，收购所产生的溢价部分，就形成了约 217 亿元的商誉。

商誉减值：如果被收购的资产达到盈利预期，则商誉作为无形资产不做任何处理，否则会按照评估机构给出的方式做出减值处理。

上述业绩爆雷的上市公司，就是因为收购资产盈利不良，甚至亏损，因此产生较大的商誉减值，从而引发上市公司的大额亏损。

美的集团收购库卡集团产生的巨额商誉，并没有引起商誉减值，就是因为目前库卡集团经营正常，无须减值。

商誉减值只影响当期利润，即 2018 年年度商誉减值，就只影响 2018 年净利润。到了第二年，即 2019 年，年度净利润就不会受商誉减值影响了。

基于以上商誉减值的分析，我们可以发现商誉减值是一次性的，并不会影响企业的未来。所以，可转债投资者可以抓住这个低价机会，进行转股价下修博弈投资。

案例：利欧转债

按转股价下修博弈交易系统总论中所述，2018 年 11 月 14 日，利欧转债转股价格下修到 1.72 元。

2019 年 1 月 31 日，利欧股份发布的《2018 年度业绩预告修正公告》显示：

原预计：2018 年度归属于上市公司股东的净利润变动区间为 2.11 亿元~2.95 亿元。

修正后的预计：归属于上市公司股东的净利润亏损为 11.76 亿元~16.76 亿元。

主要原因是：

公司对收购的 6 家数字营销公司的未来经营情况进行了全面分析预测，判断公司因收购万圣伟业和智趣广告这两家公司形成的商誉存在较大的减值风险，公司拟对这两家公司计提商誉减值合计 13 亿元~18 亿元。

从利欧股份的公告可以看出，主要是 10 多亿元的商誉减值引发巨额亏损，而这个减值引发的亏损是一次性的，对将来的业绩是没有影响的。

但普通股票投资者，并不会深究亏损的原因，选择用脚投票，导致公告发布当日，利欧股份大跌 7.68% 至 1.28 元，远低于转股价 1.72 元；同日，利欧转债下跌 1.84%，收盘价为 88.04 元，债券收益率高达 5%，是典型的偏债型转债。

如果投资者在利欧股份爆雷时，以 89 元买入利欧转债，至随后的反弹高达 150 元时卖出，短期收益率高达 68%；持有到退市前收盘价 249 元卖出，收益率高达 180%，见图 6-17。

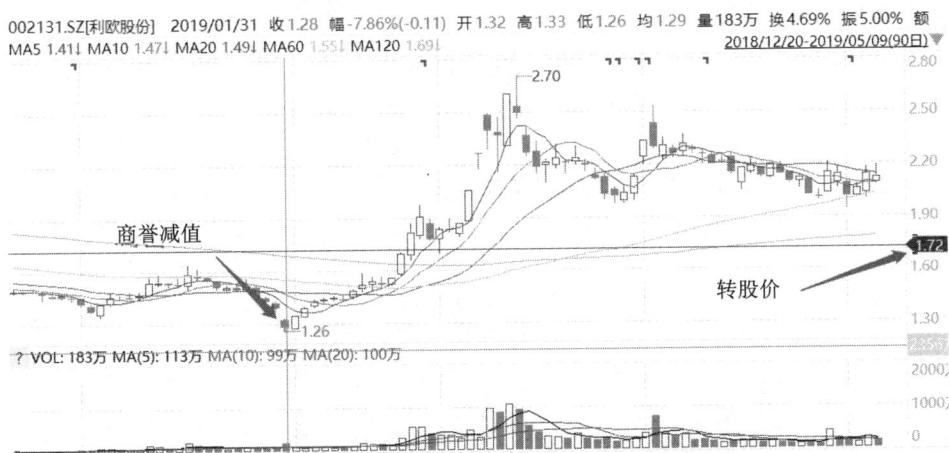

图 6-17 利欧股份商誉减值爆雷带来的投资机会

商誉减值除影响业绩以外，还能降低每股净资产。在股票投资者看来，每股净资产降低是利空，但在可转债投资者眼中，有可能是利好。

案例：维格转债

2020 年 8 月 4 日，维格转债宣布转股价下修，从 10.52 元／股下修到转股价 9.85 元／股，看起来幅度较低，远高于当日正股价收盘价 7.81 元，但实际上是受 2019 年年报每股净资产 9.85 元限制，已经下修到底了。

2021 年 1 月 30 日，维格转债正股锦泓集团发布的《关于 2020 年度业绩预亏的公告》显示：

预计 2020 年度实现归属于上市公司股东的净利润与上年同期相比，将出现亏损。实现归属于上市公司股东的净利润 -7.81 亿~5.94 亿元。

剔除商誉和无形资产减值以及与衣念和解等因素后，本期实现归属于上市公司股东的净利润为 0.82 亿~0.93 亿元。

也就是说，商誉和无形资产减值以及与衣念和解等一次性损益消耗了约 8 亿元，每股净资产将降低到 8 元附近，此时，相对于维格转债转股价 9.85 元，就又有下修空间了。

事实上，锦泓集团巨亏爆雷后，2 月 9 日，维格转债最低下跌到 76 元附近，债券收益率高达 12%，符合转股价下修博弈组合选入条件。

如果投资者买入，在锦泓集团 2021 年一季度业绩大增发布前，正股连续涨停，最高涨幅高达 3 倍。

维格转债因为转股价比较高，最高上涨到 255 元，收益率高达 235%，见图 6-18。

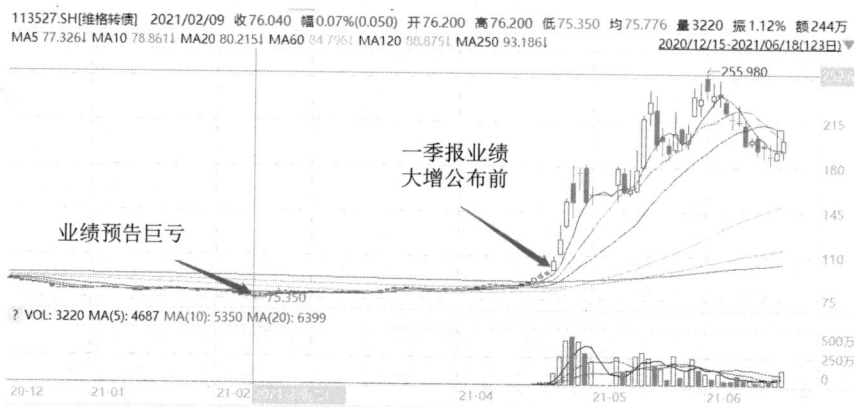

图 6-18 维格转债商誉爆雷后的走势

从维格转债上我们可以看到，正股大幅亏损并不可怕，投资者要厘清是真实的经营问题还是一次性减值问题，如果是后者，则将是极佳的投资机会。

当然，投资者也有可能看错，但用可转债来投资，则有比较高的安全边际，可以在低风险的情况下，实现比较高的收益。

（四）选择方法总结

通过以上分析，转股价下修博弈投资标的选择方法可总结为表6-7。

表6-7　转股价下修博弈标的选择方法

因　素	选择方法	备　注
债券价值	选择纯债溢价率低的	排除转债评级可能下调的
下修博弈价值	选择转股价下修条件宽松的，当前能下修到底的	下修无净资产限制的，或者有净资产限制，但当前正股价高于净资产的；曾经下修过的可转债，如果正股继续走低，再一次下修可能性大
回售博弈价值	选择距回售期近的	以有条件回售考虑为主，改变募资投向引发的附加回售为辅
热点博弈价值	优先选择可能的热点行业、概念、风格、地区、小盘等	分散在多种热点，平衡热点波动影响
正股业绩	选择出现一次性大额计提减值的	如一次性的商誉、存货减值，且不影响公司后续经营的
数量	10只转债以上，且均衡仓位	用组合投资，避免单只转债仓位过重影响持仓心态

三、案例——蓝标转债

2015年12月18日蓝色光标公开发行14亿元可转换公司债券，可转债证券代码为"123001"，债券简称为"蓝标转债"。

债券期限：2015年12月18日至2021年12月17日。

转股期限：2016年6月27日至2021年12月17日。

票面利率：第一年到第六年的利率分别为0.5%、0.7%、1.0%、1.5%、1.8%和2.0%。

债券到期赎回：在本次发行的可转债期满后五个交易日内，发行人将以本次发行的可转债票面面值上浮8%的价格（含最后一期利息）向投资者赎回全部未转股的可转债。

初始转股价格：15.3元/股。

转股价格向下修正条款：

在本次发行的可转债存续期间，当发行人A股股票在任意连续二十个交易日中有至少十个交易日的收盘价低于当期转股价格的 85% 时，发行人董事会有权提出转股价格向下修正方案并提交发行人股东大会表决。

有条件回售：在发行人本次发行的可转债最后两个计息年度，如果发行人股票在任何连续三十个交易日的收盘价格低于当期转股价的 70% 时，可转债持有人有权将其持有的可转债全部或部分按面值加上当期应计利息的价格回售给发行人。

信用评级：AA。

担保事项：无。

根据票面利率和到期赎回条款，可计算出票面年税前收益率为 2.3%，初始保本价为 113.50 元。根据对应评级企业债收益率，计算出纯债价值为 94.37 元。

正股基本面

公司目前是一家为大型企业和组织提供品牌管理与营销传播等综合性服务的专业企业，主营业务为整合数字营销、公共关系、广告创意策划及媒体代理、活动管理及国际传播业务。

在公关业务方面，公司旗下拥有蓝色光标、智扬公关和博思瀚扬等多个品牌，尤其是蓝色光标在业内享有较高口碑。全球知名的权威咨询机构胜三（R3）发布的《2013 公关行业营销趋势研究》报告显示，蓝色光标在涉及市场总体评估的九大类别调查中，获得六个类别第一名，一个类别第二名，中国市场综合排名第一。同时，美国权威的第三方研究机构霍尔姆斯报告（The Holmes Report）发布的 2013 年度全球公共关系专业公司 250 强排名显示，蓝色光标品牌在全球排名19 位，并继续蝉联亚洲最大的公关公司。良好的品牌形象和领先的市场地位为公司未来业务的发展奠定了良好的基础。

从市场需求角度来看，能够通过"整合营销传播"为客户提供全面服务的综合性传播集团更能得到广告主的青睐。因此，自 2010 年以来，公司通过收购将业务分别扩展至互联网广告、数字营销、高端社区广告、广告策划、微博营销、财经公关及会展服务等多个领域，打造了集广告、公共关系服务和活动管理等增值服务于一身的基于品牌管理的营销传播服务链条。

投资要点

上市首日，蓝标转债收盘价为 114.30 元，正股收盘价为 10.79 元，距离初始转股价 15.3 元尚远，转股价值仅 70.52 元，转股溢价率高达 62.08%。

蓝标转债上市后，蓝色光标股价持续下跌，至 2017 年 5 月，转股价值在 50 元附近，距离提前赎回的 130 元条件尚远。

2017 年 6 月 1 日，蓝色光标召开股东大会，通过了第一次下修转股价议案。本次转股价下修，公司有机会把转股价下修到 7.79 元，但公司可能不希望摊薄股权太多，且对正股股价抱有反弹的希望，仅下修到 10 元，下修后转股价值仅为 77.5 元。

随后，正股继续震荡走低，至 2018 年 8 月，蓝标转债转股价值又回到 50 元附近。

2018 年 9 月 11 日，蓝色光标感觉到熊市，公司股价低迷，遂发起第二次下修转股价。下修后，转股价为 5.29 元，下修到底了。

但随后正股的走势还是不尽如人意。

2018 年 12 月 29 日，蓝色光标公告变更募资投向，触发可转债回售。此时，蓝标转债市场价为 95.9 元，如果不改变投资者预期，蓝标转债投资者极有可能大规模申报回售。形成回售博弈。

2019 年 1 月 14 日，蓝色光标发布的《关于专项信托计划增持公司可转换公司债券达到 20% 的公告》显示，自 2019 年 1 月 8 日至 2019 年 1 月 11 日国通信托通过深圳证券交易所交易系统从二级市场购买蓝标转债 2 800 001 张，占蓝标转债发行总量的 20.00%。同时，该专项信托计划承诺，自前述附加回售条款触发之日起至附加回售申报期满（最晚不超过 2019 年 3 月 31 日），不行使自身作为债券持有人享有的附加回售权。

此时，回售博弈和转股价下修博弈天平已经向投资者倾斜；蓝标转债收盘价为 99.133 元，回售收益率约为 1%，债券收益率约为 4.06%，有较高的债券价值，正是博弈的好机会。

投资者有 100 元以下买入蓝标转债，从而博弈蓝标转债回售和下修的机会。

走势回顾

2019 年 1 月 18 日，为力挺蓝标转债价格，同时为了促进赎回，也为了避免回售，蓝色光标董事会第三次提议下修蓝标转债转股价。

2019 年 1 月 31 日，股东大会通过转股价下修议案后，蓝色光标董事会再一次把转股价下修到底，为 4.31 元，这是第三次转股价下修，见图 6-19。

123001.SZ[蓝标转债(退市)]　2019/10/24　收135.998　幅0.00%(0.000)　开135.998　高135.998　低135.998　均135.998　量0　振
MA5 137.783↓ MA10 141.251↑ MA20 128.169↑ MA60 112.580↑ MA120 105.726↑　　　　　　　　2016/01/08-2019/10/24(194周)▼

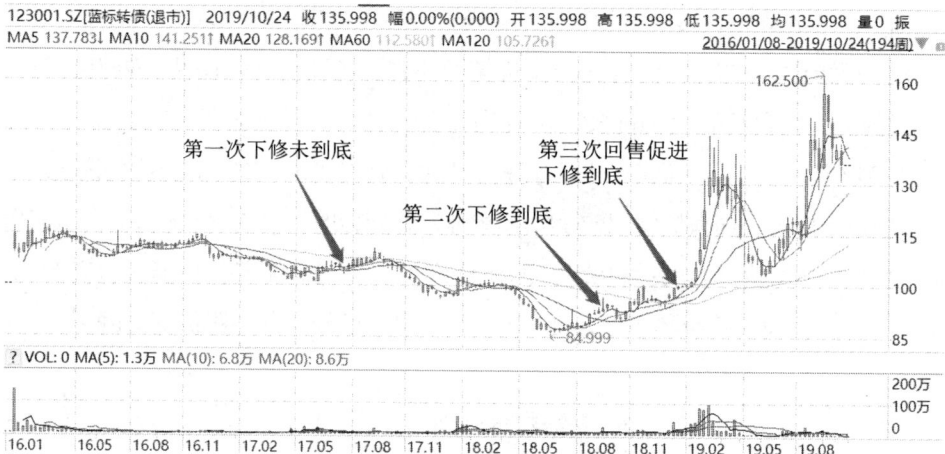

图6-19　蓝标转债走势和三次转股价下修

随后蓝色光标正股随大盘反弹，蓝标转债最高上涨到156.9元，转股价值最高上涨到157.48元，见图6-20。

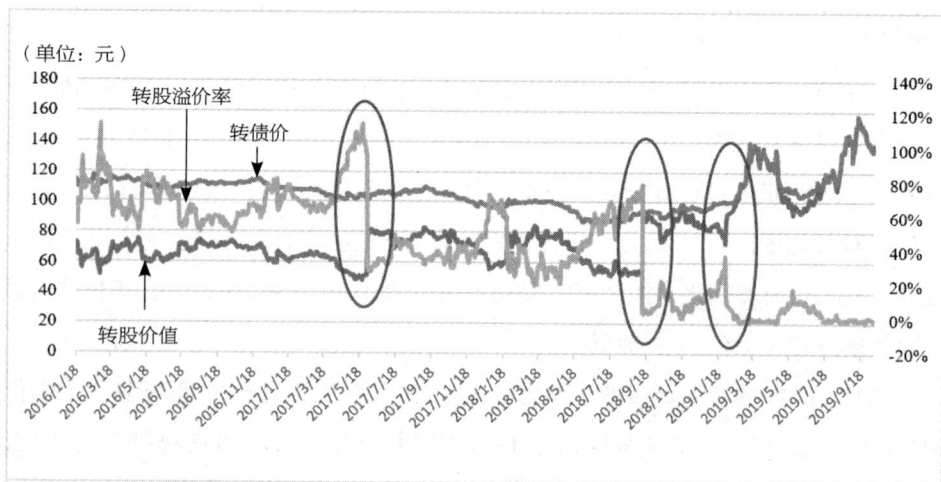

图6-20　蓝标转债三次转股价下修与转股价值的关系

2019年9月10日，蓝色光标发布《关于"蓝标转债"赎回实施的第一次公告》。

2019年10月1日，蓝色光标发布《关于"蓝标转债"流通面值低于3 000万元并将停止交易的提示性公告》。

2019年10月10日为蓝标转债的最后交易日，收盘价为136元。

假如投资者的成本价为100元，持有到退市前卖出，收到累计利息1.7元，收益率37.7%，历时1.86年，年化收益率18.73%。

蓝标转债是附加回售促进转股价下修，最终强赎的典型案例。

四、模拟投资样例

我们学习了前几节的转股价下修博弈原理、选择标的的方法及投资案例，接下来我们用学习到的知识来做一个模拟组合投资，并测算实际的投资收益率。

2018年上半年，新发行可转债24只，新上市可转债36只，市场交易可转债有72只；A股市场受中美关系影响，市场整体走熊，上证指数下跌13.9%；可转债市场上，偏债型可转债多达40只，此时是可转债下修博弈投资的一个好时机。

（一）建仓

2018年6月30日，我们对市场中平衡型、偏债型转债按照纯债溢价率从低到高排序，初选出表6-8中的17只可转债。

表6-8　转股价下修博弈投资初选表

名　称	行　业	评　级	剩余年限	转债价（元）	债券收益率	纯债溢价率
海印转债	房产服务	AA	3.95	83.96	8.30%	−9.20%
蓝标转债	广告包装	AA	3.48	87.30	7.69%	−6.37%
洪涛转债	装修装饰	AA	4.09	86.81	6.81%	−4.29%
辉丰转债	农药化肥	AA	3.82	80.00	7.97%	−3.15%
模塑转债	汽车配件	AA	4.93	86.94	5.96%	−1.15%
电气转债	电气设备	AAA	2.60	100.69	3.37%	3.16%
亚太转债	汽车配件	AA	5.45	87.19	5.00%	3.92%
时达转债	电器仪表	AA	5.36	86.92	4.79%	5.01%
利欧转债	互联网	AA	5.74	87.35	4.86%	5.16%
岩土转债	建筑施工	AA	5.72	86.72	4.85%	5.21%
格力转债	区域地产	AA	1.49	104.78	1.75%	5.47%
顺昌转债	仓储物流	AA	3.57	97.94	3.96%	5.61%
航信转债	电脑设备	AAA	2.96	102.40	2.49%	6.24%
广汽转债	汽车整车	AAA	3.57	100.05	2.75%	6.74%
吉视转债	影视音像	AA+	5.50	90.80	3.72%	8.05%
林洋转债	电器仪表	AA	5.33	90.40	4.03%	8.97%
久其转债	软件服务	AA	4.95	93.62	3.81%	9.18%

在表 6-8 中，根据交易模型，模塑转债和亚太转债都属于汽车配件行业，行业重复，去除相对纯债收益率低的亚太转债。

格力转债债券收益率较低，虽然距离下一个回售期只有 0.51 年，但回售价格为 103 元，而当前的转债价为 104.78 元，高于回售价，回售不会构成压力；再加上 2017 年底，公司货币资金高达 28 亿元，应对 9.8 亿元的可转债不是问题，所以去除格力转债。

我们再根据排名，选取紧随吉视转债后的林洋转债、久其转债 2 只转债入围。假定投资者利用闲置资金 10 万元投资表 6-8 中的所有可转债，采用均等持仓方法，每只可转债约占持仓比例为 6.67%，则初始投资持仓见表 6-9。

值得注意的是，由于可转债交易的单位为 1 手，即 10 张，因此持仓发布不可能均匀为 1/15 即 6.67%，只能是尽量逼近这个比例。

另外，为简化计算，不考虑交易佣金和持有期间的可转债利息收益。

模拟投资初始持仓见表 6-9。

表6-9 模拟投资初始持仓（2018 年 6 月 30 日）

名　　称	数　量	成本价（元）	市价（元）	收益率	市值（元）	占　　比
海印转债	80	83.96	83.96	0.00%	6 716.30	6.72%
蓝标转债	80	87.30	87.30	0.00%	6 984.00	6.98%
洪涛转债	80	86.81	86.81	0.00%	6 944.96	6.94%
辉丰转债	80	80.00	80.00	0.00%	6 400.00	6.30%
模塑转债	80	86.93	86.93	0.00%	6 954.72	6.95%
电气转债	60	100.69	100.69	0.00%	6 041.40	6.04%
时达转债	80	86.92	86.92	0.00%	6 953.68	6.95%
利欧转债	80	87.35	87.35	0.00%	6 988.00	6.99%
岩土转债	80	86.72	86.72	0.00%	6 937.44	6.94%
顺昌转债	70	97.94	97.94	0.00%	6 855.66	6.86%
航信转债	60	102.40	102.40	0.00%	6 144.00	6.14%
广汽转债	60	100.05	100.05	0.00%	6 003.00	6.00%
吉视转债	70	90.80	90.80	0.00%	6 356.00	6.36%
林洋转债	70	90.40	90.40	0.00%	6 328.00	6.33%
久其转债	70	93.62	93.62	0.00%	6 553.40	6.45%
现金					839.22	
上期末净值		100 000.00	本期末净值	100 000.00	收益率	0.00%

投资者按照表 6-9 做好转股价下修博弈组合，持有不动，等待持仓中的可转债转股价下修，并最终实现强赎或者到期赎回。

（二）持仓

2018 年三季度，海印转债 8 月 10 日转股价下修，无可转债赎回，期末净值 100 774.50 元，与期初相比收益率为 0.77%。

2018 年四季度，利欧转债 11 月 14 日转股价下修，以及电气转债 12 月 11 日转股价下修，无可转债赎回，期末净值为 102 722.80 元，与期初相比上涨 1.93%。

2019 年一季度，蓝标转债 1 月 31 日转股价下修，无可转债赎回，期末净值为 120 592.22 元，与期初相比上涨 17.40%。

2019 年二季度，海印转债 4 月 1 日转股价下修，时达转债 4 月 12 日转股价下修，久其转债 4 月 25 日转股价下修，无可转债赎回，期末净值为 111 548.17 元，与期初相比下跌了 7.50%。

2019 年三季度，无持仓可转债转股价下修，也无可转债赎回，期末净值为 116 677.12 元，与期初相比上涨了 4.60%。

2019 年四季度，洪涛转债 11 月 21 日转股价下修，蓝标转债 10 月 10 日赎回。

蓝标转债存续期间，最高价为 162.50 元，收盘价为 136 元。假定投资者以均价 149.25 卖出持有的 80 张蓝标转债，按持仓成本 87.3 元计算，收益率为 70.96%，回笼资金 11 940 元。

10 月 11 日，投资者收回蓝标转债投资后，按照交易模型，并结合当前持仓，选择与持仓行业不重复、纯债溢价率较低的顺昌转债、维格转债、亚药转债加仓投资。

顺昌转债已持仓 70 张，加仓 10 张；维格转债未持仓，建仓 80 张，余下资金加仓亚药转债 40 张。

当然，事后来看，亚药转债加仓是一败笔，但依据策略交易，个别转债出现黑天鹅，并不会对总体收益率造成太大影响，只要交易系统能容错就行。

到四季度末，净值为 123 719.49 元，与期初相比净值上涨了 6.04%，见表 6-10。

表 6-10　模拟投资持仓表（2019 年 12 月 31 日）

名　称	数　量	成本价（元）	市价（元）	收益率	市值（元）	占　比
海印转债	80	83.96	103.90	23.76%	8 312.00	6.72%
洪涛转债	80	86.81	96.88	11.60%	7 750.24	6.26%
辉丰转债	80	80.00	99.27	24.09%	7 941.60	6.32%
模塑转债	80	86.93	95.46	9.81%	7 636.72	6.17%
电气转债	60	100.69	116.40	15.70%	6 990.00	5.65%
时达转债	80	86.92	99.20	14.13%	7 936.00	6.31%
利欧转债	80	87.35	179.00	104.92%	14 320.00	11.57%
岩土转债	80	86.72	96.30	11.05%	7 703.92	6.23%
顺昌转债	80	98.66	105.00	6.33%	8 400.08	6.79%
航信转债	60	102.40	124.45	21.53%	7 467.00	6.04%
广汽转债	60	100.05	117.21	17.15%	7 032.60	5.68%
吉视转债	70	90.80	100.27	10.43%	7 018.90	5.67%
林洋转债	70	90.40	101.80	12.61%	7 126.00	5.76%
久其转债	70	93.62	98.87	5.60%	6 920.55	5.59%
维格转债	80	96.13	92.29	−3.99%	7 383.20	5.97%
亚药转债	40	96.32	89.65	−7.02%	3 585.88	2.90%
现金					194.80	
上期末净值		116 677.12	本期末净值	123 719.49	收益率	6.04%

（三）换仓

2020 年一季度，无持仓可转债转股价下修，利欧转债 3 月 16 日赎回；又有模塑转债出现"三高"。

利欧转债存续期间，最高价为 288 元，收盘价为 249.01 元。假定投资者以均价 268.505 卖出持有的 80 张利欧转债，按持仓成本 87.35 元计算，收益率为 207.39%，回笼资金 21 480.40 元。

模塑转债正股是模塑科技，模塑科技有产品提供给特斯拉配套，属于特斯拉概念股票。2020 年 1 月下旬，受特斯拉在上海工厂投产利好刺激，模塑科技走出来一波上涨行情，模塑转债随之上涨，但模塑科技大幅回落后，模塑转债并没有同步回落。

3 月 13 日，模塑转债转股价值为 138.34 元，转债价为 155.41 元，转债溢价率高达 12.34%，正股滚动市盈率高达 86.96 倍，市盈率相对增长率高达 18.81，是典型的"三高"转债。

假定投资者以 155.41 元较低的价位卖出模塑转债，按持仓成本 86.93 元计算，收益率为 78.77%，回笼资金 12 432.80 元。

3 月 20 日，投资者收回利欧转债、模塑转债投资后，再进行根据转股价下修博弈方法并结合当前持仓，按照表 6-11 加仓。

表 6-11 模拟投资调仓表（2020 年 3 月 20 日）

转债名称	行 业	转债价（元）	债券收益率	纯债价值（元）	纯债溢价率	选择理由
洪涛转债	装修装饰	103.09	3.37%	103.61	−0.50%	仓位不足，加仓 10 张
顺昌转债	仓储物流	106.80	1.43%	103.54	3.15%	仓位不足，加仓 10 张
海印转债	房产服务	109.39	1.63%	105.84	3.35%	仓位不足，加仓 10 张
亚太转债	汽车配件	101.80	2.73%	98.02	3.86%	无持仓，建仓 90 张
维格转债	服饰	104.01	3.09%	99.84	4.17%	仓位不足，加仓 10 张
海澜转债	服饰	103.35	1.82%	96.80	6.76%	已有服饰行业
小康转债	汽车配件	103.06	1.93%	96.43	6.77%	已有汽配行业
中信转债	银行	108.93	1.81%	101.35	7.48%	无下修空间
双环转债	机械基件	104.00	1.60%	95.99	8.34%	无持仓，建仓 90 张
苏农转债	银行	108.49	1.39%	99.68	8.84%	无下修空间
岩土转债	建筑工程	105.66	1.57%	96.95	8.98%	仓位不足，加仓 10 张
浦发转债	银行	106.93	1.79%	97.93	9.19%	无下修空间
大丰转债	专用机械	109.96	2.14%	100.62	9.29%	无持仓，建仓 40 张

持有至一季度末，净值为 139 512.74 元，与期初相比上涨了 12.77%。

2020 年二季度，无持仓可转债转股价下修，辉丰转债因为正股连续 2 年亏损，被实施退市警示，辉丰转债 4 月 29 日起暂停上市。

假定投资者在辉丰转债暂停上市前以收盘价 99.999 元卖出，按持仓成本 80 元计算，收益率为 25%，回笼资金 7 999.92 元。

4 月 30 日，投资者收回辉丰转债投资后，再根据转股价下修博弈方法并结合当前持仓，选择与持仓行业不重复，纯债溢价率较低的大业转债，建仓大业转债 80 张。

期末净值为 140 332.53 元，与期初相比上涨了 0.59%。2020 年三季度，洪涛转债 7 月 21 日转股价下修，维格转债 8 月 4 日转股价下修；无持仓可转债赎回，期末净值为 134 852.15 元，与期初相比下跌了 3.91%。

2020 年四季度，无持仓可转债转股价下修，无持仓可转债赎回，期末净值为

134 431.97 元，与期初相比下跌了 0.31%。

2021 年一季度，电气转债 1 月 18 日到期赎回。假定投资者以最后收盘价 106.38 元全部卖出 60 张电气转债，收益率为 5.65%，回笼资金 6382.80 元。投资者再根据 1 月 22 日纯债溢价率排名表，按照转股价下修博弈组合选债原则，选出维格转债加仓 10 张，鸿达转债建仓 70 张。

澳洋顺昌更名为蔚蓝锂芯，顺昌转债因此更名为蔚蓝转债。因为正股涉及锂电池业务，受市场追捧上涨，达到强赎标准，蔚蓝转债于 2 月 26 日后强赎退市。

蔚蓝转债退市前，最高价位 155.30 元，最后收盘价为 108.79 元。假定投资者以均价 132.045 元卖出全部蔚蓝转债 90 张，收益率为 32.62%，回笼资金 11 884.05 元。

投资者再根据 2 月 26 日纯债溢价率排名表，按照转股价下修博弈组合选债原则，选出维格转债加仓 10 张，广汇转债建仓 110 张，国城转债建仓 30 张。

期末净值为 134 426.33 元，与期初相比持平。2021 年二季度，维格转债 5 月初出现"三高"；航信转债 5 月 31 日因为到期赎回停止交易。

维格转债正股锦泓集团，4 月 22 日起出现连续涨停行情，维格转债随之大涨，至 5 月 6 日一度打开涨停，5 月 7 日按交易所要求停牌核查一天。假定投资者在停牌前按收盘价 158.35 卖出 110 张维格转债，收益率为 68.22%，回笼资金 17 418.50 元。

投资者再根据 5 月 7 日纯债溢价率排名表，按照转股价下修博弈组合选债原则，避开无下修空间的本钢转债，建仓搜特转债 110 张，避开正股被 ST 的花王转债，广汇转债仓位足够不操作，贵广转债与吉视转债同行业避开，建仓岭南转债 80 张。

航信转债 5 月 31 日起停止交易，假定投资者在停止交易日，即 5 月 28 日，以收盘价 106.7 元卖出航信转债 60 张，收益率为 4.2%，回笼资金 6 402 元，

投资者再根据 5 月 28 日纯债溢价率排名表，按照转股价下修博弈组合选债原则，加仓吉视转债 30 张，建仓长久转债 30 张，加仓大业转债 10 张。

（四）收益

2021 年二季度末，模拟投资净值为 154 655.19 元，与期初相比增加 15.05%。持仓明细见表 6-12。

表6-12　模拟投资持仓表（2021年6月30日）

名　　称	数　　量	成本价（元）	市价（元）	收益率	市值（元）	占　　比
海印转债	90	86.78	105.50	21.57%	9 494.82	6.14%
洪涛转债	90	88.62	108.01	21.88%	9 720.81	6.29%
时达转债	80	86.92	114.91	32.20%	9 192.72	5.94%
岩土转债	90	88.82	107.78	21.34%	9 700.29	6.27%
广汽转债	60	100.05	110.33	10.27%	6 619.80	4.28%
吉视转债	100	92.70	98.15	5.88%	9 815.00	6.35%
林洋转债	70	90.40	109.21	20.81%	7 644.70	4.94%
久其转债	70	93.62	101.52	8.44%	7 106.37	4.60%
亚药转债	40	96.32	80.77	−16.23%	3 230.84	2.09%
亚太转债	90	101.80	106.50	4.71%	9 594.00	6.20%
双环转债	90	104.00	157.35	51.30%	14 161.77	9.16%
大丰转债	90	109.96	102.69	−6.51%	9 242.10	5.98%
大业转债	90	103.53	101.12	−2.33%	9 100.80	5.88%
鸿达转债	70	83.34	105.82	26.98%	7 407.47	4.79%
广汇转债	110	78.56	91.87	16.94%	10 105.70	6.43%
国城转债	30	80.00	91.36	14.19%	2 740.65	1.77%
搜特转债	110	88.00	81.50	−7.39%	8 965.00	5.80%
岭南转债	80	93.97	96.34	2.52%	7 707.12	4.98%
长久转债	30	102.98	102.98	0.00%	3 089.40	2.00%
现金					15.73	
上期末净值		134 426.33	本期末净值	154 655.19	收益率	15.05%

至此，转股价下修博弈交易系统模拟投资历时3年整，累计获得54.66%的收益率，年化收益率为15.64%。

五、评　　价

模拟投资收益率与上证指数走势对比见图6-21。

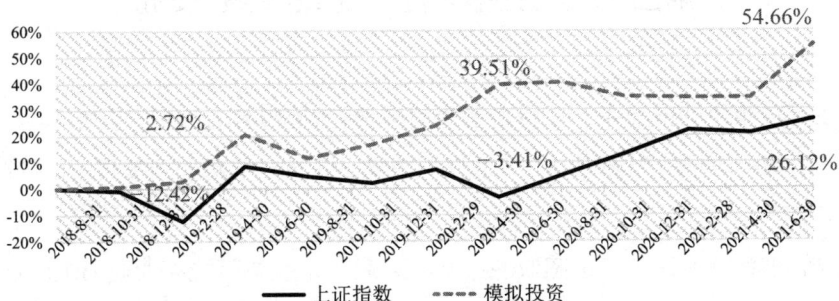

图6-21　模拟投资收益率与上证指数走势对比（以2018年6月30日为起始点）

从图 6-21 可以看出，转股价下修博弈模拟投资收益率高于上证指数收益率。同时，我们在 2018 年 12 月 31 日可以看到，上证指数最低，已经相对于 2018 年 6 月 30 日下跌了 12.42%，但模拟投资组合并没有出现下跌，反而有少许盈利；

这样的情形也出现在 2020 年 3 月 31 日，上证指数累计下跌 3.41%，而同期模拟投资反而上涨了 39.51%。

可以看出，转股价下修博弈投资能抗拒熊市下跌，能取得较好的相对收益，以及较高的绝对收益。

另外，在 2020 年 12 月 31 日，上证指数有一段明显的上升趋势，但同期的模拟投资走势持平且有所下滑。这主要是因为转股价下修博弈投资中，选取的都是溢价率较高的可转债，由于溢价率高，在正股上涨的过程中，并不能推动转债上涨。

所以在阶段性牛市中，转股价下修博弈投资短期无法跟上指数的上涨。

最后，通过 3 年的投资看，模拟投资 54.66% 大幅超过同期上证指数 26.12% 的收益率，模拟投资的年化收益率 15.64% 也大幅超过同期上证指数年化收益率 8.04%。

在收益测算一节中，我们测算了转股价下修博弈可以取得 13.68%~23.59% 的年化收益率，故模拟投资年化收益率 15.64% 居于中间水平。

在转股价下修博弈模拟投资 3 年中，投资者一直保持满仓、不择时状态，利用轮动操作，取得较高的年化收益率，再一次证实了可转债是穿越牛熊的利器。

第五节　价值可转债轮动交易系统

在可转债轮动一节中，投资者选择可转债轮动品种时，并不考虑可转债对应正股的价值和可能的上涨空间，只依据低价格、低溢价率两个因素买入，俗称"双低策略"。

双低策略操作简单，按照双低策略买入后，正股有可能因为业绩爆发性增长而上涨，也有可能因为市场对某种热点、某种概念炒作而上涨，从而带动可转债上涨，进而可转债实施强赎；还有可能正股短期上涨之后，因业绩不佳，进入正股长期低迷的陷阱，从而将可转债带入偏债型可转债，投资者难以短期获利。所以，用可转债轮动策略盈利的偶然性较大。

案例：岩土转债

岩土转债 2018 年 4 月 25 日上市，上市首日转股价值为 91.80 元，收盘价为 95.20 元，转股溢价率仅 3.71%，属于比较典型的双低转债。

如果投资者依据双低策略在上市首日以 95.20 元买入，持有期间的波动走势见图 6-22。

图 6-22 双低岩土转债走势

从图 6-22 可以看出，在投资者持有岩土转债 3.3 年的时间里，承担了向下波动到 83.5 元的风险。截至 2021 年 8 月 5 日，最高价为 113 元，收盘价为 107.499 元，期间收到利息 1.8 元，收益率为 14.81%，年化收益率仅为 4.27%，虽然投资者没有亏损，但收益率难以令人满意。

双低策略在岩土转债上失效了，类似的失效还有海环转债、亚药转债、清水转债等案例。

很显然，双低策略是有漏洞的，这个漏洞就是没有对正股做估值评判。

事实上，岩土转债上市时，正股中化岩土市盈率为 55.54 倍，市盈率相对增长率 PEG 为 10，明显高估。高估的股票缺乏上涨的动力，所以股价低迷，自然岩土转债转股价值不高，难以短期达到强赎条件，可转债投资者自然收益不高。

格雷厄姆说："市场短期是一台投票机，但市场长期是一台称重机。"

这里的投票机指的是股票短期市场价格，由每位市场参与者根据自身对该股票的偏好进行投票，综合得出市场价格的机制；而称重机指的是对股票的价值进行度量，越有价值就越重，股价长期就会走高。

如果投资者用低估值价格买入高价值股票，长期持有，市场自然会给高价值股票合理估值，投资者就可顺利实现盈利。

根据这个原理，我们在双低策略中，再加上"一低"，就是正股估值低，等待低估值正股回到合理估值，从而提高可转债短期强赎的可能性。

这样我们就对可转债轮动策略进行了优化，称为价值可转债轮动交易系统。

一、交易模型

价值可转债轮动交易系统模型见图 6-23。

相对于转股价下修博弈交易系统，价值可转债轮动交易系统模型比转股价下修博弈交易模型更为复杂，其步骤如下：

（1）对二级市场交易的平衡型可转债，综合考虑其转债价值、正股价值、行业分散等因素，选择十只以上可转债买入，以均等持仓比例构成价值可转债轮动组合；

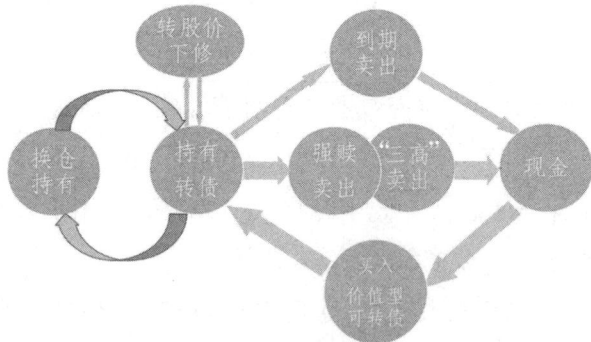

图 6-23 价值可转债轮动交易系统

（2）跟申购长持交易系统和转股价下修博弈交易系统一样，买入后长期持有，持有过程中定期监测比较；

（3）持有期间，如果有价格更低，转股溢价率更低，且正股估值也比较低的可转债，可以换仓持有；换仓原则是以高价换低价，以高溢价换低溢价，以正股高估值换低估值；

（4）持有期间，如果正股价格低迷，上市公司进行转股价下修，在正股的基本面没有变化的情况下，继续持有，否则换仓持有；

（5）持有期间，大多数可转债可以达到强赎或"三高"卖出条件，投资者可以卖出锁定高收益，收回现金，图中用较粗的箭头表示。

（6）持有期间，少部分可转债，无论是否进行转股价下修，最后都没有达到强赎或"三高"，投资者只能到期卖出，获得本金和利息收益，收回现金，图中用较细的箭头表示。

（7）在以上两种卖出路径中，投资者最后都收回现金；收回现金后，投资者再根据当前可转债市场状况，选择价值可转债；如果选择的可转债已经持有，则看当前仓位是否达到均等持仓仓位比例，没有达到就加仓，否则就不操作；如果选择的可转债不持有，则尽可能按均等持仓仓位比例建仓；继续重复（2）持有操作。

从交易模型的步骤中可以看出，关键的步骤是（1）和（7），选择适合的价值可转债买入，构成和补充可转债组合；其他步骤都是被动等待或者卖出实现收益，相对来说难度不高。

所以下面专门谈一下如何选择价值可转债。

什么是价值可转债？简单地说，就是具有投资价值的可转债，这里特指转债价值和正股价值，用它们综合评判比较优质的可转债。

与转股价下修博弈交易系统不同，价值可转债轮动交易系统中，不会特别考虑转债价值中的博弈价值，而是轻度考虑可转债的债券价值，重点考虑可转债的转股价值。

具体来说，转债价越低越好，最好低于保本价，风险等级越低；转股溢价率越低越好，最好低于40%，这样跟涨性高。

所以转债价越低、转股溢价率越低的双低转债，就是转债价值越高的可转债。不同的是，价值可转债中的正股价值，是重点考察的因素。

二、正股价值

正股就是发行可转债的上市公司对应的股票，也是可转债转股后的标的股票。

正股的价值就是发行可转债上市公司的股票价值。

那么用什么来度量股票的价值呢？一般衡量股票的价值指标有市盈率（PE）、市净率（PB）、净资产收益率（ROE）和市盈率相对盈利增长比率（PEG）。

（一）市盈率（PE）

有人说：炒股还得看市盈率，股市上涨，涨得多的就是那些高市盈率的股票，股市下跌，低市盈率的股票也下跌得凶。如果在股票市场进行投资短期，确实存在这种现象，但如果把短期的现象当作普遍的规律，就难免偏颇了。

约翰·聂夫（John Neff）采用低市盈率方法，1964 至 1995 年执掌温莎基金 31 年间，22 次跑赢市场，投资总回报 55.46 倍，年化回报 13.7%，超越标准普尔 500 指数 3 个百分点以上。约翰·聂夫优异的投资实践，有力地回击了市盈率无用论。

市盈率是当前股价与每股年收益的比率，潜在含义是：假定未来每股收益不变，并且所有收益分配给投资者，多少年后投资者可以回本。

一般来说，市盈率越低，股票价值越高，股价低估的可能性越大；市盈率在 20 倍以下表示股价可能合理或偏低，20 倍以上股价可能偏高。

市盈率有三种，分别为静态市盈率 PE、动态市盈率和滚动市盈率 PE（TTM）。

静态市盈率 PE：当前股价与最近年报中的每股收益的比率。

动态市盈率：当前股价与最近季报中每股收益的比率，再除以季报报告期在一年中的时间占比。例如，对于第一季度收益，就除以 1/4，对于半年度收益，就除以 1/2，以此类推。本质上，就是以季报收益类推出当前年度的收益，再计算出动态市盈率。

滚动市盈率 PE（TTM）：当前股价与最近四个季度每股收益之和的比率。

案例：杭州银行

2021 年 4 月 28 日，杭州银行发布《杭州银行：2020 年年度报告》和《杭州银行：2021 年第一季度报告》。

报告显示 2020 年每股收益为 1.20 元，2021 年第一季度每股收益为 0.42 元，数据与报告不一致是因为采用静态算法，未进行加权平均；

另外，2020 年第一季度每股收益为 0.42 元，因为增发，摊薄后每股收益为 0.36 元；2021 年 6 月 30 日，杭州银行收盘价为 14.75 元，则可以计算出当日的三种市盈率如下：

静态市盈率 = 收盘价 ÷ 2020 年每股收益 = 14.75 ÷ 1.2 = 12.29（倍）。

动态市盈率 = 收盘价 ÷ [2021 年一季度每股收益 ÷（1 ÷ 4）]= 14.75 ÷（0.42 × 4）= 8.78（倍）。

滚动市盈率 = 收盘价 ÷（2021 年一季度每股收益 +2020 年每股收益 –2020 年上半年每股收益）= 14.75÷（0.42+1.2–0.36）= 14.75÷1.26 =11.71（倍）。

静态市盈率计算最基本，也是最标准的，但不能及时反映最近季度业绩的变化。

动态市盈率虽然能反映最新的业绩，但其潜在假定是上市公司业绩均匀地分布在每个季度，这与实际情况不符，所以计算的结果有些异常。比如杭州银行，2020 年第一季度每股收益占全年的比例为 30%，但动态市盈率中，依然按照占比 25% 计算，最后导致市盈率计算结果为 8.78 倍，明显偏低。

至于滚动市盈率，它包含了最新业绩和上一年的部分业绩，所以计算结果比较准确，能较好地反映上市公司估值。

因此，在本书中，除非特别指明，均采用滚动市盈率 PE（TTM）。

（二）市净率（PB）

市净率（PB）：每股股价与每股净资产的比率。

上市公司股本 × 每股净资产等于上市公司净资产，上市公司净资产也称重置成本，即开办一家同样的上市公司所需的资金成本，当然这个是理想的模型，实际上很难做到。

上市公司股本 × 当前股价等于上市公司当前市值，市净率也就是上市公司市值与重置成本的比率，表示买下这个上市公司与重建同样的公司谁更划算。所以市净率反映了市场对上市公司的资产估值。

一般来说，市净率越低，股价低估的可能性越大，股票价值越高。市净率 3 倍以下的股票，投资价值较高，3 倍以上的股票，则投资价值较低。

每个季度上市公司都会发布截至当季末的每股净资产，用当前股价除以每股净资产，即可得出最新的市净率。

例如，《江苏银行：杭 2021 年第一季度报告》中显示，每股净资产为 11.13 元，2020 年 6 月 30 日的市净率可用以下公式计算：

市净率 = 当前股价 ÷ 每股净资产 =14.75 ÷ 11.13= 1.33（倍）

（三）净资产收益率（ROE）

巴菲特说过，如果非要我用一个指标进行选股，我会选择净资产收益率

（ROE），那些 ROE 能常年持续稳定在 20% 以上的公司都是好公司，投资者应当考虑买入。可见净资产收益率是最重要的分析指标。

净资产收益率（ROE）：简单地说，就是公司一年的净利润除以净资产得到的百分比率，反映上市公司运用净资产能获得利润的比率，是对上市公司盈利能力的表示。净资产收益率越高，说明公司的盈利能力越强。

一般来说，净资产收益率在 15% 以上，表示公司盈利能力较强，在 15% 以下，表示公司盈利能力较弱。

如果一家公司，既没有融资，也没有分红，净资产收益率不变的情况下，净资产收益率就等于净利润增长率。

上市公司每年一般会在年度报告中公布加权净资产收益率、加权扣非净资产收益率。加权的意思是对报告期年份融资和分红活动按实施月份进行加权处理，其计算比较复杂，为简化起见，可以用平均净资产收益率来代替。

平均净资产收益率 = 净利润 ÷[（期初净资产 + 期末净资产）÷2]= 净利润 × 2÷（期初净资产 + 期末净资产）。

以招商银行为例，2018 年年度报告中，加权净资产收益率为 16.47%。按上述公式计算的平均净资产收益率为 15.79%，与报表数据比较接近。其中差异的原因是，平均净资产收益率计算中未考虑现金分红造成净资产减少的影响。

有了平均净资产收益率，我们可以快速地根据最新的季度报告合理估算出最新净资产收益率，这种算法同样忽略了现金分红的影响。公式如下：

平均净资产收益率 = 滚动每股收益 ÷（最新每股净资产 − 滚动每股收益 ÷2）

为便于计算和比较，本书中除非特殊说明，均采用平均净资产收益率当作上市公司的净资产收益率。

（四）市盈率相对盈利增长比率（PEG）

如果单纯用市盈率来对股票估值，在某些情况下明显不合适。

比如，一家市盈率为 25 倍估值的股票，单独看估值不低，但如果预期年盈利增长率为 50%，则 1 年后市盈率为 16.57 倍，就属于明显低估了；同理，如果这家公司预期年盈利增长率为 5%，则 1 年后市盈率为 23.81 倍，就有所高估了。

所以需要引入新的指标来综合考虑市盈率与盈利增长，共同评估对上市公司股票的估值。

彼得·林奇有过一个著名的论断：任何一家公司股票如果定价合理的话，市盈率就会与收益增长率相等。也就是说，市盈率20倍的公司，合理预期盈利增长率应该是20%。这就引出了市盈率相对盈利增长比率（PEG）指标。

其公式如下：

市盈率相对盈利增长比率＝市盈率÷（收益预期增长率×100）

公式中的市盈率为PE（TTM），收益预期增长率可选自机构一致预期。如果机构一致预期没有覆盖，可选用平均净资产收益率来代替。理由是，公司的净资产收益率从长期上看与盈利增长率相当。

公司的净资产收益率可以从历史年度报告中查询到，也可以通过当前市盈率和市净率计算出当前净资产收益率。

前者为年度历史净资产收益率，由于行业状况、市场环境和管理能力的影响，公司的每一个年度业绩总是有所起伏的，根据均值回归理论，用算数平均来统计历史年度净资产收益率，可以尽可能准确地预测未来净资产收益率，并当作未来盈利增长率。

后者为最近四个季度的净资产收益率模拟计算值，由于当前的行业状况、市场环境和管理能力有一定惯性，因此当前净资产收益率也可作为预测未来净资产收益率的依据，同时也当作未来盈利增长率。

为谨慎起见，我们选择当前净资产收益率和历史平均净资产收益率的较小值来当作盈利增长率，用于计算市盈率相对盈利增长比率（PEG）。

综上所述，在市盈率相对盈利增长比率计算中，最好用机构一致预期增长率，如果没有，用净资产收益率，也可较好地得出近似的数据。

如果用市盈率相对盈利增长比率进行估值，一般来说，PEG大于0且小于1表示估值较低，1附近是合理估值，大于1表示估值偏高。

值得注意的是，以下两种情况无法计算出PEG。

一是正股市盈率为负值，即正股最近连续四个季度的累计盈利为负值，也就是亏损的；

二是机构一致预期业绩增长率为负值，且最新净资产收益率和历史平均净资产收益率的最小值为负值。

对于正股无法计算出PEG的可转债，一般不纳入价值可转债选择范围，除非是很明确的单季度大额提记引发的，正股后期业绩有望走好的可转债。

三、如何选择价值型可转债

由于可转债是股票的衍生品，投资者买入的可转债相对于正股有一定溢价，为更好地比较不同的可转债，我们再推出转股市盈率、转股 PEG 两个衍生指标。

转股市盈率的含义是，假定投资者买入可转债转股，把买入可转债的成本当作股票买入价，且用此价格计算出滚动市盈率。计算公式如下：

转股市盈率 = 正股滚动市盈率 ×（1+ 转股溢价率）

很显然，转股溢价率越高，转股市盈率越高；多数情况下，转股溢价率为正，转股市盈率大于正股滚动市盈率；少数情况下，转股溢价率为负数，即转股折价，转股市盈率小于正股滚动市盈率。因为市盈率越低越好，所以在正股市盈率相同的情况下，溢价率低的可转债占优。

转股 PEG 的含义与转股市盈率类似，也是假定投资者买入可转债转股，把买入可转债的成本当作股票买入价，用此价格来计算市盈率相对盈利增长比率（PEG）。计算公式如下：

转股 PEG = 正股市盈率相对盈利增长比率 PEG ×（1+ 转股溢价率）

很显然，转股溢价率越高，转股 PEG 越高；大多数情况下，转股溢价率为正，转股 PEG 大于正股 PEG；少数情况下，转股溢价率为负数，即转股折价，转股 PEG 小于正股 PEG。因为 PEG 越低越好，所以在正股 PEG 相同的情况下，溢价率低的可转债占优。

价值可转债轮动交易系统标的选择方法可总结为表 6-13。

表 6-13 价值可转债轮动标的选择方法

类　别	因　素	选择方法	备　注
转债价值	债券收益率	尽可能 0 以上，越高越好	换仓标的选择中，可以放松这个限制，比原转债价低即可
	转股溢价率	最好 40% 以下，越低越好；负数更好，表示折价	换仓标的选择中，只要比原可转债溢价率低即可

续表

类 别	因 素	选择方法	备 注
正股价值	市盈率（PE）	最好低于20倍，越低越好	某些高成长股，可以放松这个要求
	市净率（PB）	尽量低于3倍，越低越好	如果转股价下修有净资产限制，市净率最好大于1
	净资产收益率（ROE）	最好大于10%，越高越好	从历史报告考察看，逐渐变高为好
	市盈率相对盈利增长比率（PEG）	小于1，越低越好	市盈率较低的股票，PEG越有效，增长率尽量选择机构一致预期
银行股专项指标	不良贷款率	小于2%，越低越好	从历史报告考察看，逐渐变低为好
	拨备覆盖率	大于200%，越高越好	从历史报告考察看，逐渐变高为好
	核心一级指标充足率	大于8%，越高越好	抛开融资影响，不变，甚至逐渐变高为好
衍生指标	转股市盈率	最好低于20倍，越低越好	某些高成长股，可以放松这个要求
	转股PEG	尽量低于1，越低越好	市盈率较低的股票，PEG越有效，增长率尽量选择机构一致预期

四、模拟投资样例

按照表6-13所示的价值可转债轮动标的选择方法，对2019年12月27日的可转债进行筛选。

转债价值选择条件中，采用溢价率30%以内，且债券收益率大于 −0.5%。

相比表6-13中的选择条件，债券收益率选择条件有所放宽，主要是考虑到选择并不等于立即买入，投资者可以在选择后择机低价买入，所以放宽到 −0.5%以上。

排除正股无机构研究报告覆盖的可转债，按照转股PEG从低到高排序选择前20名的可转债，见表6-14。

表6-14 2019年底价值可转债排名前20

排名	名 称	行业	转债价（元）	溢价率	债券收益率	转股市盈率	转股PEG	预期增长率
1	中来转债	塑料	116.41	5.76%	1.39%	25.92	0.29	89.94%
2	华夏转债	空运	119.30	6.00%	0.22%	18.28	0.32	56.77%
3	博世转债	环境保护	103.26	24.35%	2.03%	14.97	0.42	35.82%
4	明泰转债	铝	114.00	15.43%	0.25%	9.91	0.46	21.54%
5	蓝晓转债	化工原料	122.60	2.41%	−0.40%	26.41	0.48	55.30%
6	创维转债	家用电器	118.50	16.77%	−0.03%	24.52	0.51	47.76%
7	高能转债	环境保护	114.81	14.68%	−0.37%	18.27	0.59	30.98%

续表

排名	名 称	行 业	转债价（元）	溢价率	债券收益率	转股市盈率	转股PEG	预期增长率
8	苏银转债	银行	116.01	21.97%	0.55%	6.90	0.61	11.24%
9	博彦转债	软件服务	116.37	7.13%	0.21%	21.41	0.71	30.05%
10	中环转债	环境保护	108.63	9.34%	0.52%	26.98	0.75	36.00%
11	拓邦转债	元器件	118.59	17.96%	0.72%	22.41	0.91	24.61%
12	张行转债	银行	116.04	17.83%	−0.39%	13.46	0.91	14.77%
13	英科转债	医疗保健	116.37	16.34%	3.27%	21.03	1.06	19.79%
14	苏农转债	银行	112.00	21.42%	0.61%	12.66	1.09	11.65%
15	合兴转债	广告包装	109.01	19.65%	0.99%	22.83	1.13	20.19%
16	哈尔转债	家居用品	106.90	14.60%	1.74%	23.51	1.16	20.25%
17	石英转债	矿物制品	126.12	5.16%	−0.18%	39.93	1.21	33.12%
18	海亮转债	铜	111.25	8.60%	0.60%	20.57	1.22	16.92%
19	再升转债	玻璃	106.81	28.69%	1.27%	37.74	1.31	28.79%
20	华源转债	广告包装	105.56	12.12%	1.83%	60.60	1.49	40.75%

　　如果投资者在2019年底，以均等仓位买入这20只转债作为价值可转债轮动组合，长期持有能获得多少收益呢？

　　现在我们就对这个组合进行收益测算。测算中，忽略持有期间的利息收益；对于强赎的可转债，采用最高价与收盘价的平均值作为卖出价计算收益；对于正在交易的可转债，以收盘价作为卖出价计算收益。

　　另外，因为轮动操作涉及的标的选择比较复杂，难以像转股价下修博弈一样有标准统一的选择方法，所以本组合收益计算是采用无轮动的单次方法，即强赎或到期的转债不再轮动。

　　单次方法中，轮动出的转债没有继续参与投资，统计结果只会使收益变低。但略低的收益率不会影响轮动策略的定性判断，统计结果依然有较高的参考性。

　　截至2021年6月30日，这个价值可转债轮动组合的收益见表6-15。

表6-15　价值可转债轮动组合收益

名 称	行 业	状态	买入价（元）	卖出价（元）	卖出日期	收益率	年化收益率
中来转债	塑料	强赎	116.41	125.40	2020年3月25日	7.63%	35.20%
华夏转债	空运	强赎	119.30	169.38	2020年7月14日	41.98%	89.59%
博世转债	环境保护	交易	103.26	101.52	2021年6月30日	−1.69%	−1.12%
明泰转债	铝	交易	114.00	187.61	2021年6月30日	64.57%	39.10%
蓝晓转债	化工原料	交易	122.60	324.57	2021年6月30日	164.74%	90.58%

名 称	行 业	状态	买入价（元）	卖出价（元）	卖出日期	收益率	年化收益率
创维转债	家用电器	交易	118.50	105.42	2021 年 6 月 30 日	−11.04%	−7.45%
高能转债	环境保护	强赎	114.81	141.88	2020 年 6 月 17 日	23.57%	56.30%
苏银转债	银行	交易	116.01	121.72	2021 年 6 月 30 日	4.92%	3.23%
博彦转债	软件服务	交易	116.37	123.42	2021 年 6 月 30 日	6.06%	3.97%
中环转债	环境保护	强赎	108.63	150.93	2020 年 12 月 14 日	38.93%	40.50%
拓邦转债	元器件	强赎	118.59	163.04	2020 年 11 月 25 日	37.48%	41.60%
张行转债	银行	交易	116.04	110.11	2021 年 6 月 30 日	−5.11%	−3.41%
英科转债	医疗保健	强赎	116.37	2499.09	2021 年 6 月 28 日	2047.62%	668.32%
苏农转债	银行	交易	112.00	106.58	2021 年 6 月 30 日	−4.75%	−3.17%
合兴转债	广告包装	交易	109.01	106.83	2021 年 6 月 30 日	−2.00%	−1.33%
哈尔转债	家居用品	交易	106.90	108.00	2021 年 6 月 30 日	1.03%	0.68%
石英转债	矿物制品	交易	126.12	167.36	2021 年 6 月 30 日	32.70%	20.61%
海亮转债	铜	交易	111.25	114.00	2021 年 6 月 30 日	2.47%	1.63%
再升转债	玻璃	强赎	106.81	267.60	2020 年 3 月 24 日	150.53%	4412.19%
华源转债	广告包装	交易	105.56	102.78	2021 年 6 月 30 日	−2.63%	−1.75%
平均						129.85%	274.26%

价值可转债轮动组合在 2019 年底建仓，经历了 2020 年疫情，2021 年上半年结构性牛市行情，整体收益相当惊人，平均收益率高达 130%，平均年化收益高达 274%，组合整体年化收益率高达 74.24%。其中有 7 只可转债实现了强赎，强赎率为 35%。

从表 6-15 可以看出，拉动收益率最大的是英科转债；拖累收益率最大的是创维转债。

案例：英科转债

2020 年 A 股市场，剔除新股，英科医疗是最牛的股票，全年涨幅高达惊人的 2 064.48%；对应的英科转债是 2020 年最牛的可转债，全年涨幅高达惊人的 2 092.9%。

英科医疗、英科转债成为 2020 年当之无愧的股债双王。我们来看看 2020 年英科医疗都经历了什么。

2019 年 8 月 16 日，英科医疗公开发行 4.7 亿元可转换公司债券，简称为"英科转债"，债券代码为"123029"。

债券期限：2019 年 8 月 16 日至 2025 年 8 月 15 日。

转股期限：2020 年 2 月 24 日至 2025 年 8 月 15 日。

票面利率：第一年为 0.5%，第二年为 0.8%，第三年为 2.6%，第四年为 3.3%，第五年为 3.5%，第六年为 4.0%。

债券到期赎回：在本次发行的可转换公司债券期满后五个交易日内，公司将以本次可转债票面面值的 128%（含最后一期利息）的价格向投资者赎回全部未转股的可转换公司债券。

初始转股价格：16.25 元 / 股。

转股价格向下修正条款：在本次发行的可转债存续期间，当公司股票在任意连续三十个交易日中至少十五个交易日的收盘价格低于当期转股价格 85% 时，公司董事会有权提出转股价格向下修正方案并提交公司股东大会审议表决。

有条件回售：本次发行的可转债最后两个计息年度，如果公司股票在任意连续三十个交易日的收盘价格低于当期转股价格的 70% 时，可转债持有人有权将其持有的可转债全部或部分按债券面值加上当期应计利息的价格回售给公司。

信用评级：AA-。

担保事项：本次发行的可转换公司债券不提供担保。

根据票面利率和到期赎回条款，可计算出票面年税前收益率为 5.78%，初始保本价为 138.70 元。根据对应评级企业债收益率，计算出纯债价值为 92.24 元。

公司基本面

英科医疗于 2009 年在山东省淄博市成立，主营业务涵盖医疗防护、康复护理、保健理疗、检查耗材四大板块，主要产品包括一次性手套、轮椅、冷热敷、电极片等多种类型的护理产品，产品广泛应用于医疗机构、养老护理机构、家庭日用及其他相关行业。

2018 年 12 月 31 日，公司已建成 59 条 PVC 生产线和 17 条丁腈生产线。2018 年度，公司一次性 PVC 手套、丁腈手套产量合计达 130.78 亿只。

公司在镇江设有轮椅和冷热敷生产线，生产多种规格和型号的轮椅和冷热敷产品，截至 2018 年 12 月 31 日，已建成轮椅生产线和冷热敷生产线各 4 条。2018 年度，公司轮椅产品产量达 34.76 万台，冷热敷产品产量达 795.69 万片。

公司在建生产线较多，而本次公开发行可转债的募集资金将用于安徽英科 PVC 手套、丁腈手套生产线建设项目，上述生产线建成达产后将进一步增强公司的生产能力和行业竞争力。公司为行业内的综合实力较强的主要市场参与者和影响者。

英科医疗看起来产品很多，但翻阅 2019 年半年报，手套类产品销售收入 8.14 亿元，占公司营业总收入的 82.72%。

投资要点

2019 年 12 月 27 日，英科转债收盘价 116.37 元，转股溢价率 16.34%，不算高；债券收益率高达 3.27%；转股市盈率 21.03 倍合理，机构一致预期增长率 19.79% 较高，转股 PEG 为 1.06 合理。

排名第 13 位，入选价值可转债轮动组合。

走势回顾

在特殊情况影响下，相关餐饮、娱乐等行业遭遇打击，而生物医药、医疗保健、医疗设备行业需求增加。

如前所述，英科医疗以一次性 PVC 手套、丁腈手套为主，疫情增加了需求，自然畅销，公司不断传来利好消息。

2020 年 2 月 6 日，发布《关于部分出口美国产品加征关税税率降低的公告》。

2020 年 3 月 8 日，发布《关于部分出口美国产品关税豁免的公告》。

2020 年 4 月 10 日，发布的《2020 年第一季度业绩预告》显示：盈利 1.2 亿元~1.3 亿元，比去年同期增长 254.57%~284.11%。

原因：一季度受影响，国内外一次性防护手套需求激增，产品售价有一定增长，对公司业绩产生了积极影响；2019 年 8 月起安徽投产的 16 条 PVC 手套生产线，使得报告期内手套产能同比有所增加。

2020 年 5 月 12 日，发布《非公开发行 A 股股票预案》：本次非公开发行对象为控股股东，发行价格为 43.72 元/股，拟募集资金总额不超过 5 亿元，扣除发行费用后全部用于"年产 61.84 亿只（618.4 万箱）高端医用手套项目"和补充流动资金。

2020 年 7 月 10 日，发布《2020 年半年度业绩预告》：盈利 19 亿元~21 亿元，比去年同期增长 2581.8%~2864.1%。

原因是，报告期内受疫情影响，全球一次性防护手套需求激增，公司一次性防护手套产品售价有较大增长，使得公司报告期内销售收入和毛利率均有所提升。

2020 年 10 月 28 日，发布《2020 年第三季度报告》：归属于上市公司股东的净利润 43.73 亿元，同比增长 3376.72%。

2021 年 1 月 24 日，发布《2020 年度业绩预告》：盈利：68 亿元~73 亿元，比上年同期增长 3713.45%~3993.85%。

原因是，报告期内受疫情影响，全球一次性防护手套需求激增，公司一次性防护手套产品售价有较大幅度增长，使得公司报告期内销售收入和毛利率均大幅提升。

2021年4月13日，发布《2020年度权益分派实施公告》：每1股派发现金股利3元，股权登记日为4月19日，除权除息日为4月20日。本次权益分派实施完毕后，根据相关规定，"英科转债"的转股价格由原来的11.32元/股调整为8.32元/股，调整后的转股价格于2021年4月20日生效。

股权登记日4月19日正股价收盘为153.16元，20日正股开盘的参考价为150.16元。据此计算，英科转债在19日收盘转股价值为1353.00元，20日开盘转股价值为1804.81元。

2021年4月14日，发布《2021年第一季度业绩预告》：盈利36亿元~38亿元，比上年同期增长2686.50%~2841.41%。

原因是，报告期内国内外一次性防护手套需求依旧旺盛，对公司业绩产生了积极影响。

从上面的消息可以看出，英科医疗防护手套需求激增，价格上涨，公司也加紧产能扩张，最终业绩飙升，2020年净利润同比增长38倍。

英科医疗股价自然大幅增加，在此期间，公司多次公告不提前赎回英科转债，英科转债自然跟随上涨；再加上4月19日正股高现金红利分配，提高了转股价值，有力地支撑了高转债价。

正股业绩推动英科转债的走势见图6-24。

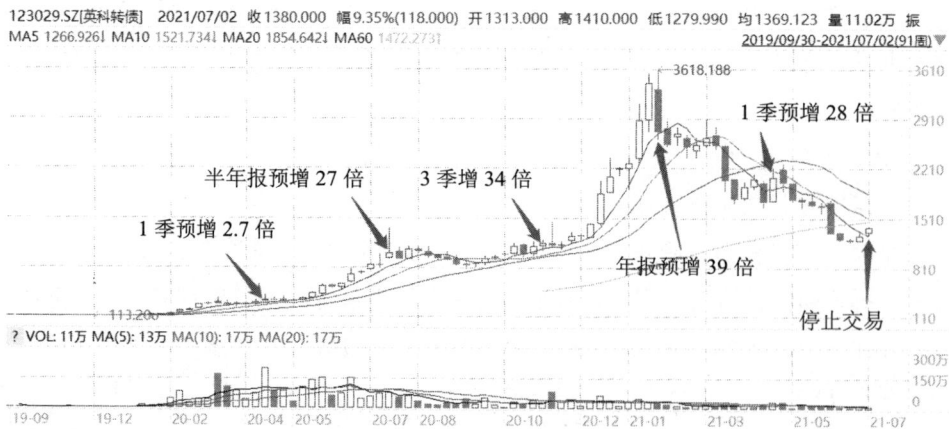

图6-24　正股业绩推动英科转债走势

从图 6-24 可以看出，此前，部分先知先觉的投资者已经在买入英科转债，英科转债上涨至 200 元附近；

2020 年一季度业绩预增 2.7 倍，英科转债上涨至 400 元附近；

2020 年半年报预增 27 倍，英科转债上涨至 1 000 元附近；

2020 年年报预增 39 倍，英科转债上涨至 2 700 元附近；2021 年一季度业绩预增 28 倍，英科转债在 2 000 元附近震荡。

2021 年 6 月 23 日，发布《关于"英科转债"流通面值低于 3 000 万元并将停止交易的公告》：停止交易日为 2021 年 6 月 29 日。截至 6 月 28 日，英科转债收盘价为 1 380 元，之后退出交易。

假如投资者在 2019 年 12 月 27 日以 116.37 元买入英科转债，并持有到停止交易之前，按最高价与收盘价平均 2 499.09 元计算卖出价，收益率为 2 047.62%，年化收益率为 668.32%。

在英科转债 1.5 年的存续期间，其波澜壮阔的走势，充分展示了业绩驱动正股和可转债上涨过程，以及投资者低价埋伏，长持获利的价值可转债轮动逻辑。

五、评　价

价值可转债轮动样例组合中，除上节已经评价过的英科转债、创维转债外，其他转债简评见表 6-16~ 表 6-33。

表 6-16　中来转债简评

行　业	状　态	买入价（元）	卖出价（元）	卖出日期	收益率	年化
塑料	强赎	116.41	125.40	2020 年 3 月 25 日	7.63%	35.20%

专注于光伏背板、N 型高效单晶电池和组件的研发。2019 年年报高增长，短期实现强赎，年化收益率高。

表 6-17　华夏转债简评

行　业	状　态	买入价（元）	卖出价（元）	卖出日期	收益率	年　化
空运	强赎	119.30	169.38	2020 年 7 月 14 日	41.98%	89.59%

专注支线航空细分市场，差异化策略构筑公司独特的竞争能力。疫情后业务恢复迅速，短期实现强赎，年化收益率高。

表 6-18　博世转债简评

行　业	状　态	买入价（元）	卖出价（元）	卖出日期	收益率	年　化
环境保护	交易	103.26	101.52	2021 年 6 月 30 日	−1.69%	−1.12%

　　致力于环境综合治理服务、专业技术服务、运营等业务。2020 年净利润下降 31%，2021 年一季度净利润下降 24%。正股和转债低迷。

表 6-19　明泰转债简评

行　业	状　态	买入价（元）	卖出价（元）	卖出日期	收益率	年　化
铝	交易	114.00	187.61	2021 年 6 月 30 日	64.57%	39.10%

　　铝加工龙头，涉足新能源汽车电池用电子箔和车用铝合金板。2020 年净利润增长 17%，2021 年上半年净利润增长 167%。正股和转债齐飞。

表 6-20　蓝晓转债简评

行　业	状　态	买入价（元）	卖出价（元）	卖出日期	收益率	年　化
化工原料	交易	122.60	324.57	2021 年 6 月 30 日	164.74%	90.58%

　　国内吸附分离材料龙头，采用吸附法进行盐湖提锂。2020 年净利润下降 20%，2021 年上半年净利润增长 29%。正股和转债齐飞。

表 6-21　高能转债简评

行　业	状　态	买入价（元）	卖出价（元）	卖出日期	收益率	年　化
环境保护	强赎	114.81	141.88	2020 年 6 月 17 日	23.57%	56.30%

　　环境修复行业龙头。2020 年上半年业绩不受外部影响，净利润增长 31%。短期实现强赎，年化收益率高。

表 6-22　苏银转债简评

行　业	状　态	买入价（元）	卖出价（元）	卖出日期	收益率	年　化
银行	交易	116.01	121.72	2021 年 6 月 30 日	4.92%	3.23%

　　江苏省城市商业银行。2020 年净利润增长 3%，2021 年上半年净利润增长 23%。但市场对银行有偏见，正股与转债涨幅小。

表 6-23　博彦转债简评

行　业	状　态	买入价（元）	卖出价（元）	卖出日期	收益率	年　化
软件服务	交易	116.37	123.42	2021 年 6 月 30 日	6.06%	3.97%

　　世界级的 IT 咨询、服务及行业解决方案提供商。2020 年净利润增长 34%，2021 年半年报增长 53%，正股和转债有所上涨。

表 6-24　中环转债简评

行　业	状　态	买入价（元）	卖出价（元）	卖出日期	收益率	年　化
环境保护	强赎	108.63	150.93	2020 年 12 月 14 日	38.93%	40.50%

　　主营业务为污水处理业务和环境工程业务。2020 年净利润不受疫情影响增长 62%，实现强赎。

表6-25 拓邦转债简评

行 业	状 态	买入价（元）	卖出价（元）	卖出日期	收 益 率	年 化
元器件	强赎	118.59	163.04	2020年11月25日	37.48%	41.60%

首家A股上市的智能控制器企业。2020年净利润不受影响增长61%。实现强赎。

表6-26 张行转债简评

行 业	状 态	买入价（元）	卖出价（元）	卖出日期	收 益 率	年 化
银行	交易	116.04	110.11	2021年6月30日	−5.11%	−3.41%

张家港农村商业银行。2020年净利润小幅增长5%，2021年半年报预增20%。市场偏见，正股与转债下跌。

表6-27 苏农转债简评

行 业	状 态	买入价（元）	卖出价（元）	卖出日期	收 益 率	年 化
银行	交易	112.00	106.58	2021年6月30日	−4.75%	−3.17%

江苏苏州农村商业银行。2020年净利润增长4.00%，2021年净利润增长14.74%。市场偏见，正股与转债下跌。

表6-28 合兴转债简评

行 业	状 态	买入价(元)	卖出价(元)	卖出日期	收 益 率	年 化
广告包装	交易	109.01	106.83	2021年6月30日	−2.00%	−1.33%

主要从事中高档瓦楞纸箱（板）的研发与设计、生产、销售及服务。2020年净利润增长9%，2021年一季度净利润增长66%，但与2019年同期相比下滑。正股与转债下跌。

表6-29 哈尔转债简评

行 业	状 态	买入价（元）	卖出价（元）	卖出日期	收 益 率	年 化
家居用品	交易	106.90	108.00	2021年6月30日	1.03%	0.68%

公司是专业不锈钢真空保温器皿制造商。2020年净利润亏损0.28亿元，2021年上半年增长281%。正股与转债上涨。

表6-30 石英转债简评

行 业	状 态	买入价（元）	卖出价（元）	卖出日期	收 益 率	年 化
矿物制品	交易	126.12	167.36	2021年6月30日	32.70%	20.61%

从事高纯石英砂、高纯石英管（棒、坨）、高纯石英坩埚生产。2020年净利润增长15.31%，2021年上半年扣非净利润增长56%。正股与转债上涨。

表 6-31　海亮转债简评

行　业	状　态	买入价（元）	卖出价（元）	卖出日期	收益率	年　化
铜	交易	111.25	114.00	2021 年 6 月 30 日	2.47%	1.63%

从事铜管、铜棒、铜管接件、铜铝复合导体、铝型材等产品的研发、生产。2020 年净利润下滑 36%，2021 年上半年预计增长 60%。正股与转债小幅上涨。

表 6-32　再升转债简评

行　业	状　态	买入价（元）	卖出价（元）	卖出日期	收益率	年　化
玻璃	强赎	106.81	267.60	2020 年 3 月 24 日	150.53%	4412.19%

主营业务为微纤维玻璃棉及其制品的研发、生产。2020 年净利润增长 110%，2021 年一季度净利润增长 25%。实现强赎。

表 6-33　华源转债简评

行　业	状　态	买入价（元）	卖出价（元）	卖出日期	收益率	年　化
广告包装	交易	105.56	102.78	2021 年 6 月 30 日	−2.63%	−1.75%

主营业务为金属包装产品的研发、生产。2020 年净利润下滑 31%，2021 年净利润增长 41%。正股与转债下跌。

从价值可转债轮动样例评价上我们可以看出，正股业绩高增长的可转债涨幅较大，相反正股业绩低增长甚至下滑的可转债涨幅落后或下跌。

另外，银行业普遍受市场偏见影响，正股业绩增长，但正股和可转债涨幅小。

价值可转债轮动样例组合从 2019 年初建立，到 2021 年 6 月 30 日截止的 2.5 年期间，组合整体年化收益率高达 74.24%；其中有 7 只可转债实现了强赎，强赎率为 35%。

有投资者可能会质疑本节中的价值可转债轮动组合是个随机组合，即使不考虑正股价值也会有高收益。

那么我们来看看，如果仅采用双低策略来选择组合，即以转股溢价率 30% 以内，且债券收益率大于 −0.5% 来选择可转债，结果会怎样？

在 2019 年 12 月 27 日可转债市场中，共计有 75 只可转债符合条件，这些可转债构成"平衡可转债组合"，假定投资者均等仓位投资平衡可转债组合。则我们可以用价值可转债轮动组合同样的方法，同样截至 2021 年 6 月 30 日，统计计算结果显示：平衡可转债组合平均收益率为 48%，平均年化收益为 101%；其中有 12 只可转债实现了强赎，强赎率为 16%。

以上收益与"价值可转债轮动组合"收益比较见图 6-25。

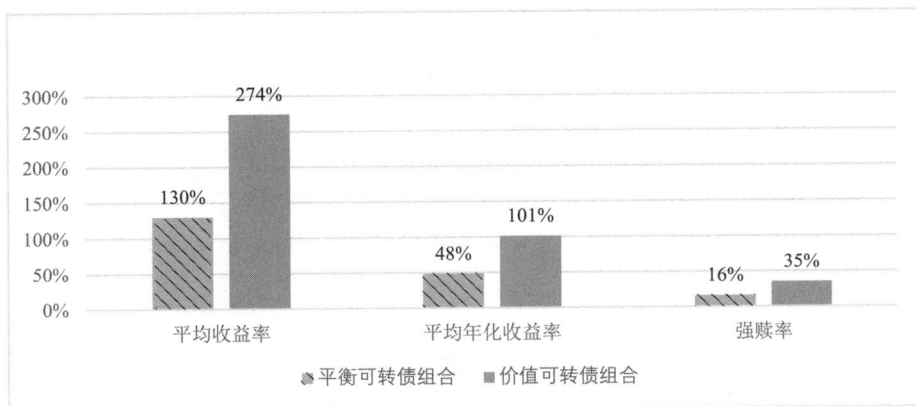

图 6-25 平衡可转债组合与价值可转债组合收益比较

从图 6-26 可以看出，如果在平衡可转债组合中，加上正股价值条件这个维度，精选出价值可转债组合，使强赎率从 16% 提高到 35%，平均收益率从 130% 提高到 274%，年化收益率从 48% 提高到 101%。

虽然从事后看，价值可转债轮动组合中，没有选中万里转债（收益率 238%）、蓝盾转债（收益率 58%）和鼎胜转债（收益率 49%）等高收益转债，但也回避了贵广转债（收益率 −13.41%）、亨通转债（收益率 −11.04%）和湖广转债（收益率 −10.18%）等低收益转债。

从比较结果来看，证明了正股价值在可转债投资中的重要性，也从统计中实证了价值可转债轮动交易系统中的有效选择可转债逻辑。

值得一提的是，万里转债、蓝盾转债和鼎胜转债三只高收益转债，从基本面上看，正股投资价值较低，均无机构关注。

2019 年底万里转债的转股市盈率高达 61 倍，2020 年净利润亏损 1.45 亿元，但市场上万里转债价格暴涨，导致收益率较高，是市场炒作的结果。

2019 年底蓝盾转债和鼎胜转债的转股市盈率分别为 24~25 倍，看起来不高，但 2020 年净利润分别亏损 10.93 亿元、0.15 亿元，它们的市场价格却暴涨，导致收益率较高，也是市场炒作的结果。

炒作可转债是投机行为，投资者参与其中，风险极高。而价值可转债轮动交易系统放弃这些炒作的机会，也回避了低收益和亏损的风险，为投资带来安全而合理的回报。

第六节　总　结

本章分析了价值可转债投资策略的"穿越牛熊的三大核心逻辑"和"四大价值"，并总结出了"申购长持交易系统""转股价下修博弈交易系统"和"价值可转债轮动交易系统"，同时结合市场数据，给出了三种交易系统的回测收益率。见表6-34。

表6-34　三种交易系统比较

项　目	申购长持 交易系统	转股价下修博弈 交易系统	价值可转债轮动 交易系统
适用资金量	小	大	大
历史数据回测 年化收益率	20.83%	13.68%~23.59%	20.57%~31.79%（不考虑正股价值的 双低轮动）
实证收益额	30.53万元（4.25年）	与资金量有关	与资金量有关
实证收益率	125.86%（4.25年）	54.66%（3年）	130% 时间太短，无参考性
实证年化收益率	21.13%	15.64%	时间太短，无参考性，理论上能超过 双低轮动中值26%收益率
收益影响	中签率低，没有持有到强赎或"三高"	买入价过高，没有持有到强赎或"三高"	买入价过高，正股价值判断失误，没有持有到强赎或"三高"
风险点	上市公司退市、破产、违约	上市公司退市、破产、违约	上市公司退市、破产、违约
投资难度	低	中	高

从表6-34可以看出，申购长持交易系统投资难度最低，收益较高，但适用资金量较小；

转股价下修博弈交易系统适合资金量大，收益适中，投资难度中等；

价值可转债轮动交易系统适合资金量大，收益高，但投资难度较高。

第七章

构建可转债投资框架

　　本章将帮助读者构建可转债投资框架，形成自己的交易系统。
唯有如此，读者才能从容面对跌宕起伏的市场，进行价值可转债投
资，获取稳健收益。

第一节　可转债风险等级

在构建可转债投资框架之前，我们按家庭资产配置来区分可转债的风险等级。

虽然可转债总体来说是权益性资产，但根据各类可转债特性，还是可以区分为五类风险等级。

（一）低风险（R1）

AAA 级偏债型转债，本金亏损概率极低，有固定利息收益，主要由债券价值支撑，转债价格受股市波动影响很小，风险等级定为 R1 级。

案例：浦发转债

2021 年 11 月 12 日，浦发转债价格为 104.03 元，转股价值为 61.92 元，转股溢价率为 68.01%，属于偏债型，且评级为 AAA 级，期限为 3.96 年，到期税前年化收益率为 3.05%，风险等级为 R1 级。

某些低于赎回价的高溢价可转债到期前，公司已经发布到期赎回公告，赎回价和到账日期已经确定，此时，持有的投资者还能收获一定的短期利息，转债价格不受正股下跌影响，可以当作无风险的纯债，风险等级定为 R1 级。

案例：九州转债

2021 年 12 月 16 日，九州转债价格为 107.55 元，转股价值为 76.89 元，转股溢价率为 39.87%；公司已经宣布到期赎回九州转债，税前赎回价为 108 元，含最后一年利息 2 元，赎回款到账日为 2022 年 1 月 14 日；由于个人持有九州转债，需要扣缴 20% 利息税，所以按最低扣缴 2 元利息计算，个人需要缴纳利息税 0.4 元，赎回款到手为 107.6 元，个人持有不划算。

但对于企业法人，不是按照 20% 纳税方式，而是放在企业营业利润中统一纳税，所以企业法人，持有 107.55 元的九州转债，赎回款到手 108 元，有一点利息收益，期限仅为 29 天，年化收益率为 5.27%。

此类可转债几乎没有还本付息风险，属于高等级纯债型转债，风险等级为 R1 级。

（二）中低风险（R2）

AA+ 评级及以下评级的偏债型转债，本金有一定的亏损概率，有固定利息收益，转债价格受正股波动影响略小，风险等级定为 R2 级。

案例：贵广转债

2021 年 11 月 12 日，贵广转债价格为 103.74 元，转股价值为 57.05 元，转股溢价率为 81.83%，属于偏债型，评级为 AA+ 级，期限为 3.31 年，到期税前年化收益率为 3.98%，风险等级为 R2 级。

平衡型转债受可转债转股价值和债券价值共同支撑，利息收益较少，无论评级如何，本金有一定的亏损概率，转债价格受正股波动影响小，风险等级定为 R2 级。

案例：威派转债

2021 年 11 月 12 日，威派转债价格为 118.53 元，转股价值为 86.64 元，转股溢价率为 36.82%，属于平衡型，评级为 A+ 级，期限为 4.99 年，到期税前年化收益率为 0.44%，风险等级为 R2 级。

（三）中风险（R3）

低价偏股型转债定义为价格为赎回条件价以内的可转债。正如历史退市可转债高收益所述，可转债有 89% 的概率能实现强赎。也就是说，持有低价偏股型转债有很大概率能超过强赎条件，可以盈利，但转债价格受正股和溢价率波动影响较大，风险等级定为 R3 级。

案例：山鹰转债

2021 年 11 月 12 日，山鹰转债价格为 118.1 元，超过保本价 117.5 元，且低于赎回条件价 130 元，属于低价偏股型转债，风险等级为 R3 级。

（四）中高风险（R4）

从历史统计上看，可转债平均最后收盘价在 160 元附近。所以，以 160 元作为分界线，把价格超过赎回条件价的可转债分为中价偏股型转债和高价偏股型转债。

中价偏股型转债定义为价格高于赎回条件价且低于 160 元的可转债。持有中价偏股型有 50% 以上的概率盈利。但在正股大幅下跌、可转债到期、可转债赎回等极端情况下，转债价格最大下跌到 80~90 元的纯债价值附近，投资者最大亏损小于 50%，风险等级定为 R4 级。

案例：洪城转债

2021 年 11 月 12 日，洪城转债价格为 133.26 元，超过赎回条件价 130 元，且低于 160 元，属于中价偏股型转债，风险等级为 R4 级。

（五）高风险（R5）

高价偏股型转债定义为价格高于 160 元的可转债。持有高价偏股型转债盈利的概率小于 50%。且在正股大幅下跌、可转债到期、可转债赎回等极端情况下，转债价格最大下跌到 80~90 元的纯债价值附近，投资者亏损大于 50%，风险等级定为 R5 级。

案例：福能转债

2021 年 11 月 12 日，福能转债价格为 204.21 元，超过 160 元，属于高价偏股型转债，风险等级为 R5 级。

可转债强赎公告发布后，因为赎回价在 100 元附近，远小于强赎时 130 元以上的转债价格。此时，可转债博弈价值消失，大多数投资者选择卖出，在卖出压力下，转债价格下跌，只能依靠转股价值支撑，转股溢价率趋于 0，转债价格随正股波动，称为强赎型转债，转债风险等级与权益类资产一致，均为 R5 级。

各类可转债风险等级定义，可以形象地标注在图 7-1。

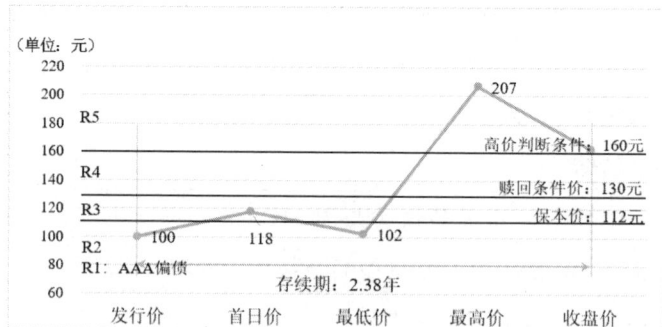

图 7-1　各类可转债风险等级区间

从图 7-1 可以看出，从风险资产角度看，可转债投资者盈利的方法是：投资者先买入 R2、R1 级低风险可转债；持有等待转债正股上涨，或者转股价下修再上涨，推动转债价格上涨到 R3 等级；再进一步上涨到 R4、R5 等级；然后，投资者获利卖出或者因为强赎卖出，投资者将获得高收益。

从可转债盈利的过程可以看出，可转债并不是单一的低风险资产，而是随着价格变动的、跨越多个风险等级的资产。

所以，投资可转债后，投资者要保持关注，特别是可转债强赎等关键消息，否则盈利就打水漂了。

正因为可转债是跨风险等级的资产，投资可转债的长期收益率远高于固定收益；如果领悟可转债投资要领，坚定贯彻价值可转债投资策略，长期年化收益率超越股票投资也是有可能的。

第二节　可转债交易系统

沃伦·巴菲特说过："投资很简单，但不容易。"

在大多数股民的盈利状况一节也说明了，投资者的总体收益逃不过"七亏二平一赚"魔咒。那么，谁才是"一赚"的投资者呢？

格雷厄姆著有《聪明的投资者》，彼得·林奇著有《彼得·林奇的成功投资》《战胜华尔街》等投资经典著作，沃伦·巴菲特著有《沃伦·巴菲特致股东的信》。

通过学习和分析这些著作的精髓，我们可以发现，千条万条经验总结为一条，就是要有一套成熟的交易系统。

交易系统是指在交易市场中能实现稳定盈利的一套规则。它包括买入、持有、卖出、风险控制、组合管理控制、容错控制、风险控制、市场整体风险评估、资金管理和系统完善等策略。

投资者按照交易系统中既定策略交易，能克服人性中的弱点，在纷繁复杂、变幻莫测的市场中，实现长期稳定的盈利。

"低买高卖"是股市交易的第一层次思维，它仅能对单只证券的交易起简单的指导作用，属于投资中的战术。

交易系统是第二层次思维，它对交易的完备性、交易的稳定性、交易的适应性起到总体上的控制作用，属于投资中的战略。

战略指导战术，战术完善战略，才能在股市的战役中制胜。因此，投资"大师"都有自己的一套成熟交易系统，使他们在多年的投资生涯中能长期、稳定地盈利，下面我们就来学习构成交易系统的各种策略。

一、买入策略

交易系统的买入策略包括买入标的选择，投机者依据技术指标买入信号做出选择，而投资者依据公司基本面变好或股票低估值选择。买入时机的判断，是创新低买入还是触底反弹买入？买入的方法，是采用等额加仓还是金字塔加仓？

对于价值可转债投资，有什么好的买入策略呢？

（一）买入模型

申购可转债其实就是为了 100 元面值买入可转债，难道只有买入 100 元面值的可转债才能盈利吗？其实不然，统计表明，2015 年 12 月 31 日以前发行的可转债，平均保本价在 111.82 元。如果投资者有机会在 112 元以内买入，以最高价和收盘价的平均价 184 元的价格卖出，则可实现 64% 的收益率，持有期限在 2.38 年以内，年化收益高达 23%，见图 7-2。

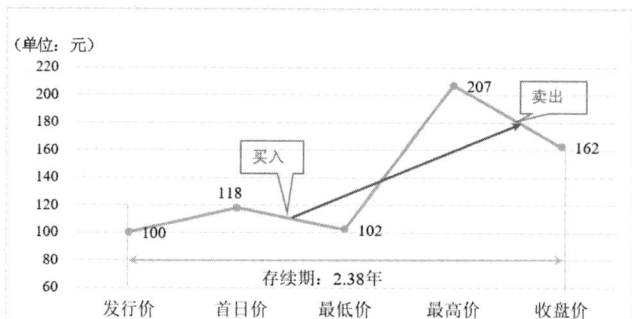

图 7-2　可转债简易买入模型

当然，图 7-2 是理想情况下的买入模型，实际转债情况更为复杂。

例如，南化转债、丝绸转债最低价分别为 148.62 元、194.30 元，投资者根本没有低价买入的机会。

例如，博汇转债、双良转债最高价和收盘价的平均价分别低至 124.31 元、116.06 元，将大幅拉低投资者的收益率。

所以，看起来可转债买入很简单，但要真做好可转债投资还需要更系统的买入策略。

2021 年底，市场上有 370 多只可转债在交易，每个交易日，370 多只可转债价格时刻在变动，有些转债暴涨暴跌，有些转债平稳波动，投资者面对变幻莫测的市场往往难以下手买入好转债。

但静下心来仔细选择比较，把握适当的检查时机，总能买到不错的可转债投资标的。

所以，可转债买入策略有以下四个步骤：

第一步，从家庭资产配置角度看，确定低风险可转债配置的总金额，并且根据风险承受能力分配到低风险的"转股价下修博弈交易系统"，或者是风险略高的"价值可转债轮动交易系统"上，或者按一定比例分散到这两种交易系统中。

第二步，按照组合管理策略，确定单只可转债的最大投资金额

第三步，根据偏债型可转债列表和价值可转债列表，排除已经持有满仓金额标的。在列表中剩余的可转债中，选择当前市场中债券价值最低估可转债，做转股价下修博弈；或者选择当前市场中，债券价值和正股价值综合评判最低估可转债，做价值可转债轮动。

对于即将上市的新发行可转债，大概率转股价值高于纯债价值，正股价值低估，则属于价值型可转债，可对价值可转债列表进行比较选择。

第四步，评判可转债市场风险状况，择机买入。如果市场整体风险等级在低位，可以尽早完成买入。

如果市场整体风险等级不高不低，可以慢慢完成买入。

如果市场整体风险等级在高位，可以试探性建仓后再择机完成买入。

（二）买入检查单

总的来说，因为偏债型价格较低，转股溢价率较高，受正股波动影响小，可以进入转股价下修博弈交易系统，适合风险承受能力低的投资者。买入检查单见表7-1。

表7-1 转股价下修博弈交易系统买入检查单

序　号	问　　题	备　注
1	我是保守型投资者或稳健型投资者吗？	是则往下检查
2	我是否需要增加配置风险等级为 R2 级的资产？	同上
3	我动用的投资资金是否 5 年以上没有其他用途？	同上
4	我是否认为不可能买到可转债的历史最低价？	同上
5	我是否为买入的可转债有可能短期下跌 10% 以上做好准备？	同上
6	我是否为买入的可转债长时间转债价格不大涨，有可能最终仅获取利息收益做好准备？	同上
7	我选择的可转债正股有退市风险吗？	同上

续表

序 号	问　题	备　注
8	我选择的可转债纯债溢价率比较低吗？	可选问题
9	我选择的可转债债券收益率比较高吗？	可选问题
10	我选择的可转债距回售期限近吗？	可选问题
11	我选择的可转债如果进入回售期，是否有利息收入？	可选问题
12	我选择的可转债无论是否有净资产限制，最大下修后，是否溢价率比较低？	可选问题
13	我选择的可转债，再加上已经持有的转股价下修博弈转债，总体看是否均衡在各类行业、概念、地区、风格、小盘等中？	可选问题
14	我是否发现某只可转债比我现在持有的可转债更好？	可选问题

对于价值可转债轮动交易，因为建仓标的仅要求在保本价以内，买入价相对高一点，且转股溢价率不能太高，最好低于40%，越低越好，所以受正股波动影响偏大，适合风险承受能力稍高的投资者。买入检查单见表7-2。

表7-2　价值可转债轮动交易系统买入检查单

序 号	问　题	备　注
1	我是稳健型投资者吗？	是则往下检查
2	我是否需要增加配置风险等级为R2级的资产？	同上
3	我动用的投资资金是否5年以上没有其他用途？	同上
4	我是否认为不可能买到可转债的历史最低价？	同上
5	我是否为买入的可转债有可能短期下跌20%以上做好准备？	同上
6	我是否为买入的可转债长时间转债价格不大涨，有可能最终获取可转债利息收益做好准备？	同上
7	我选择的可转债正股有退市风险吗？	同上
8	我选择的可转债转股溢价率比较低吗？	同上
9	我选择的可转债正股静态估值和成长性估值比较低吗？	同上
10	我选择的可转债是否在保本价以内？	可选问题
11	我选择的可转债正股行业是否景气？	可选问题
12	我选择的可转债，再加上已经持有的转股价下修轮动转债，总体看是否均衡在各类行业中？	可选问题
13	我是否发现某只可转债比我现在持有的可转债更好？	可选问题

投资者可以对照检查单，逐一回答问题，如果大部分问题都是选择"是"，则可以根据市场状况，自行判断买入机会，实施买入计划，确保买入操作符合既定的买入策略。

以下是买入样例，供读者参考。

（三）2021 年 5 月 12 日：如何短线低价建仓？

有朋友问，看到 2021 年 5 月 12 日苏行转债上市开盘前集合竞价为 100 元，为何我挂 100.1 元买不到？这个问题问得好，很多投资者因为没有搞清楚集合竞价规则，错失低价买入良机，如杭银转债、乐普转 2 等。

很多转债投资者，只会打新中签、上市卖出策略。而市场弱势，他们卖出更迫切，有些甚至在集合竞价阶段就挂 100 元的卖出单，以期尽快卖出手中好不容易中签的转债。

所以，在这种情况下，转债上市开盘价可能偏低，甚至在早盘的连续竞价阶段继续走低。如杭银转债上市首日，以 112.3 元开盘，最低下探到 110.7 元，见图 7-3。

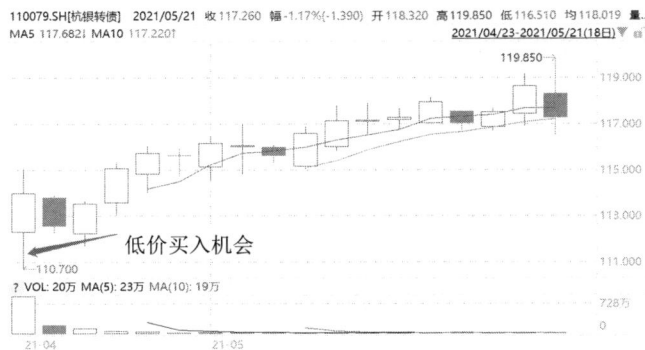

图 7-3 杭银转债

这就给长线投资者一个很好的低价买入机会。如 5 月 12 日上市的苏行转债，就有最低 102.11 元的买入机会，当然，在我看来，这个机会还没有杭银转债 110.7 元更好，但也是不错的机会。

那么如何把握这个机会呢？

按交易规则，9:25 集合竞价之前，都是模拟开盘价走势，并非真正的成交，只有到 9:25 一瞬间，交易主机根据买卖报价，结合买卖量，撮合出一个开盘价，这个开盘价就是一个真实的成交价。

5 月 12 日，苏行转债上市，模拟开盘价走势在 9:15—9:25，都是在 100 元，可见 100 元的卖出量很大。

转股价值为 80 元的紫银转债都在 101 元，可见转股价值在 88 元的苏行转债的 100 元开盘价，显然是低了，我也掏出了一万元准备接盘。

普通散户可以看到的，机构自然也看得到，就在临近9:25时被大单托起，以103元开盘，成交额接近1亿元，在成交明细上为最大的一笔，见图7-4和图7-5。

| 09:25:03 | 103 | 平盘价格 | 95978 | 内盘 |

图 7-4　成交价 1

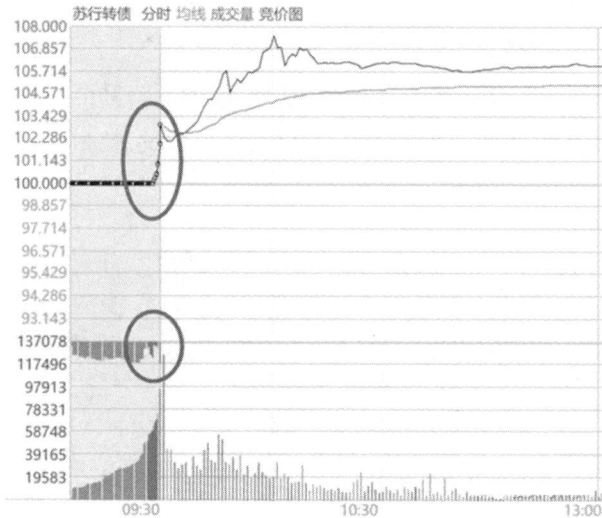

图 7-5　分时图

随后的9:25—9:30，进入自由申报但不成交的阶段。到了9:30，进入连续申报成交阶段。苏行转债最低下探到102.11元，见图7-6。

| 09:32:15 | 102.11 | 下跌价格 | 6559 | 内盘 |

图 7-6　成交价 2

所以，对于希望低价买入的投资者，如果认可104以内的价位，可以在集合竞价前以103.5元的价格挂出买单一笔，然后在103元、102.5元、102元等价位多笔挂买单。从经验看，这种低价大多数时间出现在9:30—10:00，10:00之后，一般难觅低价了。

自然我的100元买价单没有成交，而103元左右的机会不太好，且我手中的银行转债比较多，就收回了这笔资金，没有参与交易。

多笔挂单，可以买入足够的仓位，同时规避短期波动风险。

投资者不必太在意小额可转债交易的手续费问题，大多数券商，沪市可转债交易佣金最低为 1 元，深市不设最低价，但佣金费率很低，可以忽略不计。即使 1 手，即 1 000 元左右挂单也是可行的，只要投资者不嫌麻烦。这也是可转债交易的优势之一。

二、卖出策略

交易系统中，也包括卖出标的选择，投机者依据技术指标卖出信号做出选择，而投资者依据公司基本面变差或股票高估值选择；卖出时机的判断，是反弹卖出还是破发卖出？卖出的方法，是分批卖出还是一次性卖出？

对于价值可转债投资，有什么好的卖出策略？

（一）卖出策略分析

可转债在满足退市的条件下一般都会退市的。无论哪种退出方式，投资者都能够收回退市前的利息和可转债面值。

但投资可转债，投资者的目的并不是收到利息和面值，而是在退市前，以较高的价格卖出，赢得价差收益。

尽管根据事后统计，我们知道平均最高价，但对于当时市场上的投资者来说，市场不会主动告知现在是最高价，否则人人都会提前卖出，就不是最高价了。

所以，投资者是无法知道单只转债的什么价格是最高价，更无法知道平均最高价。

有人会说，既然平均最高价是 207 元，那么每只转债到 207 元就卖出，不是卖到最高价了吗？这种做法的问题是没有意识到 207 元是平均数。

既然 207 元是转债最高价的平均数，自然有的转债最高价高于 207 元，有的转债最高价低于 207 元。对于最高价超过 207 元的，自然可以以 207 元卖出；而对于最高价低于 207 元的，只能以收盘价卖出。

事实上，我们将之前的 112 只可转债按照上述方法卖出，则平均卖出价将下降到 161 元，大幅低于统计中的最高价和收盘价的平均值 184.5 元。

另外，除英科转债价格上涨到 2 000 元以上外，还有一些转债如通鼎转债、横河转债、蓝盾转债、万里转债、振德转债等价格上涨到 500 元以上，又有更多的转债上涨到 300 元以上，设置固定价位卖出，将错失盈利良机。

所以，按照某个固定价位卖出的方法并不可取。

有人说，等最高价出现后，回落 10 元就卖出，不是可以卖到比较好的价格吗？

但事实上是，在可转债上涨到最高价之前，有多次下跌超过 10 元的情形，投资者身处其中，难以判断哪一次下跌 10 元是从最高价下跌的，如果贸然卖出，会错失更多的盈利机会。

案例：金诺转债

金诺转债发行于 2020 年 10 月 16 日，上市于 2020 年 11 月 5 日，退市于 2021 年 11 月 5 日。在 1.05 年存续期间，最高价为 296.7 元，退市收盘价为 185.55 元。

金诺转债在上涨到 180 元附近时，距离最高价 296.7 元尚远，有多次下跌超过 10 元的机会，如果投资者以 170 元卖出，则会丧失在 250 元以上卖出的大好机会，后者盈利超越前者盈利 1 倍以上，见图 7-7。

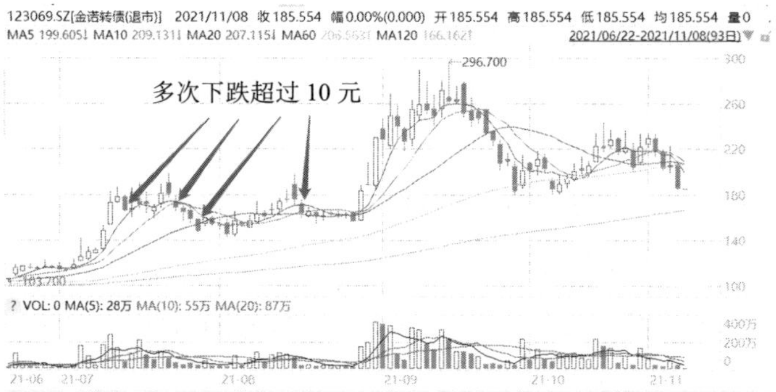

图 7-7　金诺转债在上涨到最高价之前多次下跌超过 10 元

虽然我们很难知道最高价，但我们根据市场经验和可转债的历史统计可以发现，在可转债爆发性上涨到最高价的过程中，转债涨幅大幅高于正股涨幅，出现"三高"，投资者此时卖出，很可能卖到次高价。

另外，在转债价格高于赎回条件价之后，转债成为 R4、R5 风险等级资产，上市公司赎回可转债。赎回公告发布后，可转债转股溢价率趋于 0，变成 R5 风险等级资产；在强赎下跌效应影响下，转债走低，直至达到 160 元的平均收盘价。所以可转债的赎回公告发布后，投资者及时卖出，很可能卖在次高价，避免卖在较低的收盘价，见图 7-8。

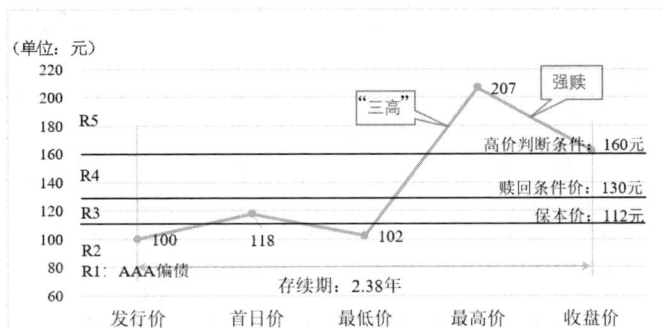

图 7-8 可转债可能出现的次高价区间

（二）"三高"卖出策略

"三高"卖出的逻辑依据是：正股因为行业、概念、地区、风格、小盘等热点炒作大涨，投机者情绪亢奋；而对应的可转债，因为正股涨停无法买入、可转债涨幅限制小和 T+0 交易优势，资金很容易掀起可转债巨大涨幅，结果就是大概率出现历史最高价，并伴随出现"三高"。所以，"三高"大概率卖在次高点。

根据经验，"三高"的具体判断指标为满足以下四个条件之一。

一是转债余额大于 10 亿元，转债价格超过赎回条件价 10 元以上，且无法计算出转股 PEG 或者转股 PEG 在 2 以上。

二是转债价超过赎回条件价 10 元以上，且转股溢价率在 40% 以上。

三是转债价超过赎回条件价 10 元以上，转股溢价率在 10% ~ 40%，且无法计算出转股 PEG 或者转股 PEG 在 2 以上。

四是从最高价回落 20% 以上，且转债价在 160 元以上。

有些转债从数据上看是"三高"，但从基本面分析是例外。如利德转债，2021 年第三季度滚动市盈率暂时是负值，无法计算转股 PEG，但从当年的业绩趋势看，全年业绩净利润与 2020 年相比将扭亏为盈，且净利润绝对数较大，2021 年转股 PEG 估值不高。

对于满足条件的高价转债，投资者未必需要立即卖出，可根据行业和市场热度适当继续持有，择机卖出。

案例：九洲转债

九洲转债上市于 2019 年 9 月 12 日，退市于 2021 年 9 月 14 日。2020 年 10 月底，因为市场炒作因素，出现"三高"，见图 7-9。

图7-9　九洲转债三高卖出机会

2020年10月26日，九洲转债收盘价310元，转股价值173.45元，转股溢价率高达78.72%，转股PEG为35，属于典型的"三高"转债。

如果不考虑第二个交易日的冲高370元的卖出机会，以收盘价310元卖出，比以最后收盘价234.50元卖出，每张多盈利75.5元。

（三）强赎卖出策略

可转债的上涨赎回，也称强赎，并不是为了让上市公司还钱给投资者，而是为了促进投资者转股，其中的折价套利机制起到了抑制转债价格大幅下跌的作用，使得可转债溢价率归零，迫使最后接盘的投资者转股。

除少数转股所用股份来自上市公司库存股以外，转股的股份都来自新发行正股，这样就扩大了总股本；总股本扩大，自然在市场上压制正股价格，并且转债市值占正股市值比例越大，压制效应越明显。

这种正股的压制效应是投资者可以预期和观察到的，预期又反过来引发投资者抛售可转债，可转债进一步下跌，所以强赎公告发布后，当天的正股走势不佳，除非正股所在板块有大的独立行情，才能扭转这个强赎下跌效应。如果可转债强赎时，正股板块正好处于下跌周期，则在强赎下跌效应和正股走势的双重作用下，转债价格将快速趋于赎回价。

考虑到可转债转股减少了上市公司负债，增加了上市公司权益资本，改善了上市公司财务状况，对上市公司有利，而正股的长期走势依赖于上市公司自身的经营状况，所以从长期看，可转债强赎不会改变正股的长期走势。

但对于可转债投资者，为了避免强赎公告发布后转债短期下跌，还是尽早卖出为宜。

案例：天目转债

天目转债发行于 2020 年 2 月 28 日，上市于 2020 年 3 月 16 日。

2021 年 4 月 6 日宣布赎回，公告前天目转债市值 3.07 亿元，占同日正股市值 40.57 亿元的 7.58%；当日，正股下跌 7.04%，转债开盘价为 134.2 元，收盘转债下跌 6.63%。

至 2021 年 5 月 18 日赎回登记日（最后交易日）收盘为 100.18 元，略高于赎回价 100.153 元。天目转债累计下跌 26.83%，以公告日开盘价计算下跌 25.35%，同期正股天目湖下跌 27.06%，所属旅游板块下跌 6.63%。天目转债赎回公告发布后未及时卖出的投资者损失惨重，见图 7-10。

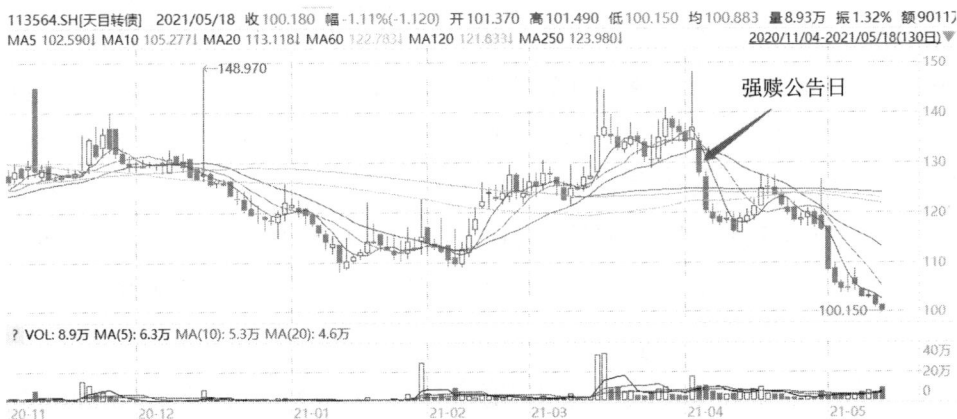

图 7-10 天目转债强赎公告后走势

天目转债是赎回导致的正股和转债大跌的典型。

根据不完全统计，与天目转债赎回类似的有 13 只转债，见表 7-3。

表 7-3 近期强赎大跌转债列表

转债名称	强赎公告日	公告日开盘价（元）	最后收盘价（元）	涨 幅	最后交易日
圆通转债	2020 年 2 月 21 日	139.78	100.23	−28.29%	2020 年 3 月 20 日
星源转债	2020 年 2 月 25 日	138.00	108.37	−21.47%	2020 年 3 月 19 日
通威转债	2020 年 3 月 4 日	142.50	107.50	−24.56%	2020 年 3 月 16 日
中来转债	2020 年 3 月 5 日	127.00	106.30	−16.30%	2020 年 3 月 25 日
木森转债	2020 年 8 月 12 日	130.86	114.53	−12.48%	2020 年 9 月 10 日
唐人转债	2020 年 8 月 18 日	135.94	104.20	−23.35%	2020 年 9 月 17 日

转债名称	强赎公告日	公告日开盘价（元）	最后收盘价（元）	涨　幅	最后交易日
环境转债	2020 年 8 月 19 日	134.00	114.22	−14.76%	2020 年 9 月 17 日
中环转债	2020 年 10 月 28 日	147.50	117.79	−20.14%	2020 年 12 月 14 日
益丰转债	2021 年 2 月 1 日	138.88	111.90	−19.43%	2021 年 3 月 4 日
天目转债	2021 年 4 月 6 日	134.20	100.18	−25.35%	2021 年 5 月 18 日
今天转债	2021 年 9 月 17 日	122.60	105.20	−14.19%	2021 年 10 月 14 日
弘信转债	2021 年 9 月 17 日	131.15	104.00	−20.70%	2021 年 10 月 11 日
时达转债	2021 年 9 月 22 日	134.88	101.16	−25.00%	2021 年 10 月 27 日
国贸转债	2021 年 9 月 27 日	125.99	101.64	−19.33%	2021 年 11 月 4 日

这里用公告日开盘价衡量涨跌，是考虑到公告日消息已经传达到市场，在开盘时，中小投资者有足够的机会卖出，且因为资金量小，冲击成本不高。从表 7-3 可以看出，其实投资者有足够的机会卖出公告赎回的转债，避免大幅下跌的损失。

除了强赎下跌效应外，强赎时可转债的转股溢价率也值得重视。如果可转债转股溢价率很高，又遭遇强赎，在溢价率归零的作用下，将引发更大的转债价格下跌。

所以，无论是基于风险还是收益上的考虑，强赎公告发布后及时卖出是第一选择。

（四）卖出检查单

投资者在观察市场的过程中可以按照表 7-4 卖出检查单对可转债进行检查，确保卖出操作符合既定的卖出策略。

表 7-4　卖出检查单

序　号	问　　题	备　注
1	我的家庭总资产加权风险等级是否比较高？	是则往下检查
2	我的家庭近期有大额支出，需要配置低风险资产吗？	同上
3	我觉得可转债投资占比高，希望减持可转债投资吗？	同上
4	我的可转债投资加权风险等级是在我风险偏好匹配以上吗？	同上
5	我持有的可转债公布了强赎吗？	同上
6	我持有的可转债出现了"三高"吗？	同上

序　号	问　　题	备　注
7	我持有的可转债仓位不均衡吗?	可选问题
8	我持有的可转债持仓行业分布不均衡吗?	可选问题
9	我持有的可转债,出现上涨浮盈是没有原因的,我认为没有继续上涨空间吗?	可选问题
10	我持有的可转债,出现下跌浮亏是没有原因的,我认为还有继续下跌空间吗?	可选问题
11	我发现了其他更值得持有的可转债吗?	可选问题

对照表7-4卖出检查单,如果多个问题都是肯定回答,则需要考虑卖出。卖出策略可参考下面的卖出样例和投资感悟。

(五)用智能条件单捕捉卖出高点

可转债是T+0交易,无论是行业热点还是正股利好消息,都可能产生脉冲性的上涨行情,形成转债价格历史最高点。但这种行情很短暂,手动操作难以跟上,难免落下遗憾。

有没有一种方法,能最大限度捕捉到最高价,卖出到次高价呢?

现在有了,那就是借助券商App的智能条件单功能,短线捕捉高点卖出技巧。

最常用的是智能回落卖出条件单。投资者只需按照设置界面的提示,设置好监控证券代码、监控价位、回落卖出比例、卖出挂单方式、卖出数量后,券商系统就会自动监控证券价格,一旦达到监控价位,就开始监控最高价,如果证券价格从最高价回落到设定比例,则按设置的挂单方式和数量抛出卖出单,无论是否在市场上成交,券商系统都会认为完成了回落卖出智能条件单。

案例:宝通转债

2021年11月,元宇宙概念股大涨,宝通科技有元宇宙业务,自然也大涨。宝通科技发行的宝通转债一样大涨。

我在11月10日按照图7-11(左)设置好回落卖出条件单,当日宝通转债上涨到历史最高价181元,设置的回落卖出条件单成功成交,成交价为178.217元,非常接近历史最高价,见图7-11(右)。

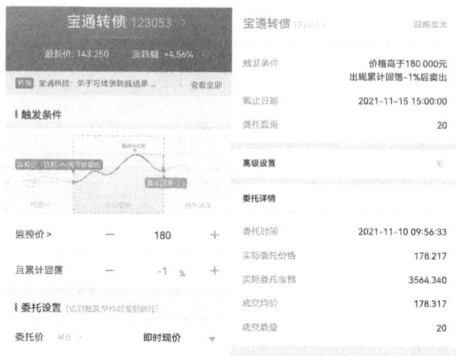

图 7-11　条件单捕捉宝通转债的冲高卖出机会

智能条件卖出单中，设置回落多少比例卖出是关键，比例设置小了，上涨途中出现的小回撤，会使系统误判最高点，引发低价卖出；比例设置大，能承受的回撤大，捕捉最高点较准确，但卖出价可能较低。

如果还不放心，可以设置多个监控价位的智能回落卖出条件单，以便尽可能高价卖出。

另外，智能条件单的有效时间不限于当天，可以跨越多个交易日的，不用每个交易日设置，这样就对投资者更方便了。

以下列举一个与卖出策略相关的案例，供读者参考。

（六）2020 年 5 月 13 日：提前赎回就大跌吗

泰晶转债因为提前赎回大幅下跌 50% 以上，有些投资者可能比较担心认为提前赎回就会大跌。然而事实是，自 3 月中旬以来，泰晶转债独立于正股大幅上涨，导致转股溢价率过高，最高达 171% 以上，然而提前赎回会迫使投资者转股，获取 130 多元的转股价值，否则债券被 100.41 元赎回就亏更多了，所以只能大幅下跌，见图 7-12。

图 7-12　泰晶转债日线走势图

反观千禾转债，发出赎回公告前，溢价率在0附近，赎回公告发出后，其转债走势几乎跟正股一样，正股随着食品饮料行业大涨，转债同样上涨，见图7-13。

其原理是，如果千禾股份上涨，千禾转债不上涨，必然出现负溢价，就是折价，折价就有投资者买入转债转股后再卖出套利，致使折价收窄，直至无利可图，这样千禾转债就涨上去了。

图7-13　千禾转债日线走势图

所以提前赎回不是大跌的根源，关键是溢价率，高溢价率才是下跌的主因。

三、持有策略

很多投资者以为投资不是"买"就是"卖"，但对于真正的投资大师，持有也是很重要的操作，这个操作看似简单，却很难做好。即使对于投机交易者，也需要数天、数周或数月的持有时间。对于投资交易者，持有的时间更长，沃伦·巴菲特甚至做到了对某些股票几十年持有。

对于价值可转债投资，有什么好的持有策略？

（一）持有检查单

在持有过程中，我们利用总资产加权风险等级计算方法，为自己的家庭测算总加权风险等级。

对于可转债投资部分，按照风险等级中定义的可转债风险等级，为自己持有的可转债资产测算加权风险等级。

然后，我们再采用持有检查单对可转债投资进行检查，确保持有过程符合既定的持有策略，见表7-5。

表 7-5　持有检查单

序　号	问　题	备　注
1	我的家庭总资产加权风险等级是否比较低？	是则往下检查
2	我的家庭近期没有大额支出，不需要配置太多低风险资产吗？	同上
3	我觉得可转债投资占比不高，不希望减持可转债投资吗？	同上
4	我的可转债投资加权风险等级是在我风险偏好匹配以下吗？	同上
5	我持有的可转债没有公布强赎的吗？	同上
6	我持有的可转债没有出现"三高"的吗？	同上
7	我持有的可转债仓位均衡吗？	可选问题
8	我持有的可转债持仓行业分布均衡吗？	可选问题
9	我持有的可转债，出现上涨浮盈是有原因的，我认为还有继续上涨空间吗？	可选问题
10	我持有的可转债，出现下跌浮亏是有原因的，我认为继续下跌空间不大吗？	可选问题
11	我持有的低价偏债型可转债，有利息收入，我认为还有转股价下修机会？	可选问题
12	我持有的可转债，平盘不涨，我认为后期随着正股业绩兑现，应该还有上涨机会吗？	可选问题
13	我发现了其他更值得持有的可转债吗？	可选问题

投资者可以对照持有检查单，逐一回答问题，如果有"否"的选择，这需要考虑是否真应该卖出。

（二）换仓持有

读者可能发现，在买入策略中的买入检查表中第 14 问与检查表中的第 13 问，其实就是同一个问题，即我是否发现某只可转债比我现在持有的可转债更好？与之相对的是，在卖出策略中的卖出检查表中的第 11 问：我发现了其他更值得持有的可转债吗？

这是对同一问题的不同表述。如果投资者回答都是肯定的，则可以卖出持有的转债，换仓买入"更好"的转债。这种方法称为换仓持有，也属于持有策略。

案例：鹰 19 转债和山鹰转债

鹰 19 转债（代码：110063）于 2020 年 1 月 3 日上市，转股价为 3.3 元，正股山鹰国际收盘价为 3.72 元，转股价值为 112.73 元，保本价为 116.2 元，当日收盘价为 122.34 元。

而山鹰国际在 2018 年 11 月 21 日上市的山鹰转债（代码：110047）尚未实现强赎，转股价为 3.34 元，转股价值为 111.38 元，保本价为 118.1 元，当日收盘价为 122.53 元。

　　两相比较，鹰 19 转债因为转股价略低，转股价值略高，且两只转债都是偏股型，理论上鹰 19 转债价格应该高于山鹰转债，但市场上对它们的定价却是相反的。此时持有山鹰转债的投资者可以采用换仓持有策略，即卖出山鹰转债，买入等量的鹰 19 转债继续持有。

　　投资者在换仓持有时，应坚持以下 3 条原则，确保换仓带来更高的价值，更低的风险：

　　（1）以高价转债换低价转债原则；

　　（2）以高溢价转债换低溢价转债原则；

　　（3）以正股高估值转债换正股低估值转债原则。

　　最理想的换仓是上述 3 条原则全部满足，但实际换仓中，投资者尽量满足第 1 条原则，后面 2 条原则根据转股价下修博弈或价值可转债轮动需要，在风险承受范围内酌情处理。

（三）2020 年 12 月 17 日：英科转债超过茅台，耐心是投资的朋友

　　我们常说投资需要耐心，但在变幻莫测的市场中，投资者往往会迷失方向，缺乏耐心。耐心体现在对买入时机的把握上，即所谓的择时。比如，自 2020 年 12 月初以来可转债下跌大于正股，很多投资者气得一键清仓转债，但是行情往往在绝望的时候，就会迎来转机。有耐心的投资者，即便持有现价仓位，也会在弱市来临时不急于加仓，悄悄等待最佳时机的来临。一旦到来，有计划、有目的地加仓，既不会深度套利，也不会买点过高，为将来的盈利打下基础。

　　耐心又体现在持有阶段。在违约的冲击下，可转债也大幅下跌。但可转债自带保底的债性，虽然不能做到 100% 保底，但上市公司的保底承诺毕竟信誉较高，是持有理由之一。

　　另外，可转债表面上是债权融资，其实是为了促进转股，是股权融资，上市公司宁愿下修转股价也不愿意到期还钱，基于这一点，可转债并不能等同于企业债，生搬硬套企业债的违约逻辑显然不成立，这是持有理由之二。

　　上市公司的业绩总要经过少则一个季度，多则几年的时间体现出来，持有转债其实就是等待上市公司的业绩好转，或者因为某些特殊事件引发的业绩大增，其正股和转债价格自然就大涨。

耐心还体现在卖出阶段。很多可转债投资者手中的转债稍微上涨，如上涨到
130 元就卖出，看起来合理，但在大多数情况下，放跑了后面的大段利润，等到
上涨至 150 元、200 元甚至 2 000 元，后悔莫及。如果能耐心坚持到"三高"或
者强赎卖出，收益是相当优厚的。在英科转债上面丰厚的盈利，正是上述耐心的
体现。

图 7-14　英科转债周线图

如图 7-14 所示，2019 年 9 月 10 日，英科转债上市首日，以 116.9 元收盘，
其后震荡下跌到 113.2 元，没有耐心的投资者可能早早就下车了。

随后受外部影响，主营的防护手套量增价升，2020 年前三季度暴增 33 倍。
但转债价高在 9~10 月份，并在 700~900 元震荡，并没有出现"三高"，也没有
强赎，缺乏耐心的投资者可能出局。

进入 2020 年 12 月以来有所加剧，再加上定增落地，英科转债大涨最高到
2 000 元以上，出现明显的"三高"。此时卖出，投资者在短短不到 5 个季度期间，
获利高达 17 倍。

这就是耐心的力量，耐心是投资的朋友。

四、组合管理策略

众所周知，组合管理其实是利用不同组合标的间的市场偏好差异、风格差异、
风险差异，降低整体组合风险，降低投资组合的波动率。

普通投资者，没有像沃伦·巴菲特一样的财务分析能力和商业洞察力，也不
像专业的行业研究员那样有行业洞察力，再加上多数投资者并非全职投资，用于
投资的精力有限。

再考虑到真实的股票交易市场中，有时这个行业股票涨得好，有时那个主题

股票受资金追捧，有时那个风格板块形成热点，这些行业、主题、风格是普通投资者难以把握的。事实上，也没有哪位投资者能把握，否则世界首富就是他了。

考虑到可转债投资期限最长为6年，不可能像股票价值投资者那样，长期坚守低估价值股或成长股。

所以，对于普通可转债投资者，可充分利用可转债交易费用低廉，且低至1 000元的投资门槛，尽量采用分散的组合管理策略。

这样做的好处有以下4点：

（1）投资者不需要深入研究单只可转债标的，节省分析时间，迅速抓住投资机会；

（2）充分利用好可转债组合数量优势，即使单只可转债血本无归，也不对组合收益率产生大的影响；

（3）充分利用好可转债组合在行业、主题和风格方面的多样性，投资者无须预判市场热点转换，只需要安心等待市场变化，一旦因为市场热点或者业绩增长，可转债出现"三高"和强赎，则可轻松获利了结；

（4）又因为组合数量多和具有多样性，投资者在持有组合期间，总会有一部分可转债因为某些原因短期上涨，上涨可转债带来的欣喜会对冲下跌可转债带来的失望，会使投资者更淡定，更有信心长期持有。

（一）样例

例如：10万元资金做转股价下修博弈组合，以均等仓位分散在15只可转债上，形成组合投资。假定年化投资收益率为10%，如果其中1只可转债遭遇上市公司破产事件，则只会一次性拖累组合收益率6.67个百分点。

在这个模拟投资样例中，投资者遭遇了以下事件见表7-6。

表7-6　模拟投资样例组合遭遇的事件汇总

转债名称	发生日期	事　件	收益率	备　注
蓝标转债	2019年10月10日	强赎	71.0%	回售博弈和转股价下修
利欧转债	2020年7月27日	强赎	207.4%	转股价下修，投资理想汽车收益大增
模塑转债	2020年3月13日	"三高"	12.3%	特斯拉概念上涨
辉丰转债	2020年4月29日	暂停交易	25.0%	正股被实施退市警示
电气转债	2021年1月18日	到期	5.7%	

转债名称	发生日期	事　件	收益率	备　注
蔚蓝转债	2021 年 2 月 26 日	强赎	32.6%	顺昌转债改名而来，进入热门的锂电池行业
维格转债	2021 年 5 月 6 日	"三高"	68.2%	一季报净利润大增被炒作
航信转债	2021 年 5 月 31 日	到期	4.2%	

从表 7-6 可以看出，由于组合比较分散，辉丰转债遭遇黑天鹅，因为买入价格便宜，以较高收益退出；电气转债、航信转债到期赎回，收益较低；但蓝标转债、利欧转债、模塑转债、蔚蓝转债、维格转债因为市场热点被炒作，达到强赎或"三高"退出，收益较高。

最终，模拟投资样例，3 年间实现了 15.64% 的年化收益率。

再极端假设，辉丰转债因为正股连续亏损退市，单只转债血本无归，则投资者组合总体亏损约 6.3%，平摊到 3 年，拉低年化收益率 2.06 个百分点，下降到 13.58%，组合整体收益也不算差。

模拟投资样例充分体现了组合管理策略带来的低风险、低波动和稳收益优势。

根据经验，如果投资者有 100 万元以上资金投资可转债，则建议组合中可转债数量控制在 30 只以上，并均衡仓位建仓，即每只可转债投资额在 3.3 万元以内，每只可转债数量为 30 手或 300 张左右。

（二）检查单

在投资者买入、持有和卖出可转债过程中，投资者经常要用到组合管理策略，可用表 7-7 作为可转债组合管理检查单，确保在组合管理过程中符合既定组合管理策略。

表 7-7　可转债组合管理检查单

序　号	问　　题	备　注
1	我的转股价下修博弈组合占家庭总投资比例适当吗？	可选问题
2	我的转股价下修博弈组合中，可转债数量是否适当？	可选问题
3	我的转股价下修博弈组合中，每只可转债占比一样吗？	可选问题
4	我的转股价下修博弈组合中，是否有公告不下修转股价的？	可选问题
5	我的转股价下修博弈组合中，是否有莫名上涨超过保本价的？	可选问题
6	我的转股价下修博弈组合中，行业分布均衡吗？	可选问题
7	我的价值可转债轮动组合占家庭总投资比例适当吗？	可选问题
8	我的价值可转债轮动组合中，可转债数量是否适当？	可选问题

序 号	问 题	备 注
9	我的价值可转债轮动组合中，每只可转债占比一样吗？	
10	我的价值可转债轮动组合中，是否有业绩爆雷，且转债价格超过保本价的？	可选问题
11	我的价值可转债轮动组合中，行业分布均衡吗？	可选问题

五、市场整体风险评估

众所周知，股票投资中，要考验投资者择股和择时能力。择股就是选择哪只股票，择时就是选择什么时间买入和卖出。

择时又分为个股择时和市场择时两种。个股择时需要分析上市公司盈利变化和行业趋势，再选择时间进行交易。

而市场择时需要评估股票市场整体估值，低估值时加仓，高估值时减仓。评估股票市场整体估值一般采用指数市盈率的方法。

那么，怎么对可转债市场进行评估呢？

图 7-15 展示了至 2017 年底信用申购改革以来，中证转债指数走势。

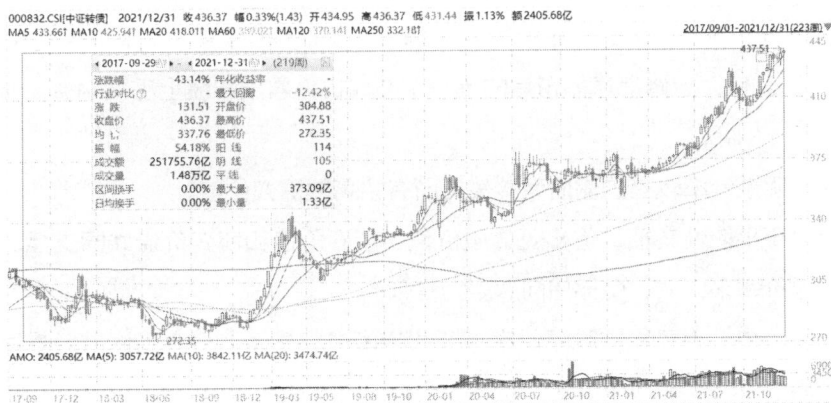

图 7-15 信用申购改革以来的中证转债指数走势

从图 7-15 的中证转债指数走势看，投资者可以隐约感觉到，在信用申购改革以来，可转债市场涨幅巨大，市场在高位，有可能高估。但我们具体用什么指标来评估呢？

大多数投资者会想到用市盈率、溢价率、转债价格等指标来评估可转债市场整体。

（一）转股市盈率

很多投资者可能想到沿用股票市场评估中的市盈率方法。考虑到可转债的溢价率因素，修正为转股市盈率。

可转债分为偏股型、平衡型、偏债型三种。偏股型转债主要由转股价值支撑，有合理的溢价率，适用于转股市盈率评估。但对于偏债型转债，价格主要由债券价值和博弈价值支撑，溢价率非常高。如果我们都统一用转股市盈率计算，将会高估市场整体市盈率，不太合理。

（二）转股溢价率

转股溢价率表示转债价高于转股价值的程度。转股溢价率越高，表明转债市场估值越高，反之亦然。

同理，偏股型转债主要由转股价值支撑，用转股溢价率来度量估值，有一定的合理性。

对于偏债型转债，同样因为价格主要受债券价值和博弈价值支撑，溢价率非常高，但它们有转股价下修可能，转股价下修后，溢价率将大幅降低。

例如：2021 年 6 月 25 日收盘，中化岩土宣布将岩土转债转股价从 7.99 元下修到 3.13 元，下调比例高达 60.83%；下修后，转股溢价率从 168% 下降到 5.16%。

6 月 28 日，下修消息公布后的第一个交易日，岩土转债上涨 2.84%，而当日正股下跌 1.3%。

这说明溢价率较高的偏债型转债反而有较高的博弈价值。

而对于平衡性转债，价格受转股价值、债券价值和博弈价值共同支撑，用平均转股溢价率来评估，使评估问题更为复杂。

所以，统一用平均转股溢价率来评估转债市场整体，将会高估市场整体溢价率，忽略了可转债的博弈价值，也不太合理。

（三）转债价格

可转债价格受转股价值、纯债价值和保本价支撑。

由于可转债发行时，每只转债的发行条款有差异，导致转债保本价不一样。因此，同样的转债价格，可转债面临的风险并不一样。

例如，侨银转债发行时初始保本价为 136.5 元。2021 年 12 月 31 日，侨银转债收盘价为 115.14 元，在保本价以内。即使上涨到 130 元，看起来很高，但还是在保本价以内，而对很多可转债来说，130 元的价格已经是高价了。

另外，2021 年底，有 84 只可转债达到赎回条件，上市公司选择暂不赎回，占比高达 22%，这将导致可转债平均价格较高。

所以，用平均转债价格来评估市场也不合理。

（四）综合评估

经过研究和实证，为解决可转债市场评估难题，我们采用加权风险等级、低风险转债平均债券收益率、高风险转债平均转股市盈率三项指标，综合评估可转债市场风险和收益特征。

其中低风险转债是包含 R1、R2 风险等级的所有转债，即所有平衡型和偏债型转债。高风险转债是包含 R3、R4、R5 等级的所有转债，即所有偏股型转债。

这样做的目的是简化指标，使投资者对转债市场的股票属性、债券属性及价格波动风险一目了然。

截至 2021 年 12 月 31 日，市场上有 377 只可转债交易。风险等级数量占比见图 7-16。

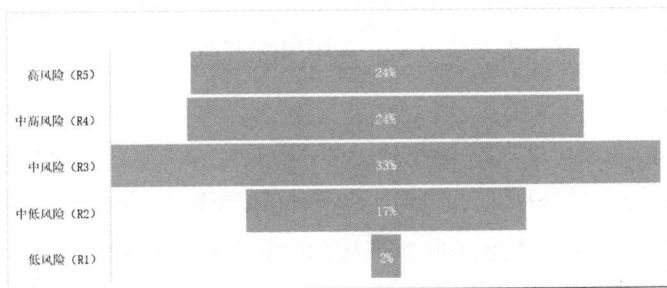

图 7-16　2021 年 12 月 31 日可转债市场风险等级数量占比分布

值得注意的是，此处用转债数量占比，而不是转债市值占比。原因在于，对于普通投资者，资金量小，不可能按单只转债市值规模去配置转债，只会按照均等仓位配置，用数量占比统计更匹配普通投资者的投资视角。

对图 7-16 的风险数量占比进行加权求值，可得出当前可转债市场的风险等级为 3.51，即在中风险（R3）和中高风险（R4）之间；低风险转债平均债券收益率为 1.35%，比较低；高风险转债平均转股市盈率为 36.66，比较高；综合这三个指标来看，可转债市场整体估值偏高，但并非没有吸引力。

我们把 2017 年底可转债信用申购改革以来，每年年末对可转债市场做的综合评估的评级结果绘制在图 7-17 和图 7-18 中。

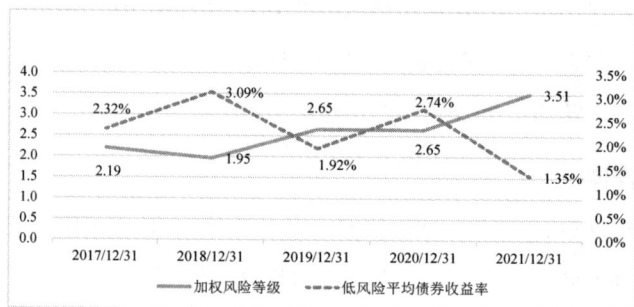

图 7-17　2017 年至 2021 年可转债市场风险等级和低风险债券收益率

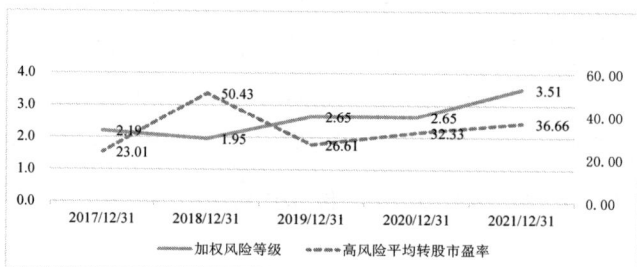

图 7-18　2017 年至 2021 年可转债市场风险等级和高风险转股市盈率

从图 7-17 和图 7-18 可以看出，信用申购改革以来，每年的可转债市场整体变化如下。

（1）2018 年，上证指数下跌 24.59%，股票市场小熊；再加上信用申购改革后，可转债市场从 36 只扩容到 111 只；市场整体下行，加权风险等级从 R2.19 下降到 R1.95，低风险平均债券收益率从 2.32% 上升到 3.09%。

值得注意的是，高风险转股市盈率看起来从 23.01 倍上升到 50.43 倍，似乎违背常识。究其原因，2018 年底仅有三只转债属于高风险等级，且其中东财转债、康泰转债等转债转股市盈率分别高达 88.56 倍和 72.89 倍，极大地拉高了平均市盈率，出现了市场熊市，平均转股市盈率却上升的特殊情况。

（2）2019 年，上证指数上涨 22.3%，股票市场小牛；可转债市场继续扩容到 197 只，市场整体上行，加权风险等级从 R1.95 上升到 R2.65，低风险平均债券收益率从 3.09% 下降到 1.92%。因为 2018 年的高基数，出现市场小牛，平均转股市盈率却下降的特殊情况。

（3）2020 年，受疫情影响，上证指数探底回升小涨 13.87%；可转债市场继续扩容到 330 只，市场整体分化严重，加权风险等级为 R2.65，与年初持平；低风险平均债券收益率从 1.92% 上升到 2.74%；高风险平均转股市盈率从 26.61 倍上升到 32.33 倍。

（4）2021 年，上证指数震荡小涨 4.8%；可转债市场继续扩容到 377 只，市场整体大幅上行，加权风险等级从 R2.65 上升到 R3.51；低风险平均债券收益率从 2.74% 下降到 1.35%；高风险平均转股市盈率从 32.33 倍上升到 36.66 倍。

以上四年对应的中证转债指数年涨幅分别为：−1.16%（2018 年）、25.15%（2019 年）、5.26%（2020 年）、18.48%（2021 年）。与可转债整体评估中加权风险等级和低风险平均债券收益率结果基本一致。

但用加权风险等级、低风险平均债券收益率、高风险平均转股市盈率这三个指标评估市场，更能体现可转债的风险和收益特征。

特别是在 2021 年初，在信用违约风险冲击下，很多可转债遭遇资金抛弃危机，市场极度低迷。中证转债指数从年初到 2 月 5 日期间，下跌了 3.68%，这个跌幅看起来不大，但加权风险等级从 R2.65 下降到 R2.4；低风险平均债券收益率从 2.74% 上涨到 4.4%，达到了信用申购改革以来的最高点；高风险平均转股市盈率为 32.35，见图 7−19。

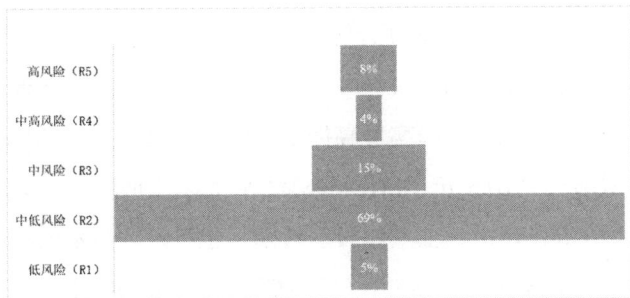

图 7−19　2021 年 2 月 5 日可转债市场风险等级数量占比分布

熟悉债券市场的读者都知道，收益率短期从 2.74% 上涨到 4.4%，从这个上涨幅度是相当巨大，收益率的大幅上升意味着债券价格大幅下跌。事实上，R1、R2 风险等级转债从 2021 年初至 2 月 5 日期间，平均跌幅高达 10.22%。

从图 7−19 和低风险债券收益率指标上看，转债市场整体低估，R2 级低风险转债大量增加，为投资者提供了绝佳的低风险建仓机会。这也进一步说明了加权风险等级、低风险平均债券收益率和高风险平均转股市盈率这三个指标的实用性。

六、容错控制

容错控制的意思是交易系统有容许投资者犯小错误的空间。容错控制有三层含义，第一层含义是投资者的交易技术上要能容错；第二层含义是交易心态上要能容错；第三层含义是交易系统上要能容错。

（一）交易技术容错

实际交易过程中，投资者面对不停变化的五档行情挂单买卖，总希望买到最低价，卖到最高价。但证券价格的走势受大盘、板块和当前交易者的影响，呈现随机漫步状态。

如果投资者通过盯盘，发现自认为的最低价或最高价，立即出手买入或卖出全部证券，事后来看，多数交易没有达到令人满意的结果。

因为短期价格是随机波动的，投资者希望一出手就是最低价或者最高价，从统计上看，成功的概率必然很小。

所以，为了避免交易中的随机波动影响，投资者可以采用分批加仓或分批减仓的方法。

例如：投资者希望买入某偏债型转债 500 张，即 50 手。则投资者可以根据该转债近期波动状况，50 手分为 10 批，每一批为 5 手，在向下等间距的价位挂买单，如 110 元、109.8 元、109.6 元等。

如果该转债向下波动，则买入挂单可以顺利成交；如果该转债向上波动，且波动幅度在容忍的范围内，可提高最高挂单价位，在其他买入挂单之下等间距调整挂单，如 110.8 元、110.6 元、110.4 元等，则可以实现回落后买入。

反之，如果投资者希望卖出某偏股型转债，也可采用分批卖出的方法。分批卖出方法与分批买入类似，只是挂单方向相反，即分批在向上的等间距价位挂卖出单，希望卖出在该债券的冲高过程中。

当然，随着条件单的普及，投资者采用分批挂智能条件回落卖出单方式时，可以在到期卖出好价格。

以上的日内分批挂单方法是利用分散仓位、分散时间的操作手法来平滑证券日内波动。数日、数周或数月的长线交易挂单，也可以采用分批挂单方法来平滑证券的中短期波动。

如果投资者对某只证券缺乏较深入的了解，但看到价位比较好，也希望深入研究它。则投资者可以采用小仓位试探建仓方法，即先买入 1/20~1/10 的观察仓。建观察仓后，投资者把它纳入自选股，接受来自该证券的各种消息。

经过投资者数日、数周、数月甚至数季度的跟踪观察、研究和等待，如果觉得该证券是好标的，且近期是不错的加仓时机，则可采用短期分批加仓的方法建满仓。

值得一提的是，在可转债的卖出中，对于公告强赎的转债，考虑到普通投资者的持有转债的市值很小，对价格的冲击影响不大，且强赎后转债大概率走低，则投资者采用公告首日开盘集合竞价一次性挂单卖出操作最佳。

（二）交易心态容错

在交易心态层面上，投资者都希望买在最低价，卖在最高价，追求收益最大化。普通投资者有这种心态很正常，因为如果每笔交易都能达到收益最大化，必然总体年化收益超高，多年累计下来，收益巨大。普通投资者面对这么惊人的诱惑，谁不想呢？

事实上，每一位投资者除有少数几笔交易比较满意之外，绝大多数交易都存在或多或少的不足之处。

例如，A 股市场中，在 2005 年 6 月 3 日的 1000 点大底时，市场充满着要下跌到 800 点的声音，有多少投资者能做到刚好满仓买入，精准抄底呢？在 2007 年 10 月 16 日的 6000 点大顶时，市场充满着要上涨到 10000 点的声音，有多少投资者能做到刚好清仓卖出，精准逃顶呢？

回顾沃伦·巴菲特先生的一笔投资，既没有买到最低价，也没有卖到最高价，并不完美。但是，即使不加入持有期间的股息收益，这笔投资依然有 7 倍的回报，年化收益率高达 59%，成为人们津津乐道的沃伦·巴菲特经典投资案例之一。

所以，交易正如世上所有的人和事物一样，完美的交易是不存在的，不完美的交易才是常态，即使进行不完美的交易，依然可以获得较高的投资回报。

反过来想， 如果投资者过度追求完美交易， 必然希望精准满仓抄底， 满仓逃顶。

投资者在精准满仓抄底的心态下，不敢在 2005 年越跌越买抄底大盘，不敢在 2015 年加仓从底部上涨 70% 的贵州茅台，不敢在 2019 年底买入刚上市的英科转债。投资者总是在迟疑中难以下手买入，导致错过真正的底部；又或者过早满仓抄底，市场下跌又止损出局，导致大幅亏损。

投资者在精准满仓逃顶的心态下，不敢在 2007 年越涨越卖逃顶大盘，不敢在 2021 年上半年减仓高估值大牛股长春高新，不敢在 2021 年初卖出上涨 20 倍的英科转债。投资者总是在迟疑中难以下手卖出，导致错过真正的顶部；又或者过早满仓逃顶，市场上涨又后悔高价买入，同样导致大幅亏损。

理性的投资者要学会接纳、理解交易中的不完美，可以尝试改善交易系统，但不能过度追求完美交易。

投资者拥有不追求完美交易的容错交易心态，才能在面对市场波动时，不受下跌过程中的恐惧心理和上涨过程中的贪婪心理影响，依据自身认知和风险承受能力，独立在交易系统下从容、理性地开展交易。

（三）交易系统容错

普通投资者在市场面前，要承认是市场接受者，而不是市场主导者。市场指数、股票和可转债价格走势往往出人意料，投资者企图预判这些走势赢取超额收益，赚取短期波动收益，事实证明是徒劳的，唯一的方法是依靠交易系统的容错性赢取合理的回报。

具体到价值可转债投资中，虽然我们可以借助市场整体风险评估做出当前市场的判断，但我们依然不能对市场今后的走势做出预判；而我们在买入策略和卖出策略中已经包含了容错性考虑，如买入 R2、R1 低风险转债，卖出 R4、R5 的"三高"或强赎转债等；我们也在持有策略中制定了持仓检查和换仓持有等能容错方法；我们还在组合管理中制定了等仓位分散组合策略，即使单只转债收益不佳，对总体收益影响也不大，具有较高的容错性。

因此，在交易系统的容错控制下，投资者不需要过度择时，只要按照价值可转债的交易系统投资即可。

案例：林洋转债

2020 年底，考虑到林洋能源在手光伏电站资源多，正股成长性估值较低，可转债符合三低原则，被我评为"2021 年十大金转债"主选之一。

在 2020 年 12 月 23 日至 28 日期间，可转债投资实盘以均价 109.92 元买入了林洋转债 5 手，买入均价略高于保本价 109.3 元。

2021 年 2 月 2 日早盘，公司发布《公告》称"公司实际控制人、董事长兼总经理陆永华先生接到留置通知，正在协助监察机关配合相关调查事项"。受这个利空消息影响，林洋能源跌停，林洋转债暴跌 17.52%，最低下跌到 80.06 元。实盘依据策略继续持有。

9 月 3 日，林洋转债宣布提前赎回。

9 月 28 日，林洋转债的最后交易日，林洋转债创新高并以 165.36 元收盘，见图 7-20。

9 月 3 日—23 日，实盘在林洋转债宣布强赎后，以均价 145.9 元清仓。

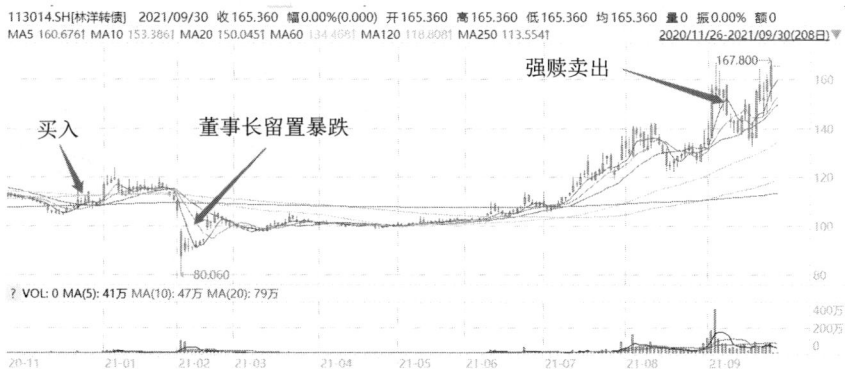

图 7-20 林洋转债实盘投资

回顾实盘在林洋转债上的这笔交易：

借助交易系统买入策略，实盘买入均价略高于保本价，体现了买入容错性。

持有期间，经历了董事长留置"黑天鹅"事件，浮亏一度高达 27%，当时转债市场也是处于相当低迷的阶段；实盘持仓坚持组合管理策略，不盲目加仓，体现了持有容错性。

实盘卖出均价低于最高价，最终，依然在 9 个月内取得了 32.73% 的投资收益率，年化收益率高达 45.87%；虽然没有卖到最高价，但分批卖出体现了卖出容错性。

这笔不完美的交易，尽管有很多值得改进之处，但借助交易系统的容错性，实盘依然取得了较高的年化收益率。

反过来想一下，如果投资者没有交易系统的容错保护机制，凭感觉决定高价重仓买入林洋转债，面对这样的"黑天鹅"事件引发的暴跌，看到账面巨大浮亏，以及市场评论对"黑天鹅"事件的过度解读，投资者很可能产生恐惧心理，在恐惧和损失厌恶的共同心理作用下，投资者很可能轻易止损出局，将造成永久性亏损。

七、系统完善

如果我们经常在实际交易过程中，不停改变交易系统，就很难发现，哪些盈亏是交易系统带来的，哪些是市场中的运气成分带来的，也无法控制随意交易带来的风险。

所以，交易系统在中短期内，必须是稳定可靠执行的，不应该轻易改变。

但并不是意味着不能优化完善。实际上，交易系统就像工业领域的六西格玛不断改进生产缺陷过程控制一样，也是需要不断总结完善的。

就连从来不碰科技股的沃伦·巴菲特，也在不停地进化，从近几年买入又卖出IBM，到重仓苹果，无不体现了唯有变化才是不变的道理。

交易系统完善模型见图7-21。

在图7-21中，投资者的交易系统完善经历以下五个步骤：

（1）学习理解交易系统，建立自己的交易系统；

（2）按照交易系统进行市场交易，用实践来检验交易系统；

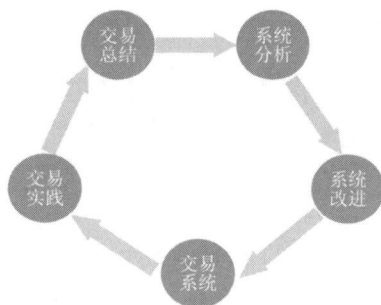

图7-21　交易系统完善模型

（3）定期对交易复盘，进行交易总结；

（4）评估交易系统，找出交易系统可能存在的收益和风险上的缺陷和可优化空间等；

（5）对现有交易系统进行改进，形成新的交易系统。

投资者再利用新的交易系统进行上述五步骤的完善循环，不断精进和完善优化适合自己的交易系统，达到在自身认知和风险承受能力范围内，持续稳定盈利，实现长期复利收益，为家庭生活带来安定与幸福。

在交易系统完善的过程中，定期交易总结和交易系统分析是需要重点考虑的。此外，风险控制和资金管理策略也是投资者在构建可转债交易系统时需要考虑的。

第八章

行业可转债价值分析

在第六章中，我们可以看到，无论做转股价下修博弈交易系统，还是价值可转债轮动交易系统，都需要对可转债的价值做出分析，以便选择高价值、低价格可转债投资。

本章尝试用自上而下的方法，从行业分析入手，精选数只可转债做价值分析，供读者参考。

本章的所有分析中，除投资案例以外，均采用上市公司2021年年度报告和2022年第一季度报告内容。至于未标明日期的正股和转债市场数据，则统一用2022年4月29日收盘数据。

第一节　金融行业

A 股市场中，股民经常听到大金融板块的动态消息。这里的大金融就是指金融行业上市公司整体。金融行业包括银行、保险、证券、信托、多元金融（含期货）、互联网金融等行业。

2015 年中国平安发行的平安转债退市后，可转债市场仅有银行、证券、多元金融（含期货）行业。

一、行业概述

我国社会融资以间接融资为主，向银行借贷是主要的间接融资渠道，因此银行业是国民经济的核心产业之一。由于银行业是以吸收公众存款、发放贷款、赚钱利差为主的经营模式，因此银行业有天然的高风险属性。

为加强监管和与国际巴塞尔协议Ⅲ接轨，银监会于 2012 年发布《商业银行资本管理办法（试行）》（自 2013 年 1 月 1 日起实施），该办法提高了资本监管标准，对非系统重要性银行的核心一级资本充足率、一级资本充足率和资本充足率最低要求分别为 7.5%、8.5% 和 10.5%，监管部门亦将视情况增加不超过 2.5% 的逆周期资本要求。同时，该办法在风险资产和资本定义的计算规则方面更加严格，进一步提高了资本充足率的要求。

为了业务发展和应对资本充足率的要求，近年来 A 股中的上市银行纷纷采用了增发、配股、非公开增发和发行可转债等方法进行融资，补充核心资本。

在 A 股市场中，银行业市值占比约 8.6%，净利润占比约 40%。

在可转债市场中，银行可转债市值占比超过 30%。因此银行股票和可转债在投资中具有举足轻重的地位。

除银行业外，证券行业和期货行业随着在我国制度的不断健全、体系不断完善，规模也逐步扩大，其可转债投资也在投资中逐步占据重要地位。

二、投资案例——宁行转债

2017 年 12 月 5 日，宁波银行公开发行 100 亿元可转换公司债券，简称为"宁行转债"，债券代码为"128024"。

债券期限：本次发行的可转债期限为自发行之日起六年，即自 2017 年 12 月 5 日至 2023 年 12 月 5 日。

转股期限：2018 年 6 月 11 日至 2023 年 12 月 5 日。

票面利率：第一年 0.2%、第二年 0.4%、第三年 0.8%、第四年 1.2%、第五年 1.6%、第六年 2.0%。

债券到期赎回：在本次发行的可转债期满后五个交易日内，发行人将以本次发行的可转债的票面面值的 105%（含最后一期年度利息）的价格向投资者兑付全部未转股的可转债。

初始转股价格：18.45 元／股。

转股价格向下修正条款：在本次发行的可转债存续期间，当公司 A 股股票在任意连续三十个交易日中有十五个交易日的收盘价低于当期转股价格的 80% 时，董事会有权提出转股价格向下修正方案并提交股东大会审议表决。

有条件回售：若本次发行可转债募集资金运用的实施情况与公司在募集说明书中的承诺相比出现变化，该变化被中国证监会认定为改变募集资金用途的，可转债持有人享有一次以面值加上当期应计利息的价格向公司回售本次发行的可转债的权利。

信用评级：AAA。

担保事项：本次发行的可转换公司债券不提供担保。

根据票面利率和到期赎回条款，可计算出票面年税前收益率为 1.50%，初始保本价为 112.2 元。根据对应评级企业债收益率，计算出纯债价值为 80.11 元。

公司基本面

公司是国内首批上市的城市商业银行之一。

公司的核心竞争力有：深耕优质经营区域，潜心聚焦优势领域；盈利结构不断优化，盈利来源更加多元；公司始终致力于打造多元化的利润中心；风险管理卓有成效，经营发展行稳致远；金融科技融合创新，助力商业模式变革。

正股估值

根据发行日宁波银行收盘价 16.95 元，2016 年年报每股收益 1.5 元，2017 年前三季度报告每股收益 1.45 元，同比增长 16.15% 等数据，可计算出发行日的正股和可转债转股价值，见表 8-1。

表 8-1　宁行转债发行时正股估值和转股价值

现价	16.95
每股收益	1.7016
每股净资产	9.69
市盈率（PE）	9.96
市净率（PB）	1.75
转股价（元）	18.45
转股价值（元）	91.87
溢价率	8.85%
最新净资产收益率	19.25%
历史净资产收益率	17.84%
PEG	0.56

　　用表 8-1 的数据，按正股价值中净资产收益率计算公式，可以计算出宁行转债发行时，宁波银行平均净资产收益率为 19.25%。

　　根据 2008 年以来宁波银行净资产收益率数据，可绘制出图 8-1。

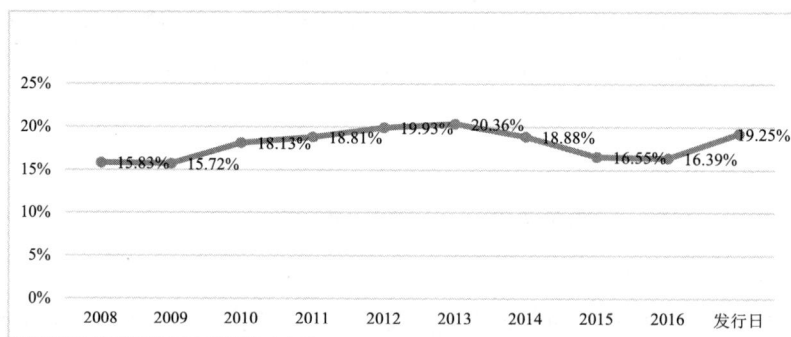

图 8-1　宁波银行净资产收益率

　　从图 8-1 中明显可以看出，宁波银行净资产收益率从 2016 年以来逐步走高，未来业绩增速上升的可能性较大。

　　宁波银行 2008 年至 2016 年期间，平均净资产收益率为 17.84%，小于发行日净资产收益率 19.25%。

　　为谨慎起见，取较小的净资产收益率 17.84% 作为未来的业绩增速，结合发行日市盈率 9.96 倍可以计算出 PEG 为 0.56，股价处于低估区域。

　　我们再来看发行日最近几年的资产质量变化趋势，见图 8-2 和图 8-3。

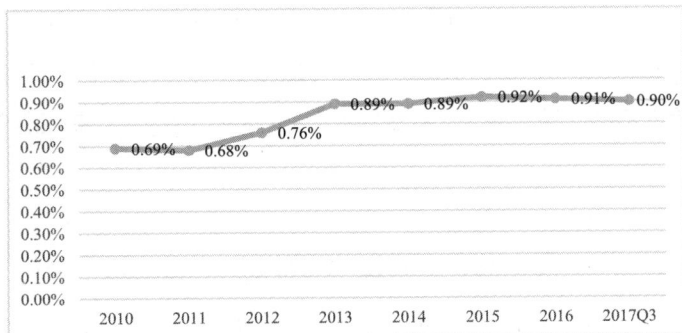

图 8-2 宁波银行不良贷款率

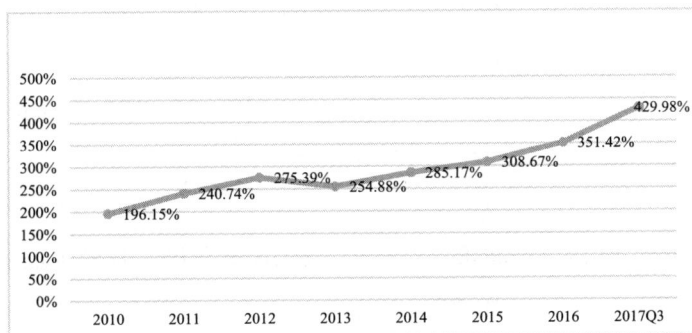

图 8-3 宁波银行拨备覆盖率

从图 8-2 中明显看出宁波银行不良贷款率稳定并有一定的下降。

从图 8-3 中明显看出宁波银行拨备覆盖率明显上升。

综上所述，宁波银行不良贷款率下降，拨备覆盖率上升，可以得出宁波银行资产质量逐年好转的趋势，有利于未来的业绩增长。

我们又来看一下核心一级资本充足率变化，见图 8-4。

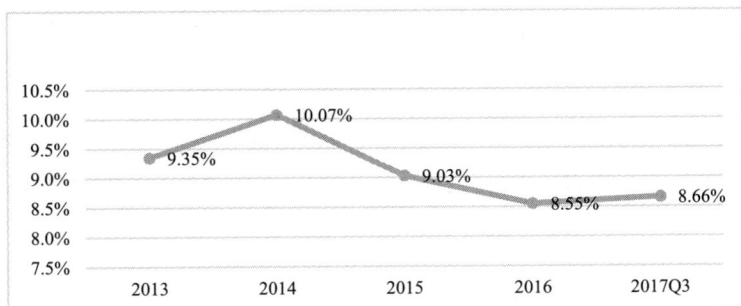

图 8-4 宁波银行核心一级资本充足率

从图 8-4 中可以看出，2014 年以来宁波银行核心一级资本充足率下降较快。虽然 2017 年第三季度有所回升，但距离监管指标 7.5% 不远，尽管发行了可转债，如果股价短期内不能达到强赎条件，就难以促进转股，所以未来可能有股权融资需求。

投资要点

总的来看，公司在保持资产质量提高的基础上，业绩稳步增长。再加上宁行转债转股价值 91.87 元，正股成长性估值 PEG 为 0.56 较低。有较高的投资价值。

美中不足的是，核心一级资本充足率偏低，未来有股权融资需求，但对于可转债持有人来说，增发 A 股会修正转股价，不必太过担心。

2018 年 1 月 12 日，宁行转债上市，上市当日收盘价为 112.38 元，在保本价附近，溢价率为 12.01%。投资者按价值可转债买入。

走势回顾

2018 年 7 月 26 日，宁波银行发布的《2018 年半年度业绩快报》显示，公司实现净利润 57.01 亿元，同比增长 19.64%。

2019 年 2 月 28 日，宁波银行发布的《2018 年业绩快报》显示，公司实现净利润 111.86 亿元，同比增长 19.84%。

2019 年 7 月 19 日，宁波银行发布的《2019 年半年度业绩快报》显示，公司实现净利润 68.43 亿元，同比增长 20.03%。

业绩增长推动正股和宁行转债上涨，K 线走势见图 8-5。

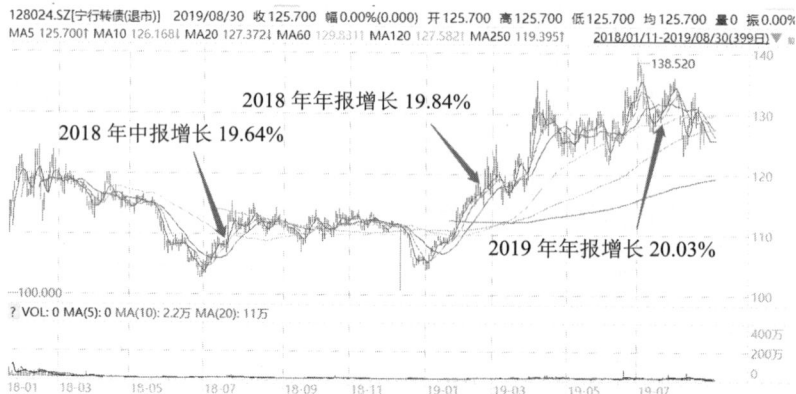

图 8-5　宁行转债历史 K 线

从图 8-5 可以看出，从 2018 年中报以来，宁波银行以近 20% 的稳定增长率，赢得了市场的信任，股价和转债连续上涨。

2019 年 7 月 23 日，宁行转债满足强赎条件。2019 年 7 月 25 日，宁波银行发布《关于宁行转债赎回实施的第一次公告》。

存续期间，宁行转债最低价为 100.8 元，最高价为 138.52 元，收盘价为 125.7 元，最高价与收盘价的平均价为 132.11 元。

以平均价计算，申购中签的投资者收益率为 42.92%，年化收益率为 69.86%；对于上市首日收盘买入的投资者，收益率为 17.56%，年化收益率为 10.6%。

而同期上证指数收益率为 -16%，年化收益率为 -9.7%。

无论是申购中签还是二级市场买入宁行转债的投资者，获得的收益率远超同期上证指数。

三、相关可转债

表 8-2 列出了截至 2022 年 4 月 29 日，全部金融行业相关可转债，按债券收益率从高到低排序。

表 8-2 金融行业可转债列表

名　称	行　业	评　级	转股价值（元）	溢价率	债券收益率	保本价（元）	剩余期限	流通面值（亿元）
上银转债	银行	AAA	104.85	71.73%	3.09%	120.60	4.7	200.0
浦发转债	银行	AAA	105.57	83.66%	3.02%	116.80	3.5	500.0
紫银转债	银行	AA+	104.19	45.51%	2.55%	115.60	4.2	45.0
中信转债	银行	AAA	108.82	45.60%	2.48%	116.50	2.8	400.0
瑞达转债	多元金融	AA	104.80	91.40%	2.28%	114.90	4.2	6.5
重银转债	银行	AAA	101.66	48.35%	2.27%	115.80	5.9	130.0
青农转债	银行	AAA	104.12	32.68%	1.73%	112.00	4.3	50.0
国投转债	证券	AAA	105.06	62.01%	1.17%	110.30	4.2	80.0
财通转债	证券	AAA	105.00	72.39%	1.03%	110.00	4.6	38.0
兴业转债	银行	AAA	109.69	36.63%	0.76%	114.40	5.7	500.0
苏行转债	银行	AAA	113.32	27.31%	0.28%	114.90	5.0	50.0
华安转债	证券	AA+	109.00	55.14%	0.22%	109.90	3.9	28.0
敖东转债	参股证券	AA+	107.68	49.95%	-0.54%	106.60	1.9	24.1
苏租转债	多元金融	AAA	115.46	26.68%	-0.80%	110.50	5.5	50.0

名　称	行　业	评　级	转股价值（元）	溢价率	债券收益率	保本价（元）	剩余期限	流通面值（亿元）
光大转债	银行	AAA	106.29	18.29%	−1.37%	105.00	0.9	242.0
苏银转债	银行	AAA	122.50	6.46%	−1.68%	116.80	2.9	200.0
苏农转债	银行	AA+	118.02	20.03%	−1.82%	113.30	2.3	12.9
南银转债	银行	AAA	122.69	6.82%	−1.93%	111.20	5.1	191.3
杭银转债	银行	AAA	125.00	6.27%	−2.20%	112.20	4.9	150.0
成银转债	银行	AAA	128.80	11.46%	−2.51%	111.20	5.8	80.0
江银转债	银行	AA+	112.95	22.60%	−2.92%	107.30	1.7	17.6
长证转债	证券	AAA	113.30	45.55%	−3.14%	106.80	1.9	50.0
张行转债	银行	AA+	123.60	10.92%	−3.76%	112.30	2.5	25.0
国君转债	证券	AAA	113.27	43.14%	−4.89%	106.80	1.2	69.9
无锡转债	银行	AA+	117.60	16.56%	−5.12%	107.30	1.8	29.2

以下是部分金融行业可转债分析评论，个人观点，不构成投资建议，仅供参考。

案例：苏行转债

基本信息

2021 年 4 月 12 日，苏州银行公开发行 50 亿元可转换公司债券，简称为"苏行转债"，债券代码为"127032"。

苏行转债属于偏债型，发行至今 1.04 年，距到期 4.96 年，收盘价：113.32 元，转股价值：89.01 元，保本价：114.9 元，转股溢价率：27.31%，债券收益率：0.28%，纯债价值：97.98 元，AAA 级，流通面值：50 亿元。

转债条款

利息：第一年 0.2%、第二年 0.4%、第三年 1.0%、第四年 1.5%、第五年 2.0%、第六年 2.5%，赎回价：110 元。

强赎条件：转股期内，正股连续三十个交易日中，至少有十五个交易日的收盘价不低于转股价的 130%。

转股价下修条件：存续期间，正股连续三十个交易日中，至少有十五个交易日的收盘价低于转股价的 80%。下修后转股价不低于每股净资产。

回售条件：无有条件回售，有附加回售。回售价为面值加当期利息。

公司基本面

公司是苏州地区唯一一家具备独立法人资格的城商行，业务主要包含公司业务、个人业务、资金业务及其他。

苏州作为公司的发源地，有着优越的地理位置和区位优势，2021年苏州规模以上工业总产值超4万亿元，一举超越上海、深圳，成为全球第一大工业城市。江苏省实现地区生产总值超11万亿元，13个地级市GDP增速超7%。苏州银行作为区域性城商行，深耕苏州、面向江苏、融入长三角，在全省开设11家分行和168家网点，业务基本覆盖江苏省，潜在基础客群和业务拓展空间广阔。

经营业绩

资产规模方面，截至2022年3月31日，资产总额4 971.81亿元，增幅9.75%；负债总额4 586.66亿元，增幅9.53%。

盈利能力方面，2022年第一季度，实现营业收入30.01亿元，同比增长5.01%；实现归母净利润10.73亿元，同比增长20.56%；实现手续费及佣金净收入5.41亿元，同比增长22.08%。

2021年实现营业收入108.29亿元，同比增长4.49%；实现归母净利润31.07亿元，同比增长20.79%；加权平均净资产收益率9.96%，较上年同期增长1个百分点。

业务结构方面，截至2022年12月31日，公司业务2 112亿元，较上年末增长37.28%，占比46.62%；个人业务847亿元，较上年末增长13.78%，占比18.69%；资金业务1 564亿元，较年初下降1.7%，占比34.53%。

资本结构方面，截至2022年3月31日，核心一级资本充足率为9.78%，比上年末的10.37%的核心一级资本充足率下降0.59个百分点。

资产质量方面，截至2022年3月31日，不良贷款率为0.99%，较上年末下降0.12个百分点；拨备覆盖率为463.64%，较上年末上升40.73个百分点。

2021年，信用减值损失33.4亿元，同比下降13.41%。逾期贷款总额17.82亿元，同比下降27.44%，逾期90天以上与不良比例为64.94%。

2021年，已核销贷款收回2.06亿元，不良贷款核销6.58亿元，共计提贷款损失准备金29.52亿元，同比多计提0.6%。

房地产行业贷款比例3.62%，不良贷款率6.65%，不良贷款率为最高；制造业不良贷款额为7.94亿元，不良贷款率2.20%，不良贷款额为行业中最高。

正股估值

按照 2022 年第一季度报告业绩和最新 10 家机构一致预期业绩增速 16.21% 计算，苏州银行静态估值市盈率 PE：7.31，市净率 PB：0.71，成长性估值 PEG：0.45。

综合投资评级

苏州银行 2021 年和 2022 年第一季度归母净利润增长率大幅超过收入增长率，主要原因是资产质量改善，信用减值损失减少。在净利润稳增长的同时，不良贷款率下降，且高风险的房地产贷款比例极低，拨备覆盖率大幅上升，逾期 90 天以上与不良比例较低，资产质量较好。正股静态估值偏低，成长性估值较低。

苏行转债转股价值较高，转股溢价率 27.31% 不高，评级为 AAA 最高，正股和转债规模不大，如果业绩增长速度能够维持，可望中期达到强赎条件。不足之处是转债价高于净资产，一旦股市转熊，正股长期下跌，转股价无法下修。

综合 5 星投资评级为 5 星（*****）。

第二节　5G 产业链

5G 是近几年的热门话题。5G 不但是移动通信的技术创新，也会对社会数字经济中的云计算、大数据、人工智能、虚拟现实等带来深刻的影响，是国家新基建重要发力点之一。

一、5G 产业链概述

移动通信技术已经历了 1G 至 4G 的变更，正朝着第五代移动通信技术（5G）阔步前行。相对于 4G 技术，5G 将以一种全新的网络架构，提供峰值 10Gbit/s 以上的带宽、毫秒级时延和超高密度连接，实现网络性能新的跃升，开启万物互联、带来无限遐想的新时代。

5G 与 4G 关键能力对比见图 8-6。

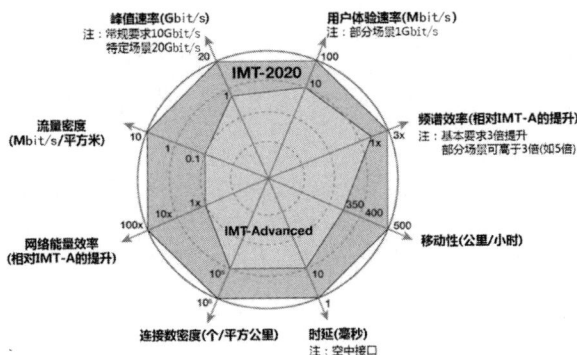

来源：ITU-R M.2083-0（2015）建议书

图 8-6　5G 和 4G 关键能力对比

5G 典型应用场景见图 8-7。

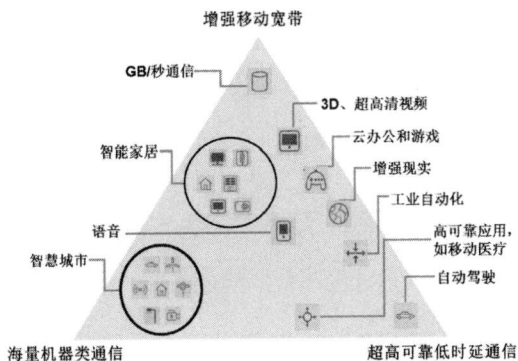

来源：ITU-R M.2083-0（2015）建议书

图 8-7　5G 典型应用场景

　　从产出规模看，预计 2030 年 5G 带动的直接产出和间接产出将分别达到 6.3 万亿元和 10.6 万亿元。在直接产出方面，按照 2020 年 5G 正式商用算起，当年将带动约 4 840 亿元的直接产出，2025 年、2030 年将分别增长到 3.3 万亿、6.3 万亿元，十年间的年均复合增长率为 29%。在间接产出方面，2020 年、2025 年和 2030 年，5G 将分别带动 1.2 万亿元、6.3 万亿元和 10.6 万亿元，年均复合增长率为 24%。

　　由此可见，5G 的发展对经济拉动作用十分明显。

　　围绕 5G，有三大产业链，分别是网络建设产业链、网络消费产业链和内容提供产业链。

网络建设产业链由网络运营商、核心设备、光纤光缆、光模块、基站等厂商组成。

网络消费产业链由消费终端设备、显示屏、摄像头、切割设备、检测设备等厂商组成。

内容提供产业链由内容提供商、VR 游戏、车联网、远程医疗等设备厂商组成。

PCB 板和常规电子元件厂商为以上厂商提供基础材料。

三大产业链组成见图 8-8。

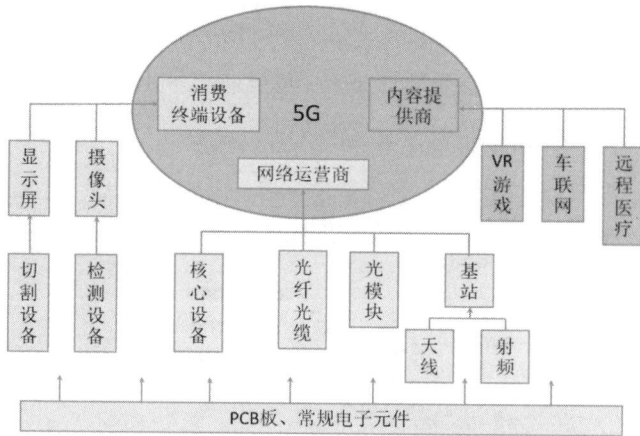

图 8-8　5G 产业链

二、投资案例——和而转债

2019 年 6 月 4 日，和而泰公开发行 5.47 亿元可转换公司债券，简称为"和而转债"，债券代码为"128068"。

债券期限：2019 年 6 月 4 日至 2025 年 6 月 4 日。

转股期限：2019 年 12 月 11 日至 2025 年 6 月 4 日。

票面利率：第一年为 0.4%、第二年为 0.6%、第三年为 1.0%、第四年为 1.5%、第五年为 1.8%、第六年为 2.0%。

债券到期赎回：在本次发行的可转换公司债券期满后五个交易日内，公司将按债券面值的 108%（含最后一期利息）的价格赎回未转股的可转换公司债券。

初始转股价格：9.09 元 / 股。

转股价格向下修正条款：在本次发行的可转换公司债券存续期间，当发行人股票在任意连续三十个交易日中有十五个交易日的收盘价低于当期转股价格的85%时，公司董事会有权提出转股价格向下修正方案并提交公司股东大会表决。

有条件回售：在本次发行的可转换公司债券最后两个计息年度，如公司股票在任何连续三十个交易日的收盘价格低于当期转股价的70%时，可转换公司债券持有人有权将其持有的可转换公司债券全部或部分按债券面值加上当期应计利息的价格回售给公司。

信用评级：AA-。

担保事项：本次发行的可转换公司债券不提供担保。

根据票面利率和到期赎回条款，可计算出票面年税前收益率为2.14%，初始保本价为113.30元。根据对应评级企业债收益率，计算出纯债价值为74.69元。

公司基本面

公司传统主业方向是智能控制器。国内智能控制器的市场集中度较低，没有任何厂商有明显较高的市场占有率，规模较大的企业主要有和而泰、拓邦股份、和晶科技、英唐智控、朗科智能等。较国内其他同行业企业，公司的智能控制器出口额相对较高。

公司一直致力于开拓国际高端市场，以相关领域的国际著名终端产品厂商为目标客户。

与欧美同行业企业相比，公司具有成本控制、研发与技术服务、市场快速反应等优势；与国内其他专业智能控制器生产企业相比，公司具有技术团队和研发、国际化运营管理平台、客户等优势。

公司在研发能力、经营规模和资本实力上取得了快速的增长，但与全球领先的企业相比，在生产规模与设备、国际知名度、资金实力、实验设备及在全球布局方面，还存在一定差距。

公司在2018年收购了铖昌科技，铖昌科技算是占据了IC领域的最高端的一个领域。

正股估值

根据发行日和而泰收盘价8.80元，2018年年报每股收益0.26元，2019年第一季度报告每股收益0.07元，同比增长24.14%等数据，可计算出发行日的正股和可转债转股价值见表8-3。

表 8-3　和而转债发行时正股估值和转股价值

现价	8.80
每股收益	0.27
每股净资产	1.94
市盈率（PE）	32.59
市净率（PB）	4.54
转股价	9.09
转股价值	96.81
溢价率	3.30%
最新净资产收益率	14.96%
历史净资产收益率	10.76%
机构一致预期增长率	36.3%
PEG	0.90

投资要点

尽管和而泰静态估值市盈率为 32.59 较高，但成长性估值 PEG 合理偏低。

收购铖昌科技使得和而泰的产业链向上游 IC 领域延伸，有利于产业链整合；铖昌科技加大了在民用 5G 芯片方面（面向 5G 使用的毫米波射频芯片）的研发投入，未来将大幅提升在自主可控的民用及物联网芯片领域的市场地位。

2019 年 7 月 1 日，和而转债上市，上市当日收盘价为 111 元，溢价率为 3.7%。考虑到和而转债上市价格低于保本价，且溢价率不高，投资者按价值可转债买入。

走势回顾

2019 年 8 月 16 日，和而泰发布的《2019 年半年度报告》显示，公司实现净利润 1.29 亿元，同比增长 31.85%。

2019 年 10 月 22 日，和而泰发布的《2019 年第三季度报告》显示，公司实现净利润 2.4 亿元，同比增长 30.15%。

2019 年 12 月 25 日，和而泰发布的《关于中标 BSH 项目的公告》显示，公司中标项目金额约 1.93 亿欧元（折合人民币约为 15 亿元），占公司 2018 年度经审计的营业总收入 56.16%，若上述中标项目顺利实施，对公司未来业绩将产生积极影响。公司将根据中标通知的要求，尽快与 BSH 落实后续合作事宜。

BSH（博西家用电器有限公司），又称为"博世－西门子公司"，是西门子股份公司和罗伯特·博世有限公司共同成立的合资企业，是世界领先的家用电器制造商之一。

业绩增长和中标消息推动和而泰及和而转债上涨，K 线走势见图 8-9。

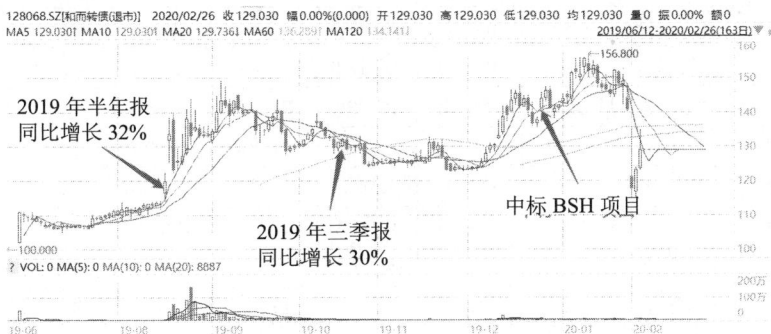

图 8-9　和而转债历史 K 线

从图 8-9 可以看出，和而泰在半年报、三季报的高增长，促进股价和转债平稳上涨，中标 BSH 项目大单，更是促进股价和转债大涨。

2020 年 1 月 8 日，和而转债满足强赎条件，公司发布《关于可转换公司债券赎回实施的第一次公告》。

最终和而转债于 2020 年 2 月 5 日后停止交易，收盘价为 129.03 元。

存续期间，和而转债最低价为 102 元，最高价为 156.8 元，最高价与收盘价的平均价为 142.915 元。

以平均价计算，申购中签的投资者收益率为 32.11%，年化收益率为 17.69%；对于上市首日收盘买入的投资者，收益率为 28.75%，年化收益率为 52.38%。

而同期上证指数收益率为 -7.45%，年化收益率为 -10.85%。

无论是申购中签还是二级市场买入和而转债的投资者，获得的收益率远超同期上证指数。

三、相关可转债

我们把截至 2022 年 4 月 29 日可转债市场中，5G 产业链、MiniLED 产业链、元宇宙产业链以及半导体、芯片等产业相关可转债搜集起来，按债券收益率排序放在表 8-4 中。

表 8-4 5G 产业链相关可转债列表

名称	行业	评级	转债价（元）	溢价率	债券收益率	保本价（元）	剩余期限	流通面值（亿元）
科达转债	通信设备	AA-	102.47	163.29%	4.14%	119.50	3.9	5.2
瀛通转债	通信设备	AA-	107.30	107.13%	3.14%	121.70	4.2	3.0
纵横转债	通信设备	A+	109.72	123.73%	3.09%	123.50	4.0	2.7
游族转债	互联网	AA	108.64	102.38%	2.84%	119.30	3.4	6.8
大丰转债	专用机械	AA	112.80	73.95%	2.18%	120.00	2.9	6.3
祥鑫转债	汽车配件	AA-	109.80	49.54%	2.11%	120.60	4.6	6.5
淳中转债	通信设备	A+	111.37	94.47%	2.01%	120.90	4.2	3.0
永鼎转债	通信设备	AA	107.36	69.09%	1.86%	113.30	3.0	2.6
崇达转2	元器件	AA	106.30	93.44%	1.84%	114.90	4.4	14.0
特发转2	通信设备	AA	107.20	69.71%	1.64%	113.00	3.3	4.2
富瀚转债	半导体	A+	110.70	71.87%	1.62%	120.30	5.3	5.8
万兴转债	软件服务	A+	112.10	100.05%	1.61%	121.40	5.1	3.8
华正转债	元器件	AA+	103.56	107.60%	1.47%	112.50	5.7	5.7
捷捷转债	半导体	AA-	110.50	69.55%	1.41%	118.50	5.1	11.9
聚飞转债	半导体	AA-	117.10	49.83%	1.27%	123.00	4.0	3.7
风语转债	文教休闲	AA	111.94	46.54%	1.25%	120.30	5.9	5.0
超声转债	元器件	AA	108.29	56.70%	0.91%	112.80	4.6	7.0
明电转债	元器件	AA-	116.74	38.35%	0.76%	120.80	4.6	4.2
日丰转债	电气设备	AA-	111.03	35.54%	0.75%	115.10	4.9	3.8
烽火转债	通信设备	AAA	108.10	83.92%	0.57%	110.30	3.6	30.9
兴森转债	元器件	AA	111.10	85.39%	0.53%	113.00	3.2	2.7
世运转债	元器件	AA	112.20	67.67%	0.51%	114.90	4.7	10.0
华兴转债	专用机械	AA	112.00	108.77%	0.50%	115.10	5.6	8.0
环旭转债	元器件	AA+	109.61	78.76%	0.43%	111.90	4.8	34.5
佳力转债	专用机械	AA-	122.37	93.37%	0.32%	124.00	4.3	3.0
亨通转债	通信设备	AA+	112.87	67.07%	0.13%	113.30	2.9	17.1
景20转债	元器件	AA	112.69	49.89%	0.04%	112.90	4.3	17.8
立讯转债	元器件	AA+	111.83	109.74%	-0.01%	111.80	4.5	30.0
岭南转债	环境保护	AA-	110.50	34.40%	-0.08%	110.30	2.3	6.6
思特转债	软件服务	AA-	121.70	61.50%	-0.10%	121.20	4.1	2.1
杭电转债	电气设备	AA	110.10	59.74%	-0.15%	109.80	1.9	7.5
闻泰转债	通信设备	AA+	113.72	67.16%	-0.31%	111.90	5.2	86.0
春秋转债	元器件	AA-	121.20	64.38%	-0.90%	117.00	4.0	1.8

名　称	行　业	评　级	转债价（元）	溢价率	债券收益率	保本价（元）	剩余期限	流通面值（亿元）
联得转债	专用机械	A+	121.80	113.99%	−0.90%	117.90	3.7	1.5
韦尔转债	半导体	AA+	119.75	77.05%	−1.01%	114.30	4.7	24.3
精测转债	电器仪表	AA−	119.00	65.77%	−1.03%	115.50	2.9	3.1
洁美转债	元器件	AA−	124.00	44.44%	−1.32%	116.90	4.5	6.0
江丰转债	元器件	A+	130.50	37.20%	−1.37%	121.50	5.3	5.2
铂科转债	元器件	A+	131.99	58.89%	−1.43%	121.50	5.9	4.3
利德转债	半导体	AA+	122.20	41.52%	−1.90%	114.30	3.5	8.0
联创转债	元器件	AA	123.31	48.67%	−1.97%	114.30	3.9	3.0
东时转债	汽车服务	AA	126.44	179.32%	−2.97%	112.50	3.9	1.0
润建转债	通信设备	AA	135.58	27.01%	−3.59%	114.90	4.6	10.9
创维转债	家用电器	AA	131.64	20.34%	−4.15%	116.30	3.0	9.8
胜蓝转债	元器件	AA−	151.90	115.88%	−4.31%	117.50	5.9	3.3
丝路转债	软件服务	A+	165.00	125.84%	−5.17%	121.70	5.8	2.4
国微转债	元器件	AA+	155.75	17.27%	−5.92%	114.50	5.1	14.9
长信转债	元器件	AA	139.11	37.07%	−6.95%	113.30	2.9	2.6
通光转债	电气设备	A+	167.94	79.69%	−9.85%	117.30	3.5	0.8
火炬转债	元器件	AA	179.26	17.86%	−10.52%	114.90	4.1	4.2
艾华转债	元器件	AA	143.01	12.73%	−14.32%	107.80	1.8	4.6
湖广转债	影视音像	AA+	163.80	21.06%	−16.59%	111.30	2.2	3.7
盛路转债	通信设备	AA	245.33	166.00%	−29.77%	113.30	2.2	0.5

以下是部分 5G 相关可转债分析评论，个人观点，不构成投资建议，仅供参考。

游族转债

基本信息

2019 年 9 月 23 日，游族网络公开发行 11.5 亿元可转换公司债券，简称为"游族转债"，债券代码为"128074"。

游族转债属于偏债型，发行至今 2.59 年，距到期 3.41 年，收盘价：108.64 元，转股价值：53.68 元，保本价：119.3 元，转股溢价率：102.38%，债券收益率：2.84%，纯债价值：106.62 元，AA 级，流通面值：6.82 亿元。

转债条款

利息：第一年 0.4%、第二年 0.6%、第三年 1.0%、第四年 1.5%、第五年 1.8%、第六年 2.0%，赎回价：115 元。

强赎条件：转股期内，正股连续三十个交易日中，至少有十五交易日的收盘价不低于转股价的 130%。

转股价下修条件：存续期间，正股连续三十个交易日中，至少有十五个交易日的收盘价低于转股价的 90%。下修后转股价不低于每股净资产。

回售条件：到期最后 2 个计息年度内，正股任何连续三十个交易日的收盘价低于当期转股价的 70%。回售价为面值加当期利息。

公司基本面

公司专注于网络游戏的研发、发行与运营，经过十二年的探索与积累，公司形成了自身核心竞争力。

公司持续推进全球化战略，在海外积累 1 000 多个合作伙伴，发行版图遍及欧洲、北美、亚洲及南美等 200 多个国家及地区，全球累计近 10 亿用户。

2021 年上半年，公司海外市场实现营业收入 11.14 亿元，占总收入比例为 62.7%，较去年占比提升 7.6 个百分点。

公司注重对 IP 价值链进行挖掘与经营，IP 经营成为游族网络长期战略。《三体》是一部拥有宏大世界观和想象力的 IP，对于《三体》IP 的游戏作品开发提供了强大而饱满的世界观，游族网络希望立足 IP 本身，集合全产业链的力量进行产品布局。

经营业绩

2022 年第一季度，公司实现营业收入 5.45 亿元，同比下降 42.31%；归母净利润 0.80 亿元，同比下降 57.36%；归母扣非净利润 0.53 亿元，同比下降 42.67%。2021 年度，公司实现营业收入 32.04 亿元，同比下降 31.87%；归属母净利润 1.68 亿元，同比增长 189.43%；归母扣非净利润为亏损 2.91 亿元。

营业收入同比下降主要原因是受到 2020 年外部影响，游戏业务 2020 年同期的收入基数相对较高。

归母净利润同比增加主要原因为：相应减少了广告投放量，提高了产品毛利率；优化资本结构，减少了债务利息支出从而降低了财务费用。

归母扣非净利润为负数的主要原因为：商誉减值损失 2.47 亿元，长期股权投资减值损失 0.44 亿元，信用减值损失 0.5 亿元。

正股估值

按照 2022 年第一季度报告业绩和最新净资产收益率 4.38% 计算，游族网络静态估值市盈率 PE：−25.66，市净率 PB：1.93。

综合投资评级

由于国内网络游戏监管环境和公司创始人的离世，公司近期业绩不佳，正股价值不高。

但公司在《关于回购公司股份方案的公告》中表示，控股股东正在筹划进行股权转让，且公司有重磅的三体 IP，以及元宇宙、云计算概念。一旦股权转让成功，或者受到热点炒作，正股有望大涨，转债也会受益。

退一万步说，游族转债 3.41 年的到期时间并不长，债券收益率接近 3%，且可以下修到底，从时间、收益率和下修可能性上看值得等待转股价下修。

所以，游族转债上有股权转让、热点炒作和转股价下修三重博弈。

综合 5 星投资评级为 5 星（*****）。

第三节　碳 中 和

"碳"就是构成石油、煤炭、天然气等自然资源的主要元素之一。人类的工业生产和生活，都要消耗石油、煤炭、天然气等一次性化学能源。这些化学能源消耗得越多，二氧化碳排放得越多。

众所周知，二氧化碳具有温室效应，是导致全球变暖的元凶。为应对全球变暖，2015 年 12 月 12 日，《联合国气候变化框架公约》近 200 个缔约方在巴黎气候变化大会上达成《巴黎协定》。

中国作为发展中国家，是《巴黎协定》缔约国之一，也会承担相应的碳中和责任和义务。

因此，在资本市场上，碳中和相关产业链存在投资机会。

一、行业概述

2021 年 7 月 16 日，全国碳排放权交易在上海环境能源交易所正式启动，首笔碳交易同时撮合成功，价格为每吨 52.78 元，首笔成交 16 万吨。

国家政策围绕国家的宏观愿景制定。因此，基于 2060 年中国碳中和的实现目标，相关产业链的上市公司将受益国家政策，有以下的投资机会。

发电类：新能源发电包括光伏、风力、生物质能及相关元器件、设备制造产业链，最著名的是三峡能源、隆基股份；循环利用发电类包括固废、再生资源以及相关设备制造产业链。水力发电因为生态问题，是否纳入碳交易还存在争议。

储电类：电不便于存储，但在目前技术下，可以反复充放的锂电池能存储直流电，是储电的选择之一，此外还有抽水储能、制氢储能、压缩空气储能等技术。所以储能相关元器件、设备产业链有投资机会，著名的公司有宁德时代。当然储电类也包含新能源汽车的动力电池相关产业链。

用电类：改变一次性能源消耗为电能消耗，如电动汽车，A 股著名的公司是比亚迪。特斯拉 2020 年就卖掉了用不完的碳排放额度，赚了 15.8 亿美元，全年净利润才 7.21 亿美元，所以马斯克其实是"卖炭翁"。

碳汇类：包括碳监测、林汇类，即通过对森林、草原、湿地等保护修复措施增加对二氧化碳的吸收，可以卖出碳配额获利。这方面环境保护类行业居多。

二、投资案例——明阳转债

2019 年 12 月 16 日，明阳智能公开发行 17 亿元可转换公司债券，债券简称为"明阳转债"，债券代码为"113029"。

债券期限：本次发行的可转债期限为自发行之日起六年，即 2019 年 12 月 16 日至 2025 年 12 月 16 日。

转股期限：2020 年 6 月 22 日至 2025 年 12 月 16 日止。

票面利率：第一年 0.4%、第二年 0.6%、第三年 1.0%、第四年 1.5%、第五年 1.8%、第六年 2.0%。

债券到期赎回：在本次发行的可转换公司债券期满后五个交易日内，公司将按本次发行的可转债票面面值的 108%（含最后一期年度利息）的价格向投资者赎回全部未转股的可转债。

初始转股价格：12.66 元 / 股。

转股价格向下修正条款：在本次发行的可转债存续期间，当公司股票在任意连续三十个交易日中有十五个交易日的收盘价低于当期转股价格的 90% 时，公司董事会有权提出转股价格向下修正方案并提交股东大会审议表决。

有条件回售：在本次发行的可转债最后两个计息年度，如公司股票在任何连续三十个交易日的收盘价格低于当期转股价的 70% 时，可转债持有人有权将其持有的可转债全部或部分按债券面值加上当期应计利息的价格回售给公司。

信用评级：AA。

担保事项：本次发行的可转换公司债券不提供担保。

根据票面利率和到期赎回条款，可计算出票面年税前收益率为 2.14%，初始保本价为 113.3 元。根据对应评级企业债收益率，计算出纯债价值为 85 元。

公司基本面

公司成立于 2006 年，总部位于广东中山。公司是国内风力发电机组制造第一梯队企业。

公司的核心竞争优势有：定制化产品品类齐全优势，产品质量与核心技术优势，自主研发与创新优势，核心关键部件自主配套优势，智能化运维与智能化风场管理优势，市场区域覆盖与风资源区位优势，客户群体稳定与订单充足优势，市场地位与海上大风机品牌先发优势，多元化业务与经营模式完整性优势等。

正股估值

根据发行日明阳智能收盘价 12.65 元，2018 年年报每股收益 0.39 元，2019 年前三季度每股收益 0.38 元，同比增长 102.07% 等数据，可计算出发行日的正股和可转债转股价值见表 8-5。

表 8-5　明阳转债发行时正股估值和转股价值

现价（元）	12.65
每股收益	0.63
每股净资产	4.44
市盈率（PE）	20.08
市净率（PB）	7.05
转股价（元）	12.66
转股价值（元）	99.92
溢价率	0.1%
最新净资产收益率	15.27%
历史净资产收益率	10.76%
机构一致预期增长率	59.89%
PEG	0.34

投资要点

明阳智能静态估值市盈率为 20 合理，成长性估值 PEG 很低，低估明显。

根据中国风能协会的风电装机统计报告，2016 年至 2018 年，公司在国内风力发电机组新增装机容量的市场份额分别为 8.40%、12.50%、12.41%，市场份额基本保持稳定。

2020 年 1 月 7 日，明阳转债上市，上市当日收盘价为 123.55 元，高于保本价，溢价率为 17.34%。投资者可以保持关注，待转债价格回落至保本价以内再进行投资。

走势回顾

2020 年 4 月 21 日，明阳智能发布《关于重大项目预中标的提示性公告》显示，公司于近期参与了中广核惠州港口海上风电场项目风力发电机组设备采购一标段（重新招标）及二标段（重新招标）的投标。公司成为上述项目的中标方，中标总金额约为人民币 26.71 亿元。中标金额占公司 2018 年度经审计营业成本约 51.65%，占公司 2018 年度经审计营业收入约 38.70%，预计对公司 2020 年及 2021 年的经营业绩产生积极影响。

2020 年 4 月 30 日，明阳智能发布的《2020 年第一季度报告》显示，公司实现归属于上市公司股东的扣除非经常性损益的净利润 1.50 亿元，同比增长 423.49%。

2020 年 7 月 8 日，明阳智能发布的《2020 年半年度业绩预增公告》显示，公司预计 2020 年半年度实现归属于上市公司股东的扣非净利润为 4.38 亿元到 5.48 亿元，同比增加 55.93% 到 95.08%。

2020 年 9 月 17 日，明阳智能发布的《2020 年前三季度业绩预增公告》显示，公司预计 2020 年 1—9 月实现归属于上市公司股东的扣非净利润为 7.7 亿元到 8.7 亿元，同比增加 72.07% 到 94.42%。

2021 年 1 月 28 日，明阳智能发布的《2020 年年度业绩预增公告》显示，公司预计 2020 年实现归属于上市公司股东的扣非净利润为 10.9 亿元到 12.7 亿元，同比增加 71.93% 到 100.32%。

业绩增长和中标消息推动明阳智能和明阳转债上涨，K 线走势见图 8-10。

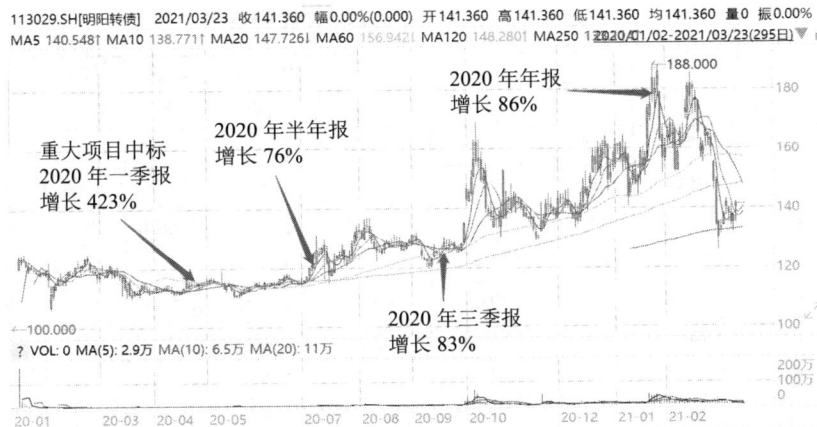

113029.SH[明阳转债]　2021/03/23　收141.360　幅0.00%(0.000)　开141.360　高141.360　低141.360　均141.360　量0　振00%
MA5 140.548↑ MA10 138.771↑ MA20 147.726↑ MA60 156.942↓ MA120 148.280↑ MA250 1 2020/01/02-2021/03/23(295日)▼

2020 年年报
增长 86%

188.000

2020 年半年报
增长 76%

重大项目中标
2020 年一季报
增长 423%

2020 年三季报
增长 83%

图 8-10　明阳转债历史 K 线

从图 8-10 可以看出，明阳智能在半年报、三季报的高增长，促进股价和转债大幅上涨。

2021 年 2 月 26 日，明阳转债《关于"明阳转债"提前赎回的提示性公告》显示，公司于 2021 年 2 月 25 日召开了第二届董事会第十五次会议，审议通过了《关于提前赎回"明阳转债"的议案》，决定行使"明阳转债"的提前赎回权，对赎回登记日登记在册的"明阳转债"全部赎回。

最终，明阳转债于 2021 年 3 月 18 日后停止交易，收盘价为 141.36 元。

存续期间，明阳转债最低价为 106.2 元，最高价为 188 元，最高价与收盘价的平均价为 164.68 元。

以平均价计算，申购中签的投资者收益率为 64.68%，年化收益率为 48.82%；对于上市首日收盘买入的投资者，收益率为 33.29%，年化收益率为 27.20%。

而同期上证指数收益率为 11.54%，年化收益率为 9.09%。

无论是申购中签还是二级市场买入明阳转债的投资者，获得的收益率远超同期上证指数。

三、相关可转债

由于碳中和产业链相关可转债太多，为便于清晰理解，以下按发电类、储电类、用电类和碳汇类分类列出相关可转债。

2022 年 4 月 29 日，碳中和发电类可转债，按债券收益率从高到低排序，见表 8-6。

表 8-6　碳中和发电类可转债列表

名　称	行　业	评级	转债价（元）	溢价率	债券收益率	保本价（元）	剩余期限	流通面值（亿元）
长集转债	环境保护	AA	101.60	75.47%	3.08%	114.30	3.9	8.0
裕兴转债	塑料	AA-	107.85	47.39%	1.88%	120.30	6.0	6.0
三超转债	矿物制品	A	113.60	52.62%	1.17%	119.20	4.2	1.9
中装转2	装修装饰	AA	111.41	43.76%	0.97%	116.80	5.0	11.6
绿动转债	环境保护	AA+	109.00	47.64%	0.71%	113.50	5.8	23.6
金博转债	矿物制品	A+	118.04	49.23%	0.58%	121.60	5.2	6.0
奥飞转债	电信运营	A+	120.23	59.39%	0.22%	121.70	5.6	6.4
晶科转债	新型电力	AA	116.54	35.38%	0.05%	116.80	5.0	23.0
上22转债	电气设备	AA-	119.80	42.34%	-0.40%	117.10	5.8	24.7
天能转债	电气设备	AA-	123.23	21.84%	-0.47%	120.70	4.5	6.9
中钢转债	建筑工程	AA+	122.00	24.36%	-0.81%	117.30	4.9	8.2
锦浪转债	电气设备	AA-	124.00	45.86%	-0.84%	118.20	5.8	9.0
九洲转2	电气设备	AA-	126.00	16.94%	-0.96%	120.60	4.6	3.1
赛伍转债	塑料	AA-	128.66	23.51%	-1.21%	120.50	5.5	7.0
大族转债	电器仪表	AA+	109.21	103.45%	-1.36%	106.60	1.8	23.0
节能转债	新型电力	AA+	123.82	25.06%	-1.53%	114.50	5.1	30.0
隆22转债	电气设备	AAA	121.62	47.91%	-1.58%	111.20	5.7	70.0
旗滨转债	玻璃	AA+	124.53	43.47%	-1.83%	113.80	4.9	15.0
帝尔转债	专用机械	AA-	134.89	29.03%	-2.08%	121.00	5.3	8.4
通22转债	电气设备	AA+	128.10	22.40%	-2.08%	113.50	5.8	120.0
嘉泽转债	新型电力	AA	127.95	22.63%	-2.93%	112.80	4.3	2.9
润建转债	通信设备	AA	135.58	27.01%	-3.59%	114.90	4.6	10.9
川投转债	水力发电	AAA	131.55	9.72%	-4.95%	110.30	3.5	39.6
朗新转债	软件服务	AA	154.97	13.35%	-6.40%	114.80	4.6	5.5
福能转债	火力发电	AA+	177.02	9.94%	-16.21%	112.30	2.6	12.8

2022年4月29日，碳中和储电类可转债，按债券收益率从高到低排序，见表8-7。

表 8-7　碳中和储电类可转债列表

名　称	行　业	评级	转债价（元）	溢价率	债券收益率	保本价（元）	剩余期限	流通面值（亿元）
威唐转债	专用机械	A+	107.50	98.34%	2.67%	121.10	4.6	3.0
华正转债	元器件	AA+	103.56	107.60%	1.47%	112.50	5.7	5.7
朗科转债	电气设备	AA-	110.64	49.71%	1.22%	117.10	4.8	3.8

续表

名　称	行　业	评级	转债价（元）	溢价率	债券收益率	保本价（元）	剩余期限	流通面值（亿元）
西子转债	专用机械	AA	108.40	126.98%	0.93%	114.10	5.7	11.1
晶瑞转2	化工原料	A+	107.20	126.23%	0.70%	111.20	5.3	5.2
凯中转债	机械基件	AA	113.99	37.09%	0.52%	115.30	2.3	4.2
海亮转债	铜	AA	115.30	23.32%	−0.25%	114.30	3.6	30.1
华友转债	小金属	AA+	116.73	56.37%	−0.64%	112.50	5.8	76.0
楚江转债	铜	AA	118.55	39.39%	−0.78%	114.90	4.1	18.2
嘉元转债	铜	AA−	125.44	47.44%	−0.83%	120.60	4.8	9.8
锦浪转债	电气设备	AA−	124.00	45.86%	−0.84%	118.20	5.8	9.0
天奈转债	化工原料	AA−	121.01	61.69%	−0.88%	115.10	5.8	8.3
精测转债	电器仪表	AA−	119.00	65.77%	−1.03%	115.50	2.9	3.1
大族转债	电器仪表	AA+	109.21	103.45%	−1.36%	106.60	1.8	23.0
国泰转债	商贸代理	AA+	125.30	22.58%	−2.09%	112.50	5.2	42.6
斯莱转债	专用机械	AA−	134.10	24.77%	−2.40%	120.80	4.4	2.4
美联转债	化工原料	AA−	130.53	20.98%	−2.48%	117.80	4.2	2.1
万顺转2	铝	AA−	127.60	13.67%	−2.66%	112.90	4.6	8.5
鹏辉转债	电气设备	AA	162.89	4.33%	−7.64%	114.80	4.5	6.0
万顺转债	广告包装	AA−	146.00	10.55%	−12.40%	109.30	2.2	1.2
鼎胜转债	铝	AA	195.65	10.00%	−17.11%	113.30	2.9	4.0
天铁转债	橡胶	AA−	245.60	16.08%	−17.60%	117.00	3.9	0.6
恩捷转债	电气设备	AA	347.00	11.00%	−25.69%	114.30	3.8	4.5
晶瑞转债	化工原料	A+	341.58	53.25%	−28.13%	115.30	3.3	0.5
蓝晓转债	化工原料	A+	333.00	44.03%	−28.62%	118.80	3.1	1.1
中矿转债	小金属	AA−	557.00	2.95%	−30.94%	124.20	4.1	1.4

2022 年 4 月 29 日，碳中和用电类可转债，按债券收益率从高到低排序，见表 8-8。

表 8-8　碳中和用电类可转债列表

名　称	行　业	评级	转债价（元）	溢价率	债券收益率	保本价（元）	剩余期限	流通面值（亿元）
豪美转债	铝	AA−	104.50	106.60%	3.08%	124.00	5.7	8.2
沪工转债	专用机械	A+	108.34	95.07%	2.76%	121.20	4.2	4.0
祥鑫转债	汽车配件	AA−	109.80	49.54%	2.11%	120.60	4.6	6.5
锋龙转债	汽车配件	A+	110.50	59.49%	2.03%	121.20	4.7	2.4

名　称	行　业	评级	转债价（元）	溢价率	债券收益率	保本价（元）	剩余期限	流通面值（亿元）
德尔转债	汽车配件	AA−	110.38	131.68%	2.02%	115.30	2.2	2.5
金田转债	铜	AA+	105.99	66.58%	1.63%	114.60	4.9	15.0
美力转债	汽车配件	A+	113.65	29.10%	1.38%	121.10	4.8	3.0
升21转债	汽车配件	AA−	111.01	86.94%	1.36%	119.60	5.6	13.5
今飞转债	汽车配件	A+	114.82	66.99%	1.29%	119.00	2.8	1.7
汽模转2	汽车配件	AA	109.60	53.01%	1.17%	114.30	3.7	3.1
亚太转债	汽车配件	AA	107.92	82.93%	1.10%	109.80	1.6	10.0
大业转债	钢加工	AA	110.16	67.77%	1.06%	112.50	2.0	5.0
贝斯转债	汽车配件	AA−	110.09	82.25%	1.01%	115.10	4.5	6.0
正裕转债	汽车配件	A+	114.35	56.61%	0.69%	117.20	3.7	1.5
博杰转债	专用机械	AA−	117.65	126.51%	0.53%	121.10	5.6	5.3
凯中转债	机械基件	AA	113.99	37.09%	0.52%	115.30	2.3	4.2
远东转债	汽车配件	AA	112.68	37.35%	0.43%	114.30	3.4	5.4
泉峰转债	汽车配件	AA−	119.39	56.22%	0.25%	121.00	5.4	6.2
景20转债	元器件	AA	112.69	49.89%	0.04%	112.90	4.3	17.8
银轮转债	汽车配件	AA	116.53	62.36%	−0.25%	115.10	5.1	7.0
宏发转债	电气设备	AA	119.14	78.22%	−0.32%	117.10	5.5	20.0
长汽转债	汽车整车	AAA	113.94	74.49%	−0.61%	110.50	5.1	35.0
华翔转债	机械基件	AA−	126.06	26.25%	−0.74%	121.00	5.7	8.0
三花转债	家用电器	AA+	119.44	53.57%	−0.84%	114.50	5.1	30.0
雷迪转债	汽车配件	A+	123.33	34.35%	−1.11%	118.20	3.9	1.7
赛伍转债	塑料	AA−	128.66	23.51%	−1.21%	120.50	5.5	7.0
高澜转债	专用机械	A+	128.28	35.66%	−1.21%	121.40	4.6	2.5
新春转债	机械基件	AA−	129.51	18.66%	−1.25%	123.50	3.9	2.4
铂科转债	元器件	A+	131.99	58.89%	−1.43%	121.50	5.9	4.3
华锋转债	铝	A+	138.00	32.49%	−3.76%	120.60	3.6	2.0
精达转债	电气设备	AA	138.57	21.90%	−3.94%	116.90	4.3	5.1
胜蓝转债	元器件	AA−	151.90	115.88%	−4.31%	117.50	5.9	3.3
伯特转债	汽车配件	AA	172.56	7.97%	−6.73%	121.10	5.2	9.0
长信转债	元器件	AA	139.11	37.07%	−6.95%	113.30	2.9	2.6
卡倍转债	汽车配件	A+	235.88	183.21%	−11.29%	121.00	5.7	2.8
文灿转债	汽车配件	AA−	216.89	7.75%	−17.49%	120.70	3.1	1.4
模塑转债	汽车配件	AA	145.00	167.12%	−21.42%	111.80	1.1	1.3
明泰转债	铝	AA	345.40	10.87%	−31.72%	113.50	3.0	10.1
小康转债	汽车配件	AA	255.97	11.69%	−43.59%	107.80	1.5	2.1

2022年4月29日，碳中和碳汇类可转债，按债券收益率从高到低排序，见表8-9。

表8-9 碳中和碳汇类可转债列表

名　称	行　业	评级	转债价（元）	溢价率	债券收益率	保本价（元）	剩余期限	流通面值（亿元）
维尔转债	环境保护	AA−	106.78	76.69%	3.82%	123.50	4.0	9.2
绿茵转债	环境保护	AA−	101.07	66.40%	3.39%	119.00	5.0	7.1
濮耐转债	其他建材	AA	112.35	38.64%	0.52%	114.70	4.1	6.3
博世转债	环境保护	AA−	110.55	122.28%	0.32%	111.30	2.2	4.3
迪龙转债	环境保护	AA	118.50	61.27%	−5.74%	107.50	1.7	3.0
美力转债	汽车配件	A+	113.65	29.10%	1.38%	121.10	4.8	3.0

以下是部分碳中和相关可转债分析评论，个人观点，不构成投资建议，仅供参考。

案例：绿动转债

基本信息

2022年2月25日，绿色动力公开发行23.6亿元可转换公司债券，简称为"绿动转债"，债券代码为"113054"。

绿动转债属于偏债型，发行至今0.17年，距到期5.83年，收盘价：109元，转股价值：73.83元，保本价：113.5元，转股溢价率：47.64%，债券收益率：0.71%，纯债价值：92.41元，AA+级，流通面值：23.6亿元。

转债条款

利息：第一年0.20%、第二年0.40%、第三年0.60%、第四年1.50%、第五年1.80%、第六年2.00%，赎回价：109元。

强赎条件：转股期内，正股连续三十个交易日中，至少有十五个交易日的收盘价不低于转股价的130%。下修后转股价不低于每股净资产。

转股价下修条件：存续期间，正股连续三十个交易日中，至少有十五个交易日的收盘价低于转股价的85%。下修后转股价不低于每股净资产。

回售条件：到期最后2个计息年度内，正股任何连续三十个交易日的收盘价低于当期转股价的70%。回售价为面值加当期利息。

公司基本面

公司是中国最早从事生活垃圾焚烧发电的企业之一，主要以 BOT 等特许经营的方式从事生活垃圾焚烧发电厂的投资、建设、运营、维护以及技术顾问业务。公司着眼于经济较发达的长江三角洲地区、珠江三角洲地区及环渤海经济圈的广阔市场空间，业务布局延伸至安徽、湖北、贵州、山西、广西、江西、湖南、陕西、河南、四川等中西部地区，形成了立足于长三角、珠三角、环渤海，辐射全国的市场布局。截至 2021 年 12 月 31 日，公司在生活垃圾焚烧发电领域运营项目 31 个，在建项目 5 个，运营项目垃圾处理能力达 3.4 万吨 / 日，装机容量 699.5MW，公司项目数量和垃圾处理能力均位居行业前列。

公司的竞争优势为：辐射全国的市场布局能力、领先的专业技术。

经营业绩

2022 年第一季度，公司实现营业收入 11.05 亿元，同比下降 5.02%；归母净利润 1.81 亿元，同比下降 13.63%；归母扣非净利润 1.79 亿元，同比下降 13.9%。

2021 年，公司实现营业收入 50.57 亿元，同比增长 122.03%；归母净利润 6.98 亿元，同比增长 38.62%；归母扣非净利润 6.86 亿元，同比增长 41.5%。

主要原因：运营项目增加、部分运营项目产能利用率提升，以及根据《企业会计准则》、14 号文等相关规定，对 BOT 项目于建造期间确认建造收入，本期确认建造收入 24.27 亿元。

正股估值

按照 2022 年第一季度报告业绩和最新 7 家机构一致预期业绩增速 28.06% 计算，绿色动力静态估值市盈率 PE：15.1，市净率 PB：1.5，成长性估值 PEG：0.54。

综合投资评级

绿色动力主要从事生活垃圾焚烧发电业务，属于碳中和发电类，静态估值和成长性估值较低。

绿动转债价格低于保本价，债券收益率 0.71% 尚可。不足之处：转股溢价率较高，跟涨性不足；到期时间长达 5.8 年，转股价下修动力不足；流通面值规模较大，无热点博弈价值。

综合 5 星投资评级为 4 星（****）。

第四节　大 消 费

大消费实际上是多种行业的综合，就是把面对消费者的行业综合起来，当作大消费行业来看。其中包括的行业有：旅游酒店、食品饮料、家用电器、家居用品、纺织服装、休闲服务、商业贸易、农林牧渔、种植业、传媒等行业。

一、行业概述

按习惯说法，大消费应该包括医药行业，但可转债市场中，医药行业转债较多，本书将在医药一节专门叙述，因此本节的大消费把医药行业排除在外。

在经济持续向好宏观经济背景下，中国社会消费品零售总额呈现连续增长态势，见图 8-11。

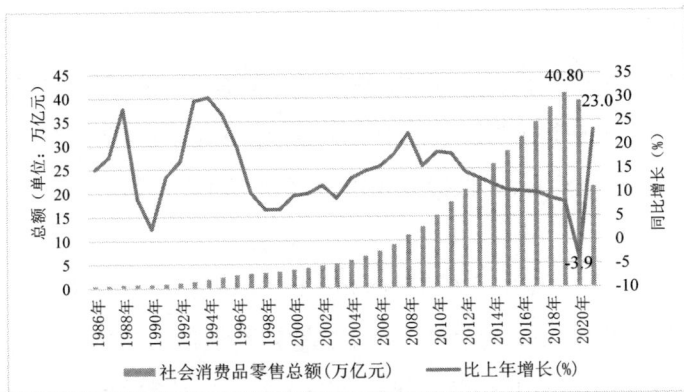

图 8-11　社会消费品零售总额及增长率

2020 年受疫情影响，中国社会消费品零售总额为 39.2 万亿元，比 2019 年下滑 3.9%；2021 年，社会消费品零售总额为 44.08 万亿元，同比增长 12.5%；排除疫情影响，与 2019 年社会消费品零售总额 40.80 万亿元相比，增长 8.04%。

在 1986 年至 2021 年的 35 年间，社会消费品零售总额增长 88 倍，年均复合增长 13.69%。

消费品零售总额的持续高增长，反映到股市中，就是大消费行业牛股频出。最著名的就是贵州茅台，截至 2022 年 4 月 29 日，近 20 年来上涨 378 倍，年化上涨 35.74%。

因此，大消费板块的投资机会越来越受到投资者的重视。

二、投资案例——百合转债

2018 年 11 月 8 日，梦百合公开发行 5.1 亿元可转换公司债券，简称为"百合转债"，债券代码为"113520"。

债券期限：本次发行的可转债的期限为自发行之日起 6 年，即自 2018 年 11 月 8 日至 2024 年 11 月 7 日。

票面利率：第一年 0.5%，第二年 0.7%，第三年 1.0%，第四年 1.5%，第五年 2.0%，第六年 3.0%。

债券到期赎回：在本次发行的可转换公司债券期满后五个交易日内，公司将以本次可转换公司债券票面面值的 110%（含最后一期利息）的价格向投资者赎回全部未转股的可转换公司债券。

初始转股价格：19.03 元 / 股。

转股价格向下修正条款：在本次发行的可转换公司债券存续期间，当公司股票在任意连续三十个交易日中至少有十五个交易日的收盘价低于当期转股价格的 80% 时，公司董事会有权提出转股价格向下修正方案并提交公司股东大会表决。

有条件回售：在本次发行的可转换公司债券最后两个计息年度，如公司股票在任何连续三十个交易日的收盘价格低于当期转股价的 70% 时，可转换公司债券持有人有权将其持有的可转换公司债券全部或部分按债券面值加上当期应计利息的价格回售给公司。

信用评级：主体 AA-，债项 AA-。

担保事项：不提供担保。

根据票面利率和到期赎回条款，可计算出票面年税前收益率为 2.51%，初始保本价为 115.7 元。根据对应评级企业债收益率，计算出纯债价值为 75.54 元。

公司基本面

公司是国内大型记忆棉家居制品生产及出口企业之一，主营业务为记忆棉床垫、枕头及其他家居制品的研发、生产及销售，具体产品包括记忆棉床垫、记忆棉枕等。

　　根据中国家具协会证明，公司是国内主要的记忆棉产品生产与出口企业之一。2015 年至 2017 年，公司记忆棉家居制品出口占同类产品出口比重分别为 10.18%、9.93%、11.13%。

　　公司的核心竞争力有：客户优势，产能全球化优势及规模化生产优势，自主品牌国际化以及多渠道优势，产品研发、设计优势以及快速反应能力优势，产品质量优势等。

　　正股估值

　　根据发行日梦百合收盘价 20.01 元，2017 年年报每股收益 0.65 元；2018 年第三季度报告显示，前三季度每股收益 0.46 元，同比下降 23.84% 等数据，可计算出发行日的正股和可转债转股价值见表 8-10。

表 8-10　百合转债发行时正股估值和转股价值

现价（元）	20.01
每股收益	0.51
每股净资产	6.82
市盈率（PE）	39.54
市净率（PB）	2.93
转股价（元）	19.03
转股价值（元）	95.10
溢价率	5.15%
最新净资产收益率	7.70%
历史净资产收益率	27.99%
机构一致预期增长率	39.05%
PEG	1.01

　　投资要点

　　尽管梦百合静态估值市盈率为 39.54 倍较高，但机构一致预期增长率高达 39.05%，成长性估值 PEG 合理。

　　从 2018 年三季报看，扣非净利润同比增长 11.53%，相比 2018 年上半年扣非净利润下滑 41.78%，单季度大幅增长，计算下来，第三季度扣非净利润 8 009 万元，同比增长 201.76%，表明业绩明显好转。

　　2018 年 11 月 26 日，百合转债上市，上市当日收盘价为 101.5 元，大幅低于保本价，溢价率为 1.02%。投资者可以按价值可转债买入。

走势回顾

2019 年 3 月 30 日，梦百合发布的《2018 年年度报告》显示，公司实现净利润 1.86 亿元，同比增长 19.39%；扣非净利润 2.25 亿元，同比增长 73.29%，滚动市盈率 41.72 倍。

2019 年 4 月 30 日，梦百合发布的《2019 年第一季度报告》显示，公司实现净利润 7 535 万元，同比增长 1547%，滚动市盈率 22.86 倍。

2019 年 8 月 16 日，梦百合发布的《2019 年半年度报告》显示，公司实现净利润 1.5 亿元，同比增长 294.77%，滚动市盈率 18.43 倍。

2019 年 10 月 30 日，梦百合发布的《2019 年第三季度报告》显示，公司实现净利润 2.6 亿元，同比增长 135.89%，滚动市盈率 16.52 倍。

2020 年 1 月 21 日，梦百合发布的《2019 年年度业绩预增公告》显示，公司预计 2019 年年度实现净利润为 3.66 亿元，与上年同期相比，同比增加 96.70%，滚动市盈率 24.36 倍。

2020 年 4 月 29 日，梦百合发布的《2020 年第一季度报告》显示，公司实现净利润 0.8 亿元，同比增长 6.54%，滚动市盈率 18.56 倍。

2020 年 8 月 19 日，梦百合发布的《2020 年半年度报告》显示，公司实现净利润 1.55 亿元，同比增长 2.89%，滚动市盈率 27.3 倍。

2020 年 10 月 27 日，梦百合发布的《2020 年第三季度报告》显示，公司实现净利润 3.46 亿元，同比增长 32.66%，滚动市盈率 23.39 倍。

梦百合每一次净利润增长，不一定影响股价，但股票估值下降，市场在股票估值下降后，又逐步意识到股票的投资价值，股价就逐步上升，在业绩增长和市场估值驱动下，梦百合和百合转债历时 2 年，大幅上涨 1.3 倍。K 线走势见图 8-12。

2020 年 12 月 15 日，百合转债满足强赎条件，公司发布《关于提前赎回"百合转债"的公告》。

最终，百合转债于 2021 年 1 月 6 日后停止交易，收盘价为 234.26 元。

存续期间，百合转债最低价为 99.08 元，最高价为 312 元，最高价与收盘价的平均价为 273.13 元。

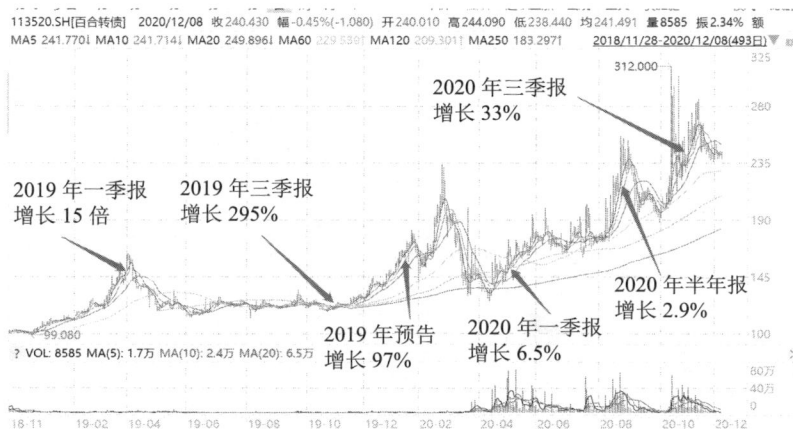

图 8-12 百合转债历史 K 线

以平均价计算，申购中签的投资者收益率为 173.13%，年化收益率为 59.08%；对于上市首日收盘买入的投资者，收益率为 169.09%，年化收益率为 59.68%。

而同期上证指数收益率为 37.85%，年化收益率为 15.99%。

无论是申购中签还是二级市场买入百合转债的投资者，获得的收益率远超同期上证指数。

三、相关可转债

2022 年 4 月 29 日，大消费可转债，按照债券收益率从高到低排序见表 8-11。

表 8-11 大消费类可转债列表

名 称	行 业	评 级	转债价（元）	溢价率	债券收益率	保本价（元）	剩余期限	流通面值（亿元）
搜特转债	服饰	BB	94.61	26.67%	5.58%	116.30	3.9	8.0
未来转债	家居用品	AA-	110.85	90.78%	4.58%	126.00	2.9	6.3
天创转债	服饰	AA	98.87	181.28%	3.77%	114.90	4.2	6.0
雪榕转债	种植业	AA-	105.77	91.89%	3.31%	120.70	4.2	5.8
起步转债	服饰	BBB+	106.57	219.41%	3.23%	120.50	4.0	2.7
家悦转债	超市连锁	AA	102.57	216.31%	2.87%	114.90	4.1	6.4
金陵转债	文教休闲	A+	113.33	128.01%	2.83%	128.80	4.7	2.5
江山转债	家居用品	AA-	108.89	126.06%	2.63%	124.00	5.1	5.8

名　称	行　业	评　级	转债价（元）	溢价率	债券收益率	保本价（元）	剩余期限	流通面值（亿元）
帝欧转债	家居用品	AA-	105.32	64.74%	2.51%	120.40	5.5	15.0
荣泰转债	家用电器	AA-	108.78	52.23%	2.39%	120.70	4.5	6.0
好客转债	家居用品	AA	106.99	94.90%	2.09%	114.30	3.3	6.0
鲁泰转债	纺织	AA+	108.93	45.69%	1.48%	115.30	3.9	14.0
乐歌转债	家居用品	A+	121.50	288.49%	1.41%	129.10	4.5	1.4
开润转债	纺织	A+	115.00	136.65%	1.27%	120.30	3.7	2.2
台21转债	纺织	AA	109.56	100.90%	1.20%	117.10	5.7	6.0
太平转债	服饰	AA	108.57	196.75%	1.15%	115.10	5.2	8.0
新乳转债	乳制品	AA	109.11	77.40%	1.12%	114.80	4.6	7.2
众兴转债	种植业	AA-	105.96	85.76%	1.08%	107.80	1.6	4.1
海澜转债	服饰	AA+	107.98	45.91%	0.98%	110.30	2.2	29.5
百润转债	红黄酒	AA	110.10	135.38%	0.84%	115.10	5.4	11.3
哈尔转债	家居用品	AA-	112.69	38.13%	0.70%	114.50	2.3	3.0
利群转债	百货	AA	111.30	14.74%	0.69%	114.30	3.9	18.0
佩蒂转债	饲料	AA-	116.60	52.21%	0.59%	120.50	5.7	7.2
维格转债	服饰	AA	116.84	44.38%	0.52%	118.50	2.7	2.9
贵广转债	影视音像	AA+	115.01	35.69%	0.52%	116.70	2.9	14.2
科沃转债	家用电器	AA	112.62	85.58%	0.40%	115.10	5.6	10.4
孚日转债	纺织	AA	110.89	24.13%	0.35%	112.30	3.6	6.5
奥佳转债	家用电器	AA-	112.80	41.37%	0.35%	114.30	3.8	4.6
洽洽转债	食品	AA	122.01	37.86%	-0.40%	119.90	4.5	13.4
希望转债	饲料	AAA	112.84	58.84%	-0.80%	109.60	3.7	9.5
三花转债	家用电器	AA+	119.44	53.57%	-0.84%	114.50	5.1	30.0
龙大转债	食品	AA	125.27	16.02%	-1.06%	119.90	4.2	9.5
珀莱转债	日用化工	AA	127.38	23.92%	-1.06%	120.10	5.6	7.5
希望转2	饲料	AAA	119.50	23.08%	-1.32%	111.20	5.5	81.5
湖盐转债	食品	AA	126.81	11.65%	-2.37%	114.90	4.2	7.2
傲农转债	饲料	AA	137.14	20.10%	-2.62%	120.80	4.9	8.5
吉视转债	影视音像	AA+	112.81	29.67%	-2.88%	107.50	1.7	11.4
创维转债	家用电器	AA	131.64	20.34%	-4.15%	116.30	3.0	9.8
台华转债	纺织	AA	137.22	16.04%	-7.11%	113.30	2.6	1.9
金农转债	饲料	AA-	131.50	50.13%	-10.20%	107.80	1.9	1.5
华统转债	食品	AA	171.42	1.02%	-10.31%	112.30	4.0	2.9
伊力转债	白酒	AA	186.67	24.52%	-16.11%	113.30	2.9	2.4

名　　称	行　　业	评　级	转债价（元）	溢价率	债券收益率	保本价（元）	剩余期限	流通面值（亿元）
湖广转债	影视音像	AA+	163.80	21.06%	−16.59%	111.30	2.2	3.7
天康转债	饲料	AA	177.92	46.94%	−25.56%	109.80	1.6	0.9
广电转债	影视音像	AA	209.12	154.28%	−25.63%	111.30	2.2	0.7

以下是部分大消费类可转债分析评论，个人观点，不构成投资建议，仅供参考。

案例：未来转债

基本信息

2019 年 4 月 3 日，德尔未来公开发行 6.3 亿元可转换公司债券，简称为"未来转债"，债券代码为"128063"。

未来转债属于偏债型，发行了 3.07 年，距到期 2.93 年，收盘价：110.85 元，转股价值：58.1 元，保本价：126 元，转股溢价率：90.78%，债券收益率：4.58%，纯债价值：107.27 元，AA- 级，流通面值：6.29 亿元。

转债条款

利息：第一年 0.5%、第二年 0.7%、第三年 1.5%、第四年 2.5%、第五年 3.5%、第六年 4.0%，赎回价：120 元。

强赎条件：转股期内，正股连续三十个交易日中，至少有十五个交易日的收盘价不低于转股价的 130%。

转股价下修条件：存续期间，正股连续三十个交易日中，至少有十五个交易日的收盘价低于转股价的 80%。下修后转股价不低于每股净资产。

回售条件：到期最后 2 个计息年度内，正股任何连续三十个交易日的收盘价低于当期转股价的 70%。回售价为面值加当期利息。

公司基本面

公司的主营业务是木地板、定制家具及密度板等大家居产品的研发、生产和销售。

公司控股子公司烯成石墨烯是国内首家专业生产与销售石墨烯生长系统的高新技术企业。

公司的核心竞争力有："DER"品牌是中国地板行业首批"中国驰名商标"之一；大客户覆盖万科、龙湖、华润置地、保利地产、旭辉集团、金茂、绿城等全国百强开发商，并实现战略合作超过56家。

经营业绩

2022年第一季度，公司实现营业收入2.94亿元，同比下降14.92%；归母净利润亏损0.27亿元；归母扣非净利润亏损0.31亿元。

2021年，公司实现营业收入20.34亿元，同比增长29.67%；归母净利润0.76亿元，同比扭亏为盈；归母扣非净利润0.38亿元，同比扭亏为盈。主要原因是公司零售业务逐步恢复至疫情前水平，同时运营效率提升，使营业收入增长，归属于上市公司股东的净利润同比增长，实现扭亏为盈。

正股估值

按照2022年第一季度报告业绩和最新净资产收益率2.69%计算，德尔未来静态估值市盈率PE：72.83，市净率PB：1.93，成长性估值PEG：27.12。

综合投资评级

受地产行业景气度下行及大宗商品价格波动的影响，公司整体毛利率下降，2021年艰难扭亏，但2022年一季度再一次亏损。因此，当前股票静态估值和成长性估值均较高，正股价值较低。

未来转债价格大幅低于保本价，债券收益率超过4%，而到期时间不足3年，公司有转股价下修压力；虽然下修条款有下修后转股价不低于每股净资产要求，但目前仍能下修到底的，下修博弈价值较高。

综合5星投资评级为4星（****）。

第五节　医　　药

医药行业是我国国民经济的重要组成部分，随着我国新医改政策的实施、人口老龄化趋势不断加剧、全民保健意识不断提高，在推进健康中国的实施过程中，医药市场需求随着医疗保险覆盖率及国民经济能力的提升而不断扩大。医药行业包括中成药、化学制药、生物制药、医药商业、医疗保健等子行业。

一、行业概述

根据国家统计局数据，2020 年我国卫生总费用为 7.23 万亿元，较 2019 年增长 9.82%，年人均卫生总费用为 5 146 元，见图 8-13。

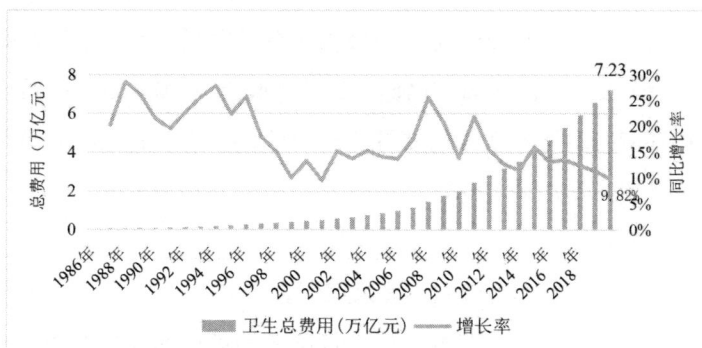

图 8-13　卫生总费用与增长率

1986 年至 2020 年，我国卫生总费用增长 228 倍，年复合增长率为 17.33%，年人均卫生费用增长 174 倍，年复合增长率为 16.41%。

卫生费用的持续高增长，反映到股市中，就是医药行业牛股频出。最著名的就是片仔癀，截至 2022 年 4 月 29 日，上市以来近 19 年上涨 234 倍，年复合上涨 34.62%。

所以，医药行业也是近几年的投资热点。

二、投资案例——富祥转债

2019 年 3 月 1 日，富祥股份公开发行 4.2 亿元可转换公司债券，"富祥转债"，债券代码为"123020"。

债券期限：2019 年 3 月 1 日至 2025 年 3 月 1 日。

转股期限：2019 年 9 月 9 日至 2025 年 3 月 1 日。

票面利率：第一年 0.6%，第二年 0.8%，第三年 1.2%，第四年 1.5%，第五年 2.0%，第六年 3.0%。

债券到期赎回：本次可转债到期后五个交易日内，公司将以本次可转换公司债券票面面值上浮 15%（含最后一期利息）的价格向投资者赎回全部未转股的可转换公司债券。

初始转股价格：本次发行的可转换公司债券初始转股价格为 18.05 元 / 股。

转股价格向下修正条款：在本次可转债存续期内，当公司股票在任意连续三十个交易日中至少十五个交易日的收盘价格低于当期转股价格 90% 时，公司董事会有权提出转股价格向下修正方案并提交公司股东大会表决。

有条件回售：在本次发行的可转换公司债券最后两个计息年度，如公司股票在任何连续三十个交易日的收盘价格低于当期转股价的 70% 时，可转换公司债券持有人有权将其持有的可转换公司债券全部或部分按债券面值加上当期应计利息的价格回售给公司。

信用评级：AA-。

担保事项：本次发行的可转债不提供担保。

根据票面利率和到期赎回条款，可计算出票面年税前收益率为 3.31%，初始保本价为 121.10 元。根据对应评级企业债收益率，计算出纯债价值为 80.94 元。

公司基本面

公司是一家专业从事化学药物研发、生产、销售和服务的制药企业，是国家高新技术企业、江西省优秀企业、江西省优秀非公有制企业、江西省创新型试点企业，并设有"省级企业技术中心"。

公司专业从事特色抗菌原料药及其中间体的研发、生产和销售。公司主要产品舒巴坦系列、他唑巴坦系列的 β - 内酰胺酶抑制剂主要用于与 β - 内酰胺类抗菌药物制成复方制剂，从而解决致病菌对该类抗菌药物的耐药性问题。

公司在特色抗菌原料药及中间体细分行业居第四位。

公司的核心竞争力有：健全的产品生产链优势，高效绿色的生产工艺优势，良好的质量控制和注册申报优势，优质的客户优势，优秀的研发团队优势。

经营业绩

2019 年 2 月 22 日，富祥股份发布的《2018 年度业绩快报》显示，公司实现营业收入 11.63 亿元，同比增长 21.37%，归属于上市公司股东的净利润 1.94 亿元，同比增长 9.54%。2018 年度经营业绩平稳增长，主要因公司产品市场需求保持增长，主要产品销量继续增长，且部分产品销售价格有一定增长。

2018 年四季度净利润增速较前三季度有所放缓，系公司四季度对主要产品生产线进行升级改造，产能减少及维修改造费用增加所致。

正股估值

根据发行日富祥药业收盘价 18.35 元，2018 年业绩快报每股收益 0.87 元，可计算出发行日的正股和可转债转股价值见表 8-12。

表 8-12　富祥转债发行时正股估值和转股价值

现价（元）	18.35
每股收益	0.87
每股净资产	4.97
市盈率（PE）	21.21
市净率（PB）	3.69
转股价（元）	18.05
转股价值（元）	98.37
溢价率	1.66%
最新净资产收益率	19.06%
历史净资产收益率	23.80%
机构一致预期增长率	27.50%
PEG	0.77

投资要点

富祥药业为抗菌原料药及中间体细分行业龙头之一，近几年净资产收益率高。股价静态估值合理，成长性估值较低。

2019 年 3 月 29 日，富祥转债上市，上市当日收盘价为 115 元，大幅低于保本价，溢价率为 −7.33%，即折价 7.33%。可转债可以按价值可转债买入。

走势回顾

2019 年 4 月 9 日，富祥股份发布的《2019 年第一季度业绩预告》显示，公司归属于上市公司股东的净利润 0.49 亿元 ~0.59 亿元，同比下降：5%~20%。

其原因主要有两点：

一是公司于 2018 年四季度对主要产品生产线进行了升级改造，造成当期存货成本上升；公司部分建设和改造项目竣工，使公司当期折旧成本增加；

二是归属于上市公司股东的非经常性损益约 1 030 万元，对公司业绩产生了一定影响。

2019 年 7 月 12 日，富祥股份发布的《2019 年半年度业绩预告》显示，公司归属于上市公司股东的净利润 1.12 亿元 ~1.25 亿元，同比下降：5%~15%。

2019 年 9 月 16 日,富祥股份发布的《2019 年前三季度业绩预告》显示,公司归属于上市公司股东的净利润 2.08 亿元 ~2.2 亿元,同比增长:20.32%~27.39%。

2019 年 12 月 29 日,富祥股份发布的《2019 年年度业绩预告的公告》显示,公司归属于上市公司股东的净利润 3.02 亿元 ~3.41 亿元,同比增长:55%~75%。

2020 年 3 月 20 日,富祥股份发布的《2020 年第一季度业绩预告》显示,公司归属于上市公司股东的净利润 0.8 亿元 ~0.91 亿元,同比增长:50%~70%。原因是公司主要产品市场需求保持稳定增长。

2020 年 5 月 27 日,富祥药业发布的《2020 年半年度业绩预告》显示,公司归属于上市公司股东的净利润 2.17 亿元 ~2.40 亿元,同比增长:90%~110%。

业绩增长推动富祥药业和富祥转债上涨,K 线走势见图 8-14。

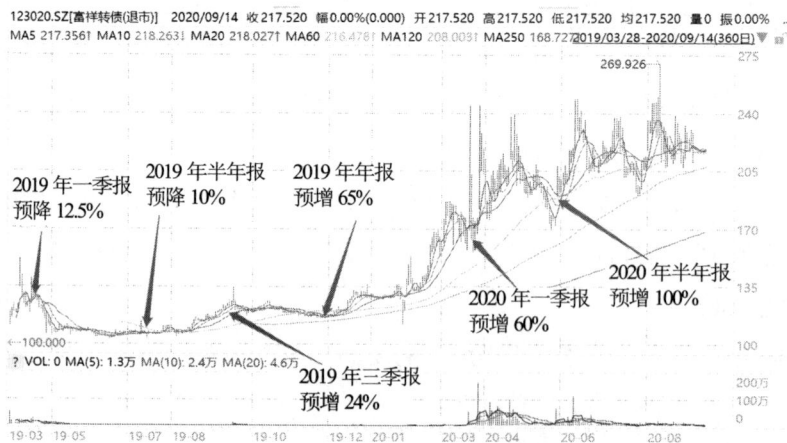

图 8-14 富祥转债历史 K 线

从图 8-14 可以看出,当富祥药业业绩预降时,股票和转债价格下跌;当业绩预降收窄时,股票和转债价格走平;但业绩预增越来越高时,股票和转债大幅上涨。

2020 年 8 月 1 日,富祥转债满足强赎条件,公司发布《关于提前赎回"富祥转债"暨赎回实施的第一次提示性公告》。

最终,富祥转债于 2020 年 9 月 3 日后停止交易,收盘价为 217.52 元。

存续期间，富祥转债最低价为 102.7 元，最高价为 269.93 元，最高价与收盘价的平均价为 243.72 元。

以平均价计算，申购中签的投资者收益率为 143.72%，年化收益率为 67.48%；对于上市首日收盘买入的投资者，收益率为 111.93%，年化收益率为 68.74%。

而同期上证指数收益率为 9.52%，年化收益率为 6.20%。

无论是申购中签还是二级市场买入富祥转债的投资者，获得的收益率远超同期上证指数。

三、相关可转债

2022 年 4 月 29 日，医药类可转债，按照债券收益率从高到低排序见表 8-13。

表 8-13 医药类可转债列表

名　　称	行　　业	评级	转债价（元）	溢价率	债券收益率	保本价（元）	剩余期限	流通面值（亿元）
亚药转债	化学制药	B	98.70	216.35%	6.48%	118.30	2.9	9.6
科华转债	医疗保健	AA	96.19	127.76%	3.27%	110.00	4.2	7.4
正川转债	医疗保健	A+	104.49	121.96%	3.06%	121.10	5.0	4.0
蓝帆转债	医疗保健	AA	100.85	106.22%	2.87%	112.90	4.1	15.2
塞力转债	医药商业	AA-	108.13	49.52%	2.66%	120.80	4.3	5.4
普利转债	化学制药	AA-	109.12	90.98%	2.60%	123.10	4.8	8.5
华森转债	化学制药	AA-	110.44	77.75%	2.53%	119.30	3.2	3.0
仙乐转债	医疗保健	AA-	104.82	156.20%	2.47%	118.10	5.0	10.2
北陆转债	化学制药	A+	108.60	41.88%	2.47%	121.20	4.6	5.0
灵康转债	化学制药	AA-	108.18	63.70%	2.46%	120.70	4.6	4.6
三诺转债	医疗保健	AA	106.99	152.44%	1.94%	116.80	4.6	5.0
宝莱转债	医疗保健	AA-	112.26	197.11%	1.78%	121.00	4.4	2.2
大参转债	医药商业	AA	106.37	178.21%	1.77%	114.90	4.5	14.0
柳药转债	医药商业	AA	105.84	66.54%	1.64%	112.30	3.7	8.0
博瑞转债	化学制药	AA-	111.22	94.05%	1.52%	121.00	5.7	4.7
健帆转债	医疗保健	AA	107.68	136.14%	1.33%	115.10	5.2	10.0
华海转债	化学制药	AA	108.54	142.19%	1.27%	114.80	4.5	18.4
润达转债	医药商业	AA	108.60	58.13%	1.18%	113.90	4.1	5.5
奇正转债	中成药	AA	112.00	36.07%	1.00%	116.90	4.4	8.0
康泰转2	生物制药	AA	112.00	85.62%	0.87%	117.10	5.2	20.0
九典转债	化学制药	A+	116.36	50.44%	0.81%	121.00	4.9	2.7

续表

名　称	行　业	评　级	转债价（元）	溢价率	债券收益率	保本价（元）	剩余期限	流通面值（亿元）
乐普转2	医疗保健	AA+	110.16	90.49%	0.15%	110.80	3.9	16.4
英特转债	医药商业	AA+	113.82	34.47%	−0.20%	112.80	4.7	6.0
科伦转债	化学制药	AA+	118.65	19.77%	−0.91%	112.50	5.9	30.0
万孚转债	医疗保健	AA	120.30	43.38%	−1.09%	114.80	4.3	6.0
一品转债	化学制药	AA−	130.20	19.16%	−1.11%	123.60	4.8	4.2
现代转债	化学制药	AAA	113.51	23.34%	−1.30%	109.30	2.9	16.2
尚荣转债	医疗保健	AA	118.44	41.32%	−1.60%	113.30	2.8	1.9
健友转债	生物制药	AA	123.32	53.73%	−2.14%	113.30	4.0	5.0
阿拉转债	化学制药	A+	138.90	40.87%	−2.28%	121.60	5.9	3.9
同和转债	化学制药	A+	143.84	7.12%	−3.69%	121.90	4.5	3.0
美诺转债	化学制药	AA−	142.42	16.05%	−4.53%	114.90	4.7	4.8
新天转债	中成药	A+	146.80	22.90%	−5.77%	118.60	3.7	1.5
特一转债	中成药	AA−	120.70	29.52%	−7.02%	107.50	1.6	3.0
兄弟转债	化学制药	AA	121.25	22.19%	−7.38%	107.50	1.6	2.7
寿仙转债	中成药	AA−	178.11	4.48%	−9.84%	117.30	4.1	1.0
盘龙转债	中成药	A+	297.00	111.72%	−14.39%	121.50	5.8	2.8
泰林转债	医疗保健	A+	336.00	313.69%	−16.69%	121.50	5.7	2.1
溢利转债	生物制药	AA−	195.00	97.64%	−18.78%	113.30	2.6	0.5
济川转债	中成药	AA	124.84	28.07%	−26.03%	106.00	0.5	6.3

以下是部分医药类可转债分析评论，个人观点，不构成投资建议，仅供参考。

案例：润达转债

基本信息

2020年6月17日，润达医疗公开发行5.5亿元可转换公司债券，简称为"润达转债"，债券代码为"113588"。

润达转债属于偏债型，1.86年，距到期4.14年，收盘价：108.6元，转股价值：68.68元，保本价：113.9元，转股溢价率：58.13%，债券收益率：1.18%，纯债价值：97.55元，AA级，流通面值：5.5亿元。

转债条款

利息：第一年0.3%，第二年0.6%，第三年1.0%，第四年1.5%，第五年1.8%，第六年2.0%，赎回价：109元。

强赎条件：转股期内，正股连续三十个交易日中，至少有十五个交易日的收盘价不低于转股价的 130%。

转股价下修条件：存续期间，正股连续三十个交易日中，至少有十五个交易日的收盘价低于转股价的 90%。下修转股价无净资产限制。

回售条件：到期最后 2 个计息年度内，正股任何连续三十个交易日的收盘价低于当期转股价的 70%。回售价为面值加当期利息。

公司基本面

公司作为国内医学实验室综合服务商，以大数据、智能互联等信息技术为支撑，为各类实验室提供体外诊断产品、技术服务支持、实验室运营管理等全方位的综合服务。同时以体外诊断产品研发生产、数字化检验信息系统开发、第三方实验室检测等产业链延伸业务为补充，形成独特的综合性 IVD 业务服务体系。

公司的核心竞争力有：凭借多品牌、全产品种类的优质产品组合方案，可满足各级医疗机构对成本控制、产品品牌选择等各方面需求，在性能和价格方面提供综合最优方案；根据市场情况布局差异化的自主品牌产品，一方面满足不同类型客户对于产品选择的需求，另一方面助力公司提升整体盈利水平。

经营业绩

2022 年第一季度，公司实现营业收入 21.69 亿元，同比增长 7.34%；归母净利润 0.41 亿元，同比下降 53.96%；归母扣非净利润 0.37 亿元，同比下降 56.37%。主要原因是公司在业务端的市场投入持续加大，疫情影响下，业务的增长不及预期，边际效益有所下降。同时，在各地全域静态管理的影响下，医院端的结算周期有所延长，公司按照预期信用损失计量方法计提减值准备并确认信用减值损失。

2021 年，公司实现营业收入 88.60 亿元，同比增长 25.33%；归母净利润 3.80 亿元，同比增长 15.23%；归母扣非净利润 3.71 亿元，同比增长 14.92%。主要原因是 2021 年下半年全国部分地区出现疫情反复，对部分地区医院就诊活动带来一定影响，从而对公司业务造成一定影响。

正股估值

按照 2022 年第一季度业绩和最新 3 家机构一致预期业绩增速 45.84% 计算，润达医疗静态估值市盈率 PE：16.01，市净率 PB：1.55，成长性估值 PEG：0.35。

综合投资评级

润达医疗受疫情影响，近期业绩走低。股票静态估值和成长性估值均较低。

润达转债价格低于保本价，债券收益率超过 1%，转股价下修条件宽松，有下修到底的潜力。不足之处是转股溢价率高达 58%，跟涨性较差。

综合 5 星投资评级为 4 星（****）。

第六节 结 束 语

由于精力有限，本节仅选取部分主题和行业中的少数可转债进行价值分析（注：更多相关案例扫描下方二维码获取）。对于其他可转债，读者可以自行仿照本书的研究逻辑和方法，展开正股和可转债估值分析，并选择有价值的可转债进行价值可转债轮动或转股价下修博弈投资。

后　记

沃伦·巴菲特说过：如果你加入扑克局 20 分钟还不知道谁是输家，那么你就是输家！

那么，我们轻松申购可转债并长期持有，大概率赚了 30％ 以上的钱，赚的是谁的钱呢？

这个问题有点难以回答。细究起来，我们大部分赚的是正股投资者的钱，也有小部分赚的是上市公司的钱。

按照可转债发行方案，可供正股股东优先配售比例接近 100％。如果所有正股股东参与优先配售，那么其他普通投资者无剩余可转债可以申购，就没有任何赚钱机会了。

但是，大多数情况下，很多正股股东放弃了优先配售，那么放弃的那部分可转债份额，由申购可转债的投资者获得。

比如，2019 年 8 月 16 日，欧派转债发行 14.95 亿元可转债，其中大股东参与优先配售认购了 62％，另有普通股东认购了 15％，剩余的 23％，约 3.44 亿元则由 64 万普通投资者申购获得。

欧派转债上市后，首日上涨 26.31％，64 万申购可转债的投资者成本为 3.44 亿元，按照上涨的比例计算，共计获利 0.9 亿元，他们就赚钱了，赚的原股东放弃配售的那一部分钱。

如果可转债投资者一直持有到强制赎回公告发布后，转股卖出。这时，正股股本增多，相当于正股定向增发给可转债投资者，正股持有者股本被摊薄，未来收益也就被摊薄了，摊薄的收益影响股价的上涨，那么就赚了正股持有者的未来股价上涨的钱。

如果上市公司通过发行可转债募集资金，投入项目产生了预期的经济效益，上市公司业绩增长，并带动了股价增长，也带动了可转债价格上涨。那么这种就是可转债投资者用自己的微小的资金助推了上市公司业绩，进而通过可转债价格上涨获利，赚了上市公司的钱。

如果上市公司股价下跌，在下跌幅度较大且时间较长时，上市公司为促进转股，进行了转股价下修。这种情况对正股投资者最不利，相当于调低了增发价，增发了更多的股票，更多地摊薄了股东的收益。那么可转债投资者又在原发行方案中多赚了一笔，赚的依然是正股持有者的钱。

那么可转债这么赚钱，为什么很多正股持有人不参与配售呢？原因可能是不懂可转债，或者是不屑于赚这种"小钱"。

更有可能的原因是，大多数正股投资者是短线炒股思维，他们只关注明天或下周的股票涨跌，获利百分之几或百分之十几抛出，或者套牢止损割肉出局。一个月后才上市的转债，对他们没有吸引力。因此，可转债投资者利用耐心和认知优势，从放弃配售的正股投资者手中赚了钱。

综上所述，可转债投资者是赚了正股投资者和上市公司的钱。